韓國對外關係與外交史

高麗篇

李鎮漢　主編

戴琳劍　李廷青　周鵾
林金彪　成姬蘭　魏晨光　王天泉　譯

李廷青　校譯

策劃編輯　梁偉基
責任編輯　朱卓詠
書籍設計　陳朗思

書　　名　韓國對外關係與外交史（高麗篇）
主　　編　李鎮漢
編　　者　韓國東北亞歷史財團
翻　　譯　戴琳劍　李廷青　周鵾　林金彪　成姬蘭　魏晨光　王天泉
校　　譯　李廷青
出　　版　三聯書店（香港）有限公司
香港北角英皇道四九九號北角工業大廈二十樓
香港發行　香港聯合書刊物流有限公司
香港新界荃灣德士古道二二〇至二四八號十六樓
印　　刷　美雅印刷製本有限公司
香港九龍觀塘榮業街六號四樓 A 室
版　　次　二〇二四年十二月香港第一版第一次印刷
規　　格　十六開（168 mm × 230 mm）三三六面
國際書號　ISBN 978-962-04-5400-4

Published & Printed in Hong Kong, China.

作者簡介

主編：

李鎮漢：韓國高麗大學韓國史學系教授、韓國海洋史學會會長、韓國歷史研究會前會長，研究方向為高麗時代史、中韓關係史、海洋史等，著有《高麗時代宋商往來研究》、《高麗時代貿易與海洋》、《高麗時代對外交流史研究》、《高麗前期官職與俸祿關係研究》等。

執筆：

張東翼：韓國慶北大學名譽教授

金甲童：韓國大田大學歷史文化學系教授

李貞信：韓國韓南大學名譽教授

李鎮漢：韓國高麗大學韓國史學系教授

韓政洙：韓國建國大學史學系教授

尹龍爀：韓國公州大學名譽教授

李益柱：韓國首爾市立大學國史學系教授

李美智：韓國國史編撰委員會編史研究士

羅鐘宇：韓國圓光大學名譽教授

金順子：韓國延世大學講師

譯者簡介

戴琳劍：韓國高麗大學韓國史學系博士、浙江大學歷史學院博士後，現為北京外國語大學亞洲學院朝鮮語系講師，研究方向為朝鮮時代史、海洋史等，著有《朝鮮時代漂流中國人政策變化發展研究》（景仁文化社，2024），合譯《從韓國到東亞》、《高麗時代宋商往來研究》（海外中國研究叢書第 199 種）等。

王天泉：韓國濟州大學史學系博士，濟州大學耽羅文化研究院研究員、韓中人文交流協會會長，研究方向為中韓交流史、海洋史，著有《中韓食話》、《走進濟州》、《足跡》等。

魏晨光：韓國高麗大學史學系博士，現為山東大學歷史學院博士後，研究方向為日本近代史、東亞近代史、軍事史。

周　鷗：韓國高麗大學韓國史學系博士研究生，研究方向為高麗史、墓誌銘。

林金彪：韓國高麗大學韓國史學系博士研究生、高麗大學韓國史研究所研究員，研究方向為古代邊疆民族史。

成姬蘭：韓國高麗大學韓國史學系博士研究生，研究方向為渤海史。

李廷青：韓國高麗大學韓國史學系博士，中山大學歷史學系（珠海）暨區域國別研究院助理教授、碩士研究生導師，兼任韓國高麗大學亞細亞問題研究院研究委員，研究方向為高麗時代史、東亞史、錢幣學等。著有《海東青蚨：高麗鑄幣》（北京：商務印書館，2021），合編《高麗史校注》、《高麗圖經譯注》，合譯《高麗時代宋商往來研究》（海外中國研究叢書第 199 種）、《高麗與中國的海上交流（918–1392）》（海外中國研究叢書第 231 種）等，主持中國國家社科基金年度一般項目「東亞視域下的朝鮮半島古代貨幣制度研究（918–1392）」等。

《韓國對外關係與外交史（高麗篇）》中文版序一

變與不變：夾縫生存之高麗

朝鮮半島，位居東北亞之核心，乃大陸與海洋之紐帶，亦為大國勢力交匯之所在。此特殊之地緣環境，奠定其於東亞國際關係中舉足輕重之戰略地位。自古以來，此地便是各方利益交錯制衡之競技場。面對強敵環伺之外部環境，擅長外交無疑成為求生之必備技能。誠如韓國前總統金大中所言，韓國位於強國之間，必須謹慎行事，外交上力求均衡，故而應比其他民族更精於「外交」之道（《金大中哲學與對話集》）。朝鮮半島高麗王朝（918–1392）之外交實踐，恰為此理之生動詮釋。

高麗時代，在朝鮮半島歷史上佔有極其重要之位置，今之韓國與朝鮮，其英文國名 KOREA，即源於高麗（고려）。10 至 14 世紀間，高麗面對東亞國際局勢之紛繁複雜、變幻莫測，歷經五代十國、遼、宋、金、元、明等政權之更迭與並存。高麗王朝與上述政權悉數建立外交關係，無論主動抑或被動，皆形成錯綜複雜之外交格局。每當東亞政治版圖劇變，皆對高麗產生不同程度之影響。面對南北對峙乃至多國鼎立之中國政局，高麗如何在諸強夾縫中求得生存與發展，實為關乎國運之大事。高麗王朝非但未屈服於此複雜地緣政治環境，反而巧運外交智慧，靈活應對，轉危為安，化弊為利，終獲勝利。於彼風雲變幻之時代，高麗成功延續五百年國祚，超越同期本地區其他所有強權。

面對複雜多變之國際環境，高麗採取靈活多樣之策略以應對。契丹、女真、蒙古等強勢遊牧、漁獵民族，於其崛起擴張之際，皆曾對朝鮮半島懷有覬覦之心，對高麗進行不同程度之侵犯。面對如此嚴峻挑戰，高麗在頑強軍事抵抗之同時，亦積極展開外交斡旋。因軍事上未遭完敗，故高麗在與彼等外交談判中，尚能避免陷入被動。尤其於蒙古鐵騎長達 40 年之頑強抵抗後，高麗通過聯姻等方式，與元朝建立密切關係，保全宗廟社稷，使國家得以延續。高麗之外交地位，雖常隨外交關係之變化而轉變，然其作為事實上獨立國家之身分，卻始終未變。如女真（金）初奉高麗為「父母之邦」，後雙方結為「兄弟之邦」，最終變為君臣關係；蒙古（元）與高麗之關係，亦經歷「兄弟」至「舅甥」及君臣之轉變。高麗忍辱負重，以「輸誠事大」換取生存與獨立，展現其靈活應變和適應複雜環境之能力，以及外交策略之務實性。對於國際局勢之不確定性，作為小國之高麗，對周邊環境之變化始終保持高度警覺，展現出非凡之敏銳性。在與宋、遼、金三國之互動中，高麗逐漸對各國實力對比有深刻洞察與清晰認識。1162 年，宋朝明州向高麗傳牒，稱本朝戰勝金朝並俘金帝完顏亮，高麗並未輕信，稱「蓋宋人欲示威我朝，未必盡如其言」（《高麗史》卷 18）。對於宋朝「聯金攻遼」，高麗指出「女真狼虎耳，不可交也」，奉勸宋朝「宜早為備」（《宋史》卷 487）。高麗此立場固然有對自身安全之考量，然亦不可否認其對地緣政治形勢判斷之敏銳。

高麗善於因勢利導，往往能將地緣政治環境之挑戰巧妙轉化為機遇。其試圖在環伺之大國中保持平衡，臣服於遼、金、明之同時，亦努力與北宋、南宋、北元等保持聯繫，希冀各方互相牽制，避免被單一勢力完全控制或過度依賴一方，從而保持自身之相對獨立性。高麗曾謀求「聯宋制遼」，然隨國際形勢之發展，又圖借已勢微之遼朝對抗正崛起之金朝，認為「遼兄弟之國，存之足為邊扞」（《宋史》卷 487），勸宋放棄「聯金滅遼」。為擺脫元朝控制，明朝甫建，高麗即迅速遣使朝貢，與之建交，而後與明朝關係惡化時，又頻繁與北元互動，互為犄角之勢。正因高麗外交策略之靈活與務實，其非但未成為中國各政權爭奪下之犧牲品，某種程度上反而成為此博弈之受益者。遼宋在爭奪中國主導權之時，為拉攏高麗，屢對高麗成宗、文宗等統治者加封進賞，遼朝雖有軍事實力，亦得對高麗威恩並施，宋朝接待高麗使臣之規格，歷經「例同交趾」、「例同西夏」、「例同遼國」之不斷提升，最終將與高麗之外交關係升至「國信」級別；在遼金爭霸中，高麗亦伺機奪取保州等地，實現領土擴張。高麗巧妙周旋於中國對峙政權之間，此平衡外交策略使其保持相對獨立性，並能在不同勢力間尋得利益契合點，實現自身利益最大化，展現出高超之外交手腕與靈活之應對能力。

於東北亞政治舞台之縱橫捭闔中，高麗亦在逐漸認識自我、實現自我。中國各政權競逐爭霸之際，高麗統治者亦曾建元稱帝，以「海東天子」自居。後隨內外形勢之變化，基於自身政權合法性之強化及國家生存發展之需要，高麗統治者對外主動奉五代、宋朝等中原王朝為正朔，積極融入以中原王朝為中心之東亞國際體系；對內則仿唐效宋，構建起一套與中原王朝完全對等、從中央至地方之統治體制，呈現「內帝外王」之象。

高麗朝廷在引進中原科舉制度時，特設「賓貢科」，積極選拔前來求仕之宋人，其中不乏在宋朝已取得功名者。有麗一朝，來自宋朝被任用於麗廷之「投化官吏」為數眾多，此在中朝歷史上皆屬空前絕後。此外，前往高麗之宋商，除商人本職外，亦身兼多職，尤其在「八關會」上充當「宋使」角色，向高麗國王進獻方物，這對高麗國王政治權威之構建起到關鍵作用。

高麗自視非「夷」，而以「華」自居，視契丹、女真、蒙古等為「禽獸」、「藩」、「胡」、「虜」等。尤為甚者，高麗自詡為女真「父母之邦」，通過授予女真酋長諸如「歸德將軍」、「懷化將軍」、「柔遠將軍」等官銜，使其定期朝貢。此舉充分彰顯了高麗欲構建以自身為核心之「華夷秩序」，並扮演文明教化引領者之決心。

每年十一月，八關會之盛況生動呈現了所謂「高麗式華夷秩序」或「八關秩序」。在雅樂〈萬邦呈奏九成〉之伴奏下，宋商、女真酋長、日本進奉商人、耽羅王室等依次向高麗國王進獻貢物，呈現出一幅「四方來朝」之壯麗圖景。此儀式不僅象徵性地宣揚了以高麗為中心之世界觀，更展現了高麗提升國際地位之強烈願望。

受傳統華夷思想之薰陶，及東亞國際局勢之激發，高麗之自尊意識日益強烈，尤以精英階層為甚。彼等藉由諸多文字創作，淋漓盡致地展現出民族自覺與文化自信。李承休所著《帝王韻紀》中有「遼東別有一乾坤，斗與中朝區以分」之句，即鮮明地強調了朝鮮半島之獨特地位與自主精神；而「並與帝高興戊辰，經虞曆夏居中宸」之語，則闡明朝鮮半島始祖檀君與中國聖王唐堯並世建國之事跡，意在彰顯其歷史淵源之深遠流長。此外，詩中「唐肅潛龍時，遊賞東山水……聖骨將軍孫，有女賢而美。遂合生景康，善射無倫比」之吟詠，更將高麗王室之血脈溯源至唐肅宗，以彰其血統之尊貴非凡。李氏另於〈雪中謝蓬庵相國惠玉粲〉中有「聖朝本是右文朝，文物煌煌掩唐漢」之壯語，豪言高麗文治之盛已遠邁漢唐。陳澕〈奉使入金〉中之「西華已蕭索，天東日欲紅」，則寓意深長地展現了高麗與宋朝東西並峙之格局，並以宋朝之衰微反襯高麗之崛起，流露出對高麗文化之高度自豪及與宋朝並駕齊驅於「中華」之熱切願景。

既有古代東亞國際關係史之研究，雖成果纍纍，卻多聚焦於漢唐或明清之世，而對於 10 至 14 世紀遼宋金元這一關鍵時期之探討，則顯薄弱。然基於漢唐或明清「經驗」所構建之「冊封體制」、「朝貢體系」等理論框架，於宋遼金元時期東亞之世，難免陷入困境，難以足履相適。彼時，遼、宋、金、元等政權踵續爭雄中原，華夷變態，風雲莫測，中原與半島雙方關係，亦隨之呈現出多樣化之特質。漢唐以來以中原王朝為核心之「冊封體制」漸趨瓦解，而遼、金、元等遊牧、漁獵民族政權，則相繼對其進行重塑，其影響深遠，延及明清兩代。故深剖彼時東亞國際關係史，對於檢視並完善現有理論體系，具有不可或缺之重要價值。

時至今日，朝鮮半島仍是各方利害交錯制衡、危機一觸即發之敏感地帶。儘管當前東亞國際格局與千年之前高麗時代相比更為錯綜複雜，相關國家之實力與地位亦已今非昔比，但彼時高麗王朝所展現之生存智慧與外交策略，仍具有強烈之現實意義。高麗外交史是朝鮮半島史乃至東亞史之重要篇章，其為理解與探究古代東亞國際關係提供了珍貴實例，亦為現代國家處理類似複雜問題提供了歷史鏡鑒。

對吾人而言，朝鮮半島亦熟亦陌，吾人往往習慣於居高臨下俯視之，這無益於對其進行客觀認識，亦不利於藉此反思己身。鑒於高麗之戰略地位，宋人曾對其傾注熱情，撰有《雞林志》、《雞林類事》、《宣和奉使高麗圖經》等專書。今年適逢徐兢出使高麗歸來撰成《圖經》九百週年之際，期望《韓國對外關係與外交史（高麗篇）》之譯介，能夠重新激發中文學界對高麗乃至整個朝鮮半島之興趣與關注。

以上隨感雜談，不過是對前賢思想之引述，不敢妄稱有獨到之見。是為序。

李廷青

2024 年 12 月於南國中山大學

《韓國對外關係與外交史（高麗篇）》中文版序二

外交史這一領域，旨在探究在歷史的關鍵場景中，各國如何判斷和營造當時的國際環境，以及如何解決國家危機或敏感外交事件。另外，闡明國家如何與外部世界交流，積累國家財富並追求繁榮，這也是重要的研究對象。

東北亞歷史財團以「韓國對外關係與外交史」為叢書主題，從 2018 年至 2019 年先後出版系列著作，包括古代篇、高麗篇、朝鮮篇和近代篇。鑒於近來中國學界的高麗史相關研究如火如荼，我們決定從中先將高麗篇譯成中文出版發行。

本書探明了高麗時代外交史的一大特性，即靈活應對國際局勢變化並展開多方外交。同時，本書也綜合考察了當時東亞各國在外交政策上緊密相連的部分。

「韓國對外關係與外交史」叢書堅持將韓國的對外關係和外交歷史置於同一脈絡的原則，同時也尊重每個執筆者的學術立場。我們認為，根據研究者個人的問題意識和史料闡釋，百花齊放、各抒己見也是很必要。因此，書中可能會存在許多值得討論的主題和爭議焦點。

藉本書出版之際，我們期待在中國也能針對韓國的對外關係與外交史展開一場真摯的「學術性」討論。尤其希望這能成為開創未來的年輕人深刻反思東亞歷史經驗的一次契機。

東北亞歷史財團理事長

朴枝香

2024 年 8 月

總序

「韓國對外關係與外交史」叢書出版的學術意義

外交史並不是單純的「外交歷史」，而是一個通過國內外主要事件所積累的認識和經驗的寶庫。國際政治的現實並不存在於抽象的狀態中，而是由國家在多歧的國際環境和對外關係下所選擇並實踐的外交行為建構而成的。這說明，如果不事先深入瞭解對外關係和外交史的背景和脈絡，國際政治研究就不可能擁有堅實的基礎。我們今天用來解說國際政治現象的主要概念，無一例外都基於西歐的特殊歷史經驗，並通過其解釋和概念化構建而成。從這一點來看，此次出版的「韓國對外關係與外交史」叢書，其意義在於從我們的視角將我們歷史上出現過的史實和行為系統化，從而建立韓國國際政治學發展的新基礎。

毫無疑問，所有國家的外交政策都以追求國家利益為首要目標。然而，就國際政治中所發揮的作用和功能而言，強國和弱國之間存在很大差異，因此外交史所具有的意義也不可能相同。對於韓國來說，外交史是韓國人的歷史生活向外呈現的一種記錄。但比這更重要的事實是，它也是我們民族面對國際環境所進行的挑戰和鬥爭的記錄。從這個意義而言，將韓國外交史與國內政治史區分開來或單純地將其作為韓國史的一個領域來處理，這可能會有歪曲整個韓國歷史的危險。這是因為，為了全面瞭解韓國歷史發展時的國際環境和結構以及政治選擇等內容，外交史是必不可少的核心要素。

韓國歷史是在國內政治和對外關係的緊密聯動下發展而來的。對內，被地域隔開的多個集團通過鬥爭和妥協形成並維持了國家形態；對外，與中國和日本——他們對朝鮮半島從未放棄過戰略性關注——鬥爭的歷史貫穿其中。數千年來，韓國在東亞這一歷史空間中，與中國、日本等國時而矛盾，時而共生，不斷成長和發展。從這個意義上講，韓國外交史不僅包括韓民族，還包括其與周邊勢力的複雜關係。

韓國外交史以正確解釋韓國特性為任務，後者在各個時代可能存在不同表現；同時，它的研究對象包括東亞國際關係中的力量關係（從今天的觀點來說，是規制和調整對外關係的國際制度和國際法要素）、為解決國家危機或特定交涉事件作出貢獻的人物活動，以及經濟、文化交流等內容。特別是對於韓國與周邊國家的經濟、文化交流的探索，不僅擴大了韓國外交史研究的外延，還彌補了史料的不足，展現了韓國與周邊國家之間平等交往的樣貌。從這一點來看，韓國外交史可以說是重要的研究課題。

另外，如果在韓國外交史上只突出國際政治層面，那麼韓國只能淪為強國政策所適用的「對象」而已。強國的政策——即中國對朝鮮半島[1]的支配抑或日本的擴張侵略抑或俄羅斯的進軍等——以及韓國方面的相關應對，都再次反饋（feedback）到韓國國內的政治進程中，並產生直接的影響。最重要的是，在應對中國這一強大勢力的過程中不可避免會出現的被動性，抑或在很多情況下不得不對外國史料的一種依賴，這些都大大制約着韓國外交史的研究。因此，為了克服上述問題，有必要牢記一個事實：在韓國的外交史研究中，如何客觀地分析和敘述這些看似消極的各個方面，即確立「我們的」視

1 校者注：原著作「韓半島」，本書統一改作「朝鮮半島」，下不另注。

角，是非常重要的。

當今，「外交史」尤其是「韓國外交史」，在韓國國內大學中的地位並不穩固。史學系側重於國內歷史，沒有系統地教授對外關係史或外交史；而在政治外交系，外交史也僅作為國際政治的邊緣科目勉強維繫命脈。或許其最大的原因在於，人們錯誤地認為國際關係是以強國為中心發展的，而韓國未能主動參與其中。韓國只是強國之間競爭和討價還價的對象，這種被動思維從根本上阻礙了人們去反思韓國曾在國際關係中主動選擇與開拓的那段歷史。從這一點來看，問題是非常嚴重的。由於這種情況，一直以來很難找到合適的教材來講授「韓國外交史」。在大學的教學科目中，大部分都是不加批判地引進西方所創立的學術體系進行教學，但就韓國外交史這一領域而言，很難直接翻譯國外教科書來進行教學。因為美國的東亞外交史所敘述的不過是他們的東亞政策，而日本人開創的東洋外交史大體上也只是從日本的擴張和中日競爭的觀點上來展開。

這次由東北亞歷史財團出版的「韓國對外關係與外交史」叢書正是為了解決上述學術問題而邁出的第一步，從這一點來看具有重大意義。本書將韓國的對外關係與外交史分為古代、高麗、朝鮮、近代等四篇進行敘述，旨在究明各時期圍繞朝鮮半島的國際政治環境的變化，以及與之相適應的半島內部政治的變化和發展情況。特別要指出的是，包括國際政治學以及韓國史、日本史、中國史等多個領域在內的五十多名權威研究者共同參與了本書的撰寫。動員如此龐大規模的執筆團隊編撰韓國外交通史，這在我國學界是史無前例的。因此，本書所提出的論點和問題有望為今後樹立韓國外交史領域的學術標杆作出巨大貢獻。衷心感謝東北亞歷史財團贊助這項有意義的工作，同時也向贊同本書的編撰宗旨並對我國的對外關係與外交史進行重新闡釋的執筆者們深表謝意。

東北亞歷史財團

韓國外交史編纂委員會委員長

具大烈

2018 年 12 月

《韓國對外關係與外交史（高麗篇）》序

重新審視高麗時代的外交

918 年王建驅逐弓裔，高麗由此建立，並存續至 1392 年。在此期間，中國政權更替頻繁。10 世紀先後有後梁、後唐、後晉、後漢、後周等五代王朝和十國。916 年契丹建立後，逐漸成為東北亞的軍事強國。960 年趙匡胤建立宋朝，隨後征服了長江以南地區的多個政權，但在整體軍事實力上較契丹而言並不佔優勢。12 世紀初金朝建立，宋金聯合滅掉契丹，然而金朝勢力越來越強大，佔據了比原來契丹更多的華北地區。13 世紀初由成吉思汗建立的蒙古帝國先後滅掉了金和宋，統一了中國，成為史無前例的世界性帝國。14 世紀後期，朱元璋建立明朝並開始統治中國。

中國的政權更替對高麗也產生了影響。北方的契丹、金朝和中原的五代、宋朝等相互爭奪霸權時，競相與高麗聯合，因此高麗的國際地位有所提升。相反，當元、明等統一王朝出現時，對高麗而言，來自中國的外交壓力也會相對增大。這種情況下，高麗王朝的存續常被誤解為是依賴於外部的變數。然而，如果仔細考察高麗的外交史，就能發現它為了實現國家的生存和繁榮，非常善於處理與周邊國家的外交，以致於在當時急劇變化的東亞國際局勢中還能存續近五百年。

實際上，有不少事件充分展示了高麗的外交力量。高麗太祖深知後晉是契丹的附屬國，卻利用當時後晉試圖脫離契丹掌控這一點與後晉交好，從而獲得了巨大的經濟利益。「後三國」統一之後，太祖為了遠離北方鄰境的契丹並誘導渤海人前來投化，引發了「萬夫橋事件」。儘管與東亞的軍事強國契丹接壤，但是成宗、穆宗、顯宗為了吸收先進文化，更加希望與厚待高麗的宋朝開展外交，或者與兩者進行雙重外交。

在與契丹的第一次戰爭中，很多人建議高麗國王割讓北方領土或投降。但是，徐熙準確把握了契丹入侵的目的，提議與蕭遜寧（蕭恒德）談判，結果不但終止了戰爭，高麗還獲得了鴨綠江附近的江東六州。顯宗雖然在與契丹的第三次戰爭中取得了勝利，但他認為比起通過與宋朝開展外交獲得國家實利，維持和平更有利於國家利益，於是決意對契丹「事大」。高麗以勝者姿態主動「事大」契丹，這使得雙方在這段冊封關係中的地位差距不那麼明顯。文宗在與契丹的「事大」交往中重新展開對宋通交，故而從宋朝獲得了大量的回賜品，使高麗更加富強。武臣政變後，明宗即位，前去金朝告奏新王即位的高麗使節庾應圭面對對方的刁難依然忠貞不屈，感動了金朝君臣，使得金朝承認了高麗明宗的合法性，為穩固當時高麗的政權作出了貢獻。

即便是出於維護自身利益的目的，崔氏政權還是果斷向江華島遷都，繼續與蒙古進行抗爭。在戰局不利的時候，以答應蒙古要求的方式換得對方撤軍；之後對於自己的言而無信又使用各種外交辭令與對方周旋，前後堅持了三十多年。於是，1259 年高麗太子和忽必烈的會面成為可能，並以比任何其他與蒙古對抗的國家都有利的條件實現了和議。「元干涉期」[1] 也有過將高麗降為元朝真正意義上的行省的所謂「立省策動」計劃，但是很多高麗人都希望國家能繼續存續，所以最終說服了元朝，使該計劃流產。1356 年的反元改革表明，高麗人想要擺脫元朝政治干涉的渴望由來已久。

1 校者注：所謂元干涉期，即高麗受元朝干涉的歷史時期，一般指 13 世紀後半期至 14 世紀前半期。

隨着明朝的登場以及恭愍王的暴亡，禑王的正統性成為問題，因此高麗在與明朝的外交上失去了主導權，並因貢馬問題經歷了諸多困難。但當明朝對高麗故土主張所有權，並試圖設置鐵嶺衛時，高麗果斷地採取了軍事行動。崔瑩的「遼東征伐」雖然因「威化島回軍」終告失敗，但這成為了轉變明朝對高麗認識的契機，高麗隨後與其重新確立了朝貢冊封關係。這種關係與高麗和契丹、金朝、宋朝所建立的關係相比雖然多少有些不利，但與高麗和元朝的關係相比還是略微有利的。

在高麗外交史上，最值得關注的是其對周邊國家侵略的積極抵抗和輝煌的勝利。高麗與契丹經歷了三次戰爭，與蒙古進行的戰爭更是韓國歷史上時間最長的，但高麗最終都沒有被征服。此外，曾是東亞禍亂的哈丹賊、紅巾賊[2]、倭寇等的入侵在高麗的反擊下逐漸平息。在與蒙古的抗爭過程中，高麗雖然因叛亂而丟失過領土，但國家並沒有滅亡，最終也重新收復了失地。

高麗王朝在與周邊國家發生衝突，並多次進行長期戰爭的過程中，如果未能贏得民心，很可能面臨敗北。另外，高麗雖然是人口只有三百萬左右的小國，但是在戰爭交火、戰後處理、談判協商等方面展露了高明的外交手腕，從而能夠與強大帝國抗衡。最終，高麗王朝吸納渤海遺民，領有于山國和耽羅國的土地，使得領土比建國時更為廣闊，並將其移交給了下一個王朝——朝鮮，稱這是高麗取得的最高外交功績也不為過。

475 年間，在東亞局勢的巨變中，高麗以自主的外交力量和能在戰爭中取

---

2 校者注：即紅巾軍，韓國史籍以及韓國學界一般稱作紅巾賊或紅頭賊。本書尊重原著用語，不作改動，但不代表譯者、校者觀點。

勝的強韌軍事力量為基礎，成功地維持住了國家形態。這一結果並非順應着周邊局勢的變化自然而來，而是高麗以自己特有的力量主動應對爭取來的。因此，本書跳出國家之間的關係史或交流史的單一框架，試圖闡述高麗的傳統外交活動是如何讓高麗這一「國家地位」能在周邊國家獲得高於實際的評價和威望的。與此同時，本書也重新審視了國王和外交使者在達成上述結果的過程中所作出的努力，不論是在戰時還是在和平時期。

基於這樣的編寫目的，本書將高麗的外交史劃分為十個主題。除了高麗外交史總論以外，剩下的主題根據不同時期分為五代十國、契丹（遼）、宋朝、金朝、蒙古和元、明朝等與高麗建立朝貢冊封關係的國家，以及日本、女真等外交地位與高麗對等或稍低的周邊國家及民族。按照不同的對象國進行分述，這樣既反映了當時東亞的國際局勢，也能將高麗的外交活動敘述得更加鮮活細膩。當然，也有一些內容因史料不足而未能深入探討。

需要指出的是，從 10 世紀到 14 世紀末，中國有多個政權並存，因此在敘述高麗與不同政權的外交時，不可避免地會出現一些重複。例如，契丹及五代十國、契丹與宋朝、金朝與宋朝、蒙古與宋朝、明朝與北元等政權都是同時並存的，因此在敘述高麗與契丹的外交時要同時考慮到高麗與宋朝的關係，反之亦然。儘管有所重複，但在特定問題的論述上，還是有必要將相關內容作為背景再次提及。本書努力將除了總論以外的各章題目統一為「外交」，但實際上其內容也包括了「對外關係」。

最後要說明的一點是，本書雖然由東北亞歷史財團策劃並出版，但執筆者並未被要求採用某特定的學說或用語。因此，在敘述高麗與契丹、宋朝、金朝等國的外交時，即便執筆者們針對某些內容看法不一，我們也沒有刻意進行統一。關於高麗和元、明之間的關係有多種闡釋，本書也都如實地尊重了執筆者的見解。由衷感謝執筆者們出色地完成了《高麗篇》的編寫。

《高麗篇》付梓之際，腦海中不免浮想起當時各篇的編纂委員們第一次聚首並決心打造一部真正以外交史為主體的「外交史」時的場景。要問目標是否已經實現，似乎還有不少內容需要修改和完善。但是，如果說這本書對編寫外交史而言不是結束而是開始，那麼我認為可以充分認可其價值。從這一點來看，本書可以理解為《高麗篇》「2018 年版」或「版本 1.0」。希望今後其他研究者能在此基礎上，創作出完成度更高的外交史著作。

《高麗篇》主編

李鎮漢

2018 年 12 月

目錄

第七章

高麗與蒙古（元）的外交

第八章

高麗與周邊民族的外交及戰爭

第一章

高麗時代對外關係與外交史總論

張東翼

一、高麗時代的外交

朝鮮半島西北接壤大陸、東南瀕臨海洋，由於這樣的地緣環境，對外關係在韓國歷史的發展進程中佔有重要地位。特別是中國和日本在地理上與朝鮮半島毗鄰，若對韓國與中日之間的關係缺乏客觀的認知，那麼對於韓國歷史的正確理解也會受到影響。韓國衆多的史籍中，與中國相關的記載所佔比重最大，即可說明這一點。19 世紀末以前東亞地區的歷史在以中國為中心的世界秩序（Sinocentric world order）下展開的事實，亦可佐證。

與韓國歷史上的其他任何時期相比，存續於 10 世紀初至 14 世紀末的高麗王朝，同周邊諸民族之間的接觸與衝突可謂最多。高麗王朝自建立以來，先後或同時與中國的五代十國、宋、遼（契丹）、金、元（蒙古）、明等建立了各種形式的外交關係。另外，高麗還曾控制着尚未形成國家的女真各部，並在沒有與日本建立正式外交關係的情況下與其地方政權開展特殊的外交交涉。

高麗在與這些國家或民族的接觸中，雖然也曾通過外交活動維持了友好的關係，但是當中原出現強大的政權時，也曾與其勢成水火或長期交戰。這就如同其他諸國之間的關係，各國之間並非沒有和平共處過，但處於對立紛爭的情況也絕不少見。關於後者，當事國除了通過外交手段和平化解對立以外，有時也會動用武力阻止軍事衝突。

外交與戰爭不同，通過說服、協商、妥協等手段，在不損害對方根本國家利益的情況下，謀求本國的重要利益。外交可以在中間地帶尋找切入點，進而避免勝利與敗北這兩個極端。外交在近代國際體系，即威斯特伐利亞體系（Westphalian System）——源於象徵西歐三十年戰爭（1618–1648 年）結束而簽訂的《威斯特伐利亞和約》——出現之前已經存在。其實在前近代東亞世界，當國家之間發生利害攸關的重大問題時，有時也會通過外交手段進行調解。

當時的外交行為主要是指國與國之間的政治交涉，其包括了使節往來、國書授受、難民遣送等。

為了理解前近代社會的外交，我們應該學習該時代的外交史，而其重點在於學習方式。也就是說，外交史的學習不是簡單地瞭解與外交有關的史實，而應關注和思考代表國家的統治者或外交官在面臨國家危機，特別是與其他國家發生對立紛爭時如何決斷與行動，其成功或失敗的因素有哪些，決定勝敗的政策是什麼，最後如何對其評價等問題。

基於此，筆者將從以下幾個方面進行概述，包括高麗時代國際局勢的變化、外交關係的演變、高麗外交史的歷史特徵、高麗針對外族的外交應對情況，以及今後需要解決的研究課題等等。

二、國際局勢的變化

從 10 世紀上半葉到 14 世紀末，存續了 474 年的高麗王朝，通常以 1170 年（高麗毅宗 24 年）發生的武臣政變為分水嶺被分為前期和後期兩個階段。在此基礎上可再細分為四個階段：以貴族社會為基礎的初期（918–981 年〔高麗成宗即位年〕）、所謂門閥貴族時代的前期（981–1170 年）、武臣當政的中期（1170–1270 年〔高麗元宗 11 年〕），以及受外部勢力影響降格為諸侯國的後期（1270–1392 年）。這種四分法考慮到了高麗國內外的政治狀況，本文便以此來分析當時東北亞的國際局勢。

1. 五代十國

10 世紀上半葉，作為中國歷史上強盛王朝代表的唐朝，大力整備律令體制，在政治、經濟、文化等方面對東亞諸國產生莫大影響。可是由於節度使勢力（「藩鎮」）和宦官勢力的對立與衝突，不到三個世紀（618–907 年）就走向了滅亡。此後的中原再次分裂，直到 960 年漢族創建宋朝為止的 53 年間，中央有五個王朝（五代，907–960 年）依次交替，地方則有十個國家（十國，891–979 年）展開競爭。

859 年黃巢發動叛亂以後，唐朝為管控地方而設置了藩鎮，然而後來一些藩鎮節度使被封王後自立門戶。其中地處華北地區、軍力強盛的政權控制中原，形成五代。在五代政權中，第二個王朝後唐（923–936 年）之後的後晉、後漢均由北方突厥系的沙陀族（Shatuo）所建。由於五代政權無法控制全國，各地藩鎮節度使紛紛自立為帝、為王，是為十國。不過除了後梁（907–923 年）時期的一部分政權之外，十國政權一般對五代政權行諸侯儀禮。

中原的分裂，使得鄰近國家也直接或間接受到一定的影響，導致其社會發生變動。由於中原政治、軍事影響力的衰弱，北方的契丹便開始崛起並南下，西部的定難軍（此後的西夏）和南方的靜海軍（此後的交趾）也逐漸獨立。同時，位於東部的朝鮮半島，隨着新政權的出現，形成「後三國」鼎立的局面。而在遠隔重洋的日本列島，由於中央政治力量無法影響至地方，律令國家逐漸式微。

2. 宋朝

趙匡胤（太祖，960–976 年在位）原是五代最後一個王朝後周（951–960 年）的將軍，通過軍事政變掌權建立宋朝，後與其弟趙光義（太宗，976–997 年在位）掃蕩各地群雄，於 979 年消滅十國中最後一個政權北漢（951–979 年），統一了全國。同年宋太宗出師北征，意欲收復後晉（936–947 年）高祖石敬瑭割讓給契丹的燕雲十六州（今北京市到山西省大同市一帶）。於是宋朝與契丹開始了歷經 25 年的戰爭，宋朝攻下易州（今河北省易縣）與涿州（今河北省涿州市），但在燕京的高梁河地區慘遭敗仗。此後兩國持續戰火，直到遼景宗（948–982 年）病死後聖宗（982–1031 年在位）即位才暫時休戰。

993 年閏 10 月以來，高麗臣屬契丹，遼東地區步入穩定，於是契丹又與宋朝展開激烈的戰爭。契丹於 995 年（遼統和 13 年）1 月入侵宋朝的西北邊境麟州（今陝西省神木市的西北地區），此後的十年間，大大小小的戰爭持續不斷。997 年（宋至道 3 年）3 月宋太宗駕崩，真宗趙恒即位，遼聖宗趁機數次親征宋朝，佔領多地。1004 年（宋景德元年）9 月，蕭太后與遼聖宗為了攻打宋朝，向高麗遣使加以宣撫，同時向南大肆興兵。閏 9 月，集契丹兵於固安（今河北省北部固安縣地區）攻擊諸地，11 月逼近澶州（今河南省濮陽市地區）。

此時，契丹軍大將蕭撻凜（？–1004 年）視察前線時遇到宋軍埋伏而戰死，契丹軍隨即士氣受挫，擔心宋軍夾擊，於是契丹試探着與宋朝議和。而宋真宗本想遷都南下以躲避南進的契丹軍，後在宰相寇準的力勸下赴前線督戰，鼓舞軍隊士氣，集中兵力將澶州作為決戰場。但隨後宋朝認為若澶州被攻破，將危及東京（今河南省開封市），於是同意以繳納歲幣為條件簽訂和約。12 月間兩國在澶淵訂立和約，互約為兄弟之國，並協定宋每年向契丹提供銀十萬兩、絹二十萬匹作為歲幣（公曆 1005 年 1 月，澶淵之盟），雙方長達 25 年的戰爭宣告結束。

宋朝與契丹之間的盟約，是不拘於名分的政治現實主義的一大勝利。它為兩國長達一個世紀的穩定關係與和平共存打下基礎。從這一點來看，其對宋朝與契丹都是有利的。雖然需要每年向契丹交歲幣，但這對於宋朝來說並不是太大的問題。宋朝向契丹提供的歲幣不足宋廷總財政收入的 2%，且通過與契丹的貿易輕易地彌補了該損失。

此後的一百年間，兩國之間沒有發生大規模的戰爭，並相互遣使通交，在邊境地區開展貿易活動。1024 年宋夏交戰，契丹便趁機向宋索要土地，所以宋朝在之前歲幣的基礎上，每年又增加銀十萬兩、絹十萬匹。1074 年契丹又以宋朝在山西地區增修堡壘為藉口，要求重新劃定邊界，宋朝於是又割讓了一部分土地。當時宋神宗起用王安石，企圖通過新法來實現富國強兵，但沒有成功。而新黨與舊黨之間矛盾尖銳，國力也日漸式微。

之後的宋徽宗（1100–1126 年在位）無心政治，將政務委予蔡京，舊黨遭受排擠。由於徽宗在政治上的無能，宋朝的國力也大幅衰弱。當時，契丹接連遭到新興勢力女真的攻擊，得此消息的宋朝與女真人建立的金朝結為同盟，共同攻擊契丹，宋朝負責攻其南京與西京，收復了燕雲地區。作為代價，宋朝將之前給契丹的歲幣轉納給金朝（1120 年海上之盟）。

但金軍在與宋朝共同攻打契丹的過程中，瞭解到宋軍的虛弱，於是轉過來對宋朝發動攻擊。宋軍大敗於金軍，燕京的人口遭到擄掠。1125 年（宋宣和 7 年）金軍南下，徽宗雖讓位予太子欽宗，但次年（宋靖康元年）11 月首都開封被金軍所圍。緊接着 1127 年 2 月，金朝廢黜欽宗，另立張邦昌為帝，扶植偽楚政權。徽、欽二帝被移送五國城，宋朝一時滅亡（靖康之變，北宋）。

北宋在國際關係中，未能正確推行弱者可以採取的勢力均衡政策，犯下了致命錯誤，在契丹和女真兩個敵人中選擇更為危險的後者為友，招致滅亡。此後南宋也重蹈覆轍，犯下了決定性的錯誤：在女真與蒙古中選擇更為危險的後者為友，最終淪亡。

1127 年北宋滅亡以後，康王趙構（1127–1162 年在位）於南京應天府即位，重建宋國（南宋）。此後趙構為躲避金軍，輾轉各地。1129 年遷至杭州，升其為臨安府，1138 年正式定都於此。1141 年 11 月兩國最終和議，宋朝向金朝承諾每年交納銀廿五萬兩、絹廿五萬匹作為歲幣（紹興和議）。

3. 契丹（遼）

五代時期契丹族的耶律阿保機（907–926 年在位）依靠掠奪漢人、拘留河北地區流民等措施擴大勢力後，建立契丹[1]（Khitan，遼，916–1125 年），918 年遷都臨潢府（今內蒙古自治區赤峰市波羅城）。契丹於 926 年滅渤海國。936 年趁後唐內亂，河東節度使石敬瑭稱帝，以割讓燕雲十六州為條件請兵於契丹，遼太宗耶律德光（927–947 年在位）領兵攻擊後唐，扶植石敬瑭建立後晉政權。

契丹隨即取得燕雲地區，並以此作為其擴大中原領地的根基而開始南下。974 年 1 月，契丹攻打拒絕臣屬的後晉出帝石重貴，攻破其首都開封府，滅掉後晉。由此，遼太宗佔領了中原大部分地區，次月改國號為大遼，但由於遭到各地漢人的反擊而撤退，途中病死（此後國號改回契丹，1066 年再改為遼）。

976 年，宋太宗為收復燕雲地區北進，遼景宗統治下的契丹雖一時敗北，但逐漸擴充軍力後大破宋軍，在軍事上佔了上風。此後遼聖宗即位，由皇太后蕭氏攝政 27 年。蕭太后勵精圖治，改革國政，使得國勢強盛。979 年宋朝進行第二次北征，契丹將其擊敗，並於 993 年進攻高麗，逼其稱臣。隨後 1004 年，蕭太后與遼聖宗親自征宋，在澶州取得大勝，12 月（公曆 1005 年 1 月）兩國訂立和約（澶淵之盟）。趁着餘威，契丹於 1009 年再次攻打沒有履行好臣屬之禮的高麗，攻破開京，迫使其臣屬。

此後，契丹依靠軍事上的優勢稱霸東亞，逼迫宋朝、高麗和西夏稱臣，並屢次西征迫使西域各國臣屬，威震中亞。之後近一百年間，契丹成為世界性帝國，在歐亞大陸聲名鵲起。但後面因內亂而國力分散，國勢式微。遼天祚帝

1　校者注：「契丹」既可作族稱，亦可作國號。契丹族建國後，漢文國號在「契丹」和「遼」中多次改復。韓國學界一般統稱거란，即契丹。本書遵循其用法，下不另注。

（1101–1125 年在位）即位後，隸屬於契丹的女真酋長完顏阿骨打（1068–1123 年）自 1112 年以來不再接受契丹的政令，並於兩年後起兵抗遼。遼天祚帝於 1115 年準備出兵並親征女真，但討伐軍敗於女真甚至還造反叛亂。此時，渤海後裔高永昌也趁機叛亂並自立。

1115 年，阿骨打稱帝，金朝建立五年後的 1120 年，契丹上京淪陷。一年後由於金朝的逼近，契丹喪失了一半的領土。此後契丹內部分裂，叛亂此起彼伏，失去了抵禦金朝進攻的能力，處於守勢，最終中京（今內蒙古赤峰市寧城縣天義鎮、大明鎮大明城）陷落。遼天祚帝逃至夾山（今內蒙古土默特左旗以北），1125 年 2 月被俘，契丹滅亡。遼天祚帝被擄至金上京（今黑龍江省阿城區白城子），三年後病死。

4. 金朝（女真，Jurchen）

完顏阿骨打統一女真各部後，於 1114 年 9 月做好攻打契丹準備，次年在會寧府（今黑龍江省阿城縣）建立金朝（1115–1234 年）。金朝於 1116 年 5 月佔領契丹東京遼陽府，1120 年攻陷其上京臨潢府，佔領了契丹近半的領土。1122 年金朝進攻契丹中京大定府，將遼天祚帝趕至沙漠地區。金與北宋結為同盟（海上之盟），金軍先與宋軍共同擊滅契丹後，1125 年又反過來兩次擊敗宋軍，1127 年滅北宋。金朝隨後迫使西夏和高麗稱臣，並與新建立的南宋主和派聯絡，締結和約，要求南宋按照北宋與契丹的舊例交納歲幣。

金海陵王完顏亮（1149–1161 年在位）於 1153 年遷都燕京（中都，今北京市）。此時金朝已佔領華北地區與淮河以北的華中地區，並使南宋、高麗和西夏以及漠北各部臣服，稱霸東亞。到世宗（1161–1189 年在位）與章宗（1189–1208 年在位）時期，金朝國力達到鼎盛，而章宗後期開始國力日漸式微，宣宗（1213–1223 年在位）時期遭到蒙古的大舉入侵，華北、山東地區也隨之民亂四起。此時金朝只能控制河南、淮北與關中一帶，又恰逢黃河氾濫，國力進一步衰弱。

5. 蒙古國（大元蒙古國）的登場與征服中原

鐵木真於 1206 年 12 月建立大蒙古國，此後逐漸南下，從 1209 年 12 月起進攻金朝，華北地帶再次陷入混亂。此時金朝統治下的契丹人開始崛起，1213 年 3 月，隨着耶律留哥和耶律廝不（一作耶廝不）兄弟在遼東建立遼政權，華北地區變得更加混亂。其後，耶律廝不率領的大遼收國軍隊兩次越過鴨綠江入侵高麗。同時，金朝由於蒙古的軍事壓迫，於 1214 年遷都汴京（今河南省開封市），但由於與西夏、南宋交戰而消耗了國力，1234 年遭到蒙古與南宋的夾擊而滅亡。

蒙古於 1232 年 12 月遣使向南宋提議聯合進攻金朝。當時，蒙古口頭承諾滅金後將河南地區歸還南宋。得知此消息的金哀宗（1223–1234 年在位）向宋理宗作出讓步，表示南宋可以不再交納歲幣，並勸說與其共同抗蒙，但宋理宗認為這是收復失地的絕好機會，從而拒絕這一提議。次年，南宋攻打金朝，鄧州（今河南省鄧州市）淪陷。1234 年 5 月，蒙古軍與南宋軍攻陷蔡州（今河南省汝南縣），金哀宗自縊，金朝滅亡。

隨着蒙古軍的撤退，為了收復原東京開封府、南京應天府、西京洛陽府，宋朝向河南地區派軍。6 月宋軍收復南京，7 月攻打西京，但遭到蒙古軍的反擊而慘敗，兵力與物資皆遭重創，且為日後蒙古入侵留下口實。自此，南宋遇到了比金朝更為危險的鄰居——蒙古。正如金朝在滅掉契丹後入侵北宋那樣，勝券在握的蒙古開始覬覦南宋。最終，北宋與南宋皆在勢力均衡政策中犯下重大錯誤，釀成滅亡的後果。

1235 年蒙古軍兩次南侵攻擊宋朝，次年再次入侵。蒙古的先鋒部隊到達長江北部，但遭到了宋軍的猛烈反擊，渡江遂失敗。此後宋軍又幾次在各地擊退蒙古軍，阻止其南下。1259 年 7 月，蒙古憲宗孛儿只斤・蒙哥（1251–1259 年在位）在合州（今重慶市合川區）釣魚城被宋軍的流矢擊中而亡。當時其弟忽必烈（1260–1294 年在位）正在位於長江中游北側黃陂的駐地（今湖北省武漢市黃陂區）與宋軍交戰，9 月聽到消息後隨即撤軍，自登汗位。此時宋朝的掌權人賈似道與高麗高宗向忽必烈派遣使臣，提議締結和約，結束戰爭。

1275 年春，蒙古軍攻陷安慶（今安徽省安慶市）與池州（今安徽省池州市），逼近建康（今江蘇省南京市），長江防線崩潰，賈似道出戰卻大敗而歸。同年 11 月常州（今江蘇省常州市）淪陷，南宋百姓遭到大規模虐殺。次年，隨着恭宗在臨安投降，南宋事實上已經滅亡。隨後，南宋皇室端宗、衛王相繼即位稱帝，繼續抵抗蒙古軍，1279 年 2 月衛王於崖山（今廣東省新會）跳海而亡。

由鐵木真在蒙古高原所建的大蒙古國於 1227 年滅西夏，1234 年滅掉曾是其宗主國的金朝，從而掌握了華北地區，又三次西征，建立了跨越歐亞的大帝國。1259 年憲宗蒙哥在征討南宋途中身亡後，佔據華北漢地的忽必烈與受到漠北諸王支持的阿里不花為奪汗位展開爭奪戰，1264 年忽必烈取得了勝利。但諸汗國紛紛脫離，帝國遂分裂。

忽必烈於 1271 年改國號為大元（大元蒙古國，1271–1368 年）後，持續對南宋發動攻擊，1276 年佔據了中國絕大部分地區，1279 年滅南宋。其後的元成宗（1295–1307 年在位）和武宗（1308–1311 年在位）時期大元國力達到鼎盛，元廷派兵平定西北，收拾了長期以來處於混亂的西北局面。同時，在世祖忽必烈即位過程中脫離帝國的窩闊台汗國承認了元朝的宗主國地位，這樣一來中央的政令便能波及到更廣袤的地區。

但是，之前忽必烈屢次進攻的日本和東南亞等地，卻未收到滿意的成果，而隨後頻繁的帝位更迭與爭奪戰，政治混亂與腐敗，強力軍閥的出現與權力鬥爭，使得大元國力逐漸衰退。1333 年元惠宗（順帝，1333–1370 年在位）

即位後怠於政事，導致政局紊亂，經濟上也出現了通貨膨脹等諸多的問題。加上黃河氾濫，旱災與饑荒，颱風與地震、瘟疫等接連發生，導致小農經濟破產。在這種危機下，1351 年以來，紅巾賊等農民叛亂蜂起。

而此時方國珍、陳友諒、張士誠等群雄開始崛起，元帝國的權威急劇下降，在鎮壓起義過程中統治階層內部又產生了分裂，使得政府軍力進一步削弱。此時紅巾賊出身的朱元璋與各地群雄一起擊敗了南方的元軍，後又將其主小明王韓林兒幽禁，於 1367 年在南京自立為吳王。次年 1 月朱元璋建立明朝，並派軍北伐，8 月攻陷大都，元朝滅亡。

元惠宗於 7 月從元大都逃至上都，仍以元朝皇帝的身分控制着蒙古地區，史稱北元（1368–1402 年）。此時元惠宗據有漠北、漠南，關中由廓擴帖木兒（王保保）、遼東由洪保保和納哈出佔領，雲南地區也有蒙古殘部。此後，元惠宗遷至應昌府，後病死於此。之後還有繼承昭宗（奇皇后之子，1371–1379 年在位）、天元帝（昭宗之子，1379–1388 年在位）的四帝，1402 年發生帝位爭奪戰，北元遂滅亡。

6. 明朝

元末農民軍建立的「宋」政權（1351–1363 年）的核心、出身於紅巾賊的韓林兒、劉福通等，想建立一個以漢族農民為中心的新帝國，但是其在政權尚未穩定的情況下冒然出兵北伐，結果被蒙古鎮壓。而同樣出身於紅巾賊的朱元璋在背叛農民階級後與地主階級妥協而建立了明朝，隨後滅掉元朝，重建漢人政權。

明朝創建於江南，而長城以北的北元勢力依舊強大，於是明廷設立了四十餘個衛所，在遼東地區也設立了遼東都司（遼東都指揮使司簡稱），作為該地區的前哨基地。明朝在開墾遼東的過程中，圍繞着對土地與人口的管轄權，與高麗產生了紛爭。明朝趁機屢次無理打壓同北元保持聯繫的高麗，導致高麗朝廷陷入紛亂。

三、外交關係的演變

高麗時代的外交，由於對方國家的民族構成與國力，領土的交界與否，以及超級大國的出現等因素呈現出不同的特徵，以下將依此分成不同階段進行敘述。

1. 與中原王朝的外交（五代至南宋）

高麗王朝自建立初期以來，通過和五代十國建立朝貢關係，以圖維持友好外交關係，並吸收先進文化。與中原王朝建立朝貢關係也是一種勢力均衡政策，其政治目的是在與後百濟的競爭中取得外交上的有利環境，進而確保在朝鮮半島上的霸權地位。即便是後三國統一以後，高麗仍然維持這種外交政策，這是因為滅掉渤海國的契丹把勢力擴張到東部，與高麗的北進政策產生衝突。換言之，高麗意圖通過與中原王朝建立朝貢關係而鉗制契丹勢力。勢力均衡政策同樣為中原各王朝所重視，因為政權更迭頻繁，同外族的高麗建立外交關係，也有助於確保中原霸主的權威。加上契丹佔領着華北的燕雲十六州，並圖謀繼續南下，中原王朝對此也需要能共同聯手的勢力。

這種現象在宋朝尤為突出，宋朝採取「聯夷以制夷」的外交政策，與高麗保持着友好的關係。宋麗兩國間的友好關係基本上是從共同應對契丹的基礎上出發的，但事實上兩國間的立場存在差異。例如，宋朝在 985 年（高麗成宗 4

年）為了完成收復燕雲地區這一首要任務要求高麗支援，但高麗不願介入對自己沒有實際利益的戰爭。相反，994 年（高麗成宗 14 年）為了阻止契丹的進攻，高麗也向宋朝請求援兵，但宋朝拒絕了高麗的請求。因此宋麗兩國互不信任，雙方關係逐漸疏遠，最終斷絕了外交往來。

此後高麗與契丹邊打邊和，同時也向宋朝遣使，宋麗之間重啟了國交。但兩國在彼此需要時對方都未給予軍事支援。隨即與高麗關係緊密的女真建立金朝取代契丹，稱霸北方。宋朝想拉高麗作為同盟一起抗金，高麗對此沒有輕易回應，兩國之間的官方往來再次中斷。宋麗官方只維持着必要時的間歇性往來，1164 年以後這種關係也中斷了。

高麗與宋朝、契丹、金朝的這種外交關係基本建立在前近代東亞的朝貢體系（tribute system）框架上。朝貢體系是規定朝貢與冊封儀禮的朝貢規範和中國同周邊國家間的朝貢冊封關係的結合物，其基本形態在西漢時期已形成，到明清時期最為典型。從 15 世紀初開始，朝貢體系牢固確立了其在中國同周邊朝貢國之間外交與貿易網路中的地位。朝貢體系，特別是朝貢冊封關係是前近代中國與周邊國家外交關係的主要形態，在這種制度下，中國周邊國家的統治者向中國皇帝遣使獻方物，奉表稱臣，每年元旦向皇帝行朝覲之禮；而作為回禮，中國皇帝向這些國家統治者除授中國官職，冊封其為本國國王，象徵性地分封其土地，視其為中國的外藩。朝貢冊封的儀禮施行以後，中國同周邊國家之間便形成宗主國與藩屬國的關係。

無論是象徵性層面還是實際性層面，朝貢體系運轉的基礎都是以中國作為霸權國的等級制度（hierarchy）。充滿中華意識的中國人自詡為宗主國，認為周邊各民族被其王化德治所感化，自發歸順來朝。但這只不過是他們自己的一廂情願，周邊國家未必都真正如此。對於朝貢體系，中國與周邊國家有不同的理解，因為朝貢體系是中國與朝貢國彼此相互需要的產物，雙方能夠各取所需。實際上從費用與效果來看，朝貢體系是對中國與朝貢國都有利的國際秩序，通過朝貢關係，各國在國家安全、政治合法性、經濟收益等方面可以獲得相應的利益。朝貢體系充分體現了前近代東亞世界秩序的複雜性。朝貢體系是為確立當時東亞的國際秩序而形成的，而國際秩序因當時的經濟、政治、意識形態、法律和文化等因素呈現出多面性、複雜性。朝貢體系還具有脆弱性，朝貢關係容易變得緊張，表面上微不足道的因素，也可能使其斷絕。由於其變數較多，東亞絕對不存在單個具有普遍性的朝貢關係。朝貢關係是中國同周邊朝貢國家間的「歷史性現實」，尤其是根據國力與利益的現實多樣化地展開的。總而言之，朝貢體系是難以一言概之的複雜性國際秩序。

能體現朝貢關係複雜性的事例有很多。茲舉一例，宋朝為了解決同北方民族的紛爭請求高麗協助，而高麗未能如其所願，宋朝便改變了接待高麗使節的方式。宋朝在促進北進政策時期，隆重接待高麗使節；反之，便待之以薄，地方官員拒絕迎接高麗使節，限制其出入宿所，扣下其為進京而製作的地圖，疑其為契丹細作。這不過是其中一例，卻反映了當時朝貢關係的脆弱性、複雜性。

到了 12 世紀，新興強者女真的出現，使得東北亞的政局再次動盪。於是，契丹和宋朝積極拉攏跟女真接壤並與其關係緊密的高麗。由於高麗位於契丹和女真之間，宋朝先以 1077 年之例優待高麗使節（1111 年），再將其升格為國信使，禮遇在西夏之上（1114 年）。其後又規定以對契丹的規格接待高麗使節，由樞密院指揮和管理（1115 年），還曾密諭高麗使節令女真人與其偕同來朝（1117 年）。

此後的 1125 年 12 月金朝攻陷燕京，次年 1 月入侵宋朝邊境，4 月宋朝請高麗出兵攻擊金朝後方（1126 年）。宋朝明知道高麗與女真一直維持着緊密關係，以高麗自身的處境，顯然滿足不了宋朝的請兵要求，因此宋朝之舉或許是出於某種幻想。

2. 與北方民族的外交（契丹、女真）

高麗王朝從建立初就不斷同北方民族接觸。與北方民族關係的進展，甚至左右國運的盛衰。在高麗前期，與高麗建立了外交關係的北方民族，有遊牧民族契丹，以及遊牧、農耕並行的女真，與這些政權的關係同高麗統治者的利益直接相關。為此，高麗朝廷在制定外交方針時備嘗艱難。

993 年（高麗成宗 12 年）10 月契丹首次入侵高麗，高麗戰敗，若要避免徹底敗亡，只有兩種選擇：要麼割地，要麼稱臣納貢。此時，徐熙提議選擇後者，成宗接受其意見。對此，後人給予正面評價，認為這一政策確保了國家的穩定，又使高麗獲得西北沿海地區，將國境線擴展至鴨綠江口。某些方面來看，該政策或許可以視為是從對立走向和平的良好外交策略。但另一方面，在該政策下，原本與宋——後者未能對朝鮮半島的政局產生深刻影響——保持獨立性往來的高麗喪失了國家自主性，其北進政策也因此受阻。

此後，高麗被自詡為中原宗主國的契丹降格為藩屬國，對其稱臣納貢。契丹逼高麗臣屬，穩定了後方，11 年後的 1004 年閏 9 月征宋，在澶州取得大勝，12 月與宋朝在澶淵講和。之後，契丹從宋朝獲得了作為朝貢另一種形式的歲幣。

10 世紀後半葉到 11 世紀上半葉的東北亞，由於受北方契丹的強大軍事力量所迫，宋朝和高麗不僅北進政策受挫，而且直接面臨契丹的入侵，有關遷都與割地的議論也常被提及。為防禦國境和守護領土，宋麗兩國焦頭爛額，宋朝向契丹交納歲幣，高麗則臣屬契丹。

契丹與高麗這種等級性的朝貢冊封體制，在 1125 年（高麗仁宗 3 年，金天會 3 年）8 月契丹滅亡後被金朝所繼承。此前 1118 年（高麗睿宗 13 年，金天輔 2 年）2 月阿骨打要求契丹以兄事金，歲貢方物，並交納宋、西夏、高麗往復書詔表牒，契丹妥協。由此看來，金朝之後應該也會強迫宋朝、西夏、高麗向其繼續遵守之前向契丹奉行過的稱藩納貢。果然，高麗也被迫於 1126 年

4 月向金朝上表稱臣，1129 年（高麗仁宗 7 年，金天會 7 年）11 月又進納誓表，誓以君臣之義世修藩屏之職。

與高麗同中原王朝的關係類似，高麗與北方民族的外交關係也基本以朝貢體系為基礎，即以政治上的臣屬為前提，通過使用對方年號或曆法，至少體現出象徵性的從屬關係，作為藩屬國向其進獻貢物。但高麗內部的政變或非正常的王位更迭，有時也受到其不當的干涉。而且高麗對北方民族沒有像對擁有先進文明的中原王朝那樣的仰慕情懷，而是以「小中華」自居，展示出雖為對方軍力所壓、卻心有不甘的姿態。

同時，正如宋朝雖然因受北方民族侵擾而國力衰微但高麗也始終對其示以「事大」之禮一樣，當北方民族受其他勢力壓制而國運衰退時，高麗也仍然努力與其維持友好關係。對此，北方民族在無法真正成為高麗名副其實的宗主國的情況下，在實際的外交往來中常常是以類似雙邊對等的關係為基礎，採取不干涉主義乃至親睦政策來積極維持兩國關係。

由於複雜的國際局勢，高麗在同北方民族的關係中，更加難以與其進行政治、軍事上的合作。當契丹正與宋朝對峙，同時又要與新興的女真短兵相接時，為了阻擋後者的攻擊，1115 年 4 月起，契丹三次向高麗遣使請求援兵，但沒有獲得任何幫助。此外，從金朝指責契丹於 1120 年 2 月向高麗請援兵的情況來看，直到當年 5 月遼上京以及次年 1 月遼中京被攻陷時，契丹似乎還沒放棄對高麗的期待。

3. 與超級強國蒙古帝國的外交

到高麗中期，麗廷能夠通過朝貢冊封謀求與連接大陸的東北亞各國的共存。但 1231 年（高麗高宗 18 年）8 月以來，高麗與超級強國蒙古帝國的關係與之前全然不同。以下將分析高麗在抗蒙過程中所採取的外交政策。

1206 年（高麗熙宗 2 年）建立大蒙古國的鐵木真逐漸南下，1209 年 12 月開始進攻金朝，華北地區再次陷入混亂。此時金朝統治下的契丹後裔崛起，1213 年（高麗康宗 2 年）3 月耶律留哥在遼東建立遼政權（即此後的大遼收國），1215 年投降蒙古，後其弟耶律厮不（一作耶厮不）反蒙稱帝。但被蒙古軍圍剿後，這些契丹叛軍於 1216 年 8 月跨過鴨綠江攻打高麗。此後的兩年五個月裏，他們在朝鮮半島西北部與高麗軍展開激烈的戰鬥。1218 年（高麗高宗 5 年）12 月，其主力部隊被高麗軍逼進江東城（今朝鮮平安南道江東郡）。此時高麗軍意外遇到前來追擊契丹叛軍的一萬名蒙古軍和其所帶領的兩萬名東真軍。

高麗軍與蒙古、東真軍合力於次年（1219 年）1 月攻陷江東城，20 日蒙古軍指揮官哈真、札剌與高麗軍指揮官趙冲、金就礪舉行盟誓，蒙古與高麗約為「兄弟之國」。其後蒙古軍指揮官遣使到高麗開京傳達講和之意，並於 24 日面見了高麗高宗。雖說蒙古與高麗已結為兄弟之國，但前線指揮官之間締結的盟約如何被蒙古政府承認尚不可知。此外，從此後蒙古向高麗提出無數要求的情況來看，兩國之間是否為兄弟關係不能不令人懷疑。

1218 年（高麗高宗 5 年）12 月蒙古軍在江東城附近與高麗軍相遇之前雙方是否有過接觸，對此《高麗史》中未見記載。所以，可以認為蒙古軍是在事前沒有任何通告的情況下進入朝鮮半島的。而這種行為即便是在戰爭中，也可看作是侵略行為。再結合兩國講和以後蒙古政府對高麗的政治壓迫與經濟掠奪、其派遣的指揮官對高麗人的屠戮、使節的橫行霸道等行為來看，可以說蒙古軍的最高目標只是在征戰中取勝，而非正常的外交往來。

可是也有跡象表明，1218 年 12 月蒙古軍入侵朝鮮半島以前，蒙古使節已抵高麗謀和。可見，蒙古與外國初次接觸時也並非只採取了野蠻行動。當時高麗軍指揮官趙冲的墓誌銘對此有如下記載：

（史料 A）

時會有蒙古國軍帥合玡、札剌等率勝兵萬餘人自東鄙入，□拔岱州，只請和我國，復讎契丹之□，辭請於公軍□，公即奏聞。先是蒙古國遣四十餘人賚牒乘船，□□□定州，請如今日講和事。朝廷議以為：「莫是契丹遺種，一般偽作蒙古文字，名復讎契丹，實欲□□□耶？遂不報。

金龍善，《高麗墓誌銘集成．趙冲墓誌銘》，2006，頁 335。

從該史料看，合玡、札剌的部隊進入高麗之前，已有四十多名蒙古使節手持文牒乘船抵達定州（今朝鮮平安北道定州）欲與高麗講和。但高麗政府似乎將其視為大遼收國的謀略，並未作出回應。

1209 年（高麗熙宗 5 年）12 月以來，蒙古攻破金朝，席捲華北與遼東，高麗可能已經知道蒙古這一新興帝國的存在。所以合玡（哈真）、札剌索要軍糧時，趙冲和金就礪意識到了事態的嚴重性，立即派兵提供了一千石大米。另據《韓光衍墓誌銘》的記載，當時高麗三軍聽聞蒙古軍到來時士氣大落，可見高麗人對令歐亞恐慌的蒙古軍威力應該是有所耳聞的。

蒙古帝國的威力如日中天，對此高麗執政者應該知道，但是高麗朝廷依然沒有對蒙古的講和要求作出任何反應。從蒙古的立場而言，高麗朝廷此舉可視為對自己提議的藐視，或對兩國共同利益的輕視。這為此後兩國未能通過外交途徑解決糾紛而走向戰爭的結局埋下伏筆。當時蒙古政權可能和之前的契丹、金朝一樣，也通過與高麗保持和睦關係，來消除將來征服中原時的後顧之憂。但是當時高麗政府對蒙古的外交似乎沒有準確的目標，而此後這種情況很可能也沒有變化。1224 年（高麗高宗 11 年）1 月，想擺脫蒙古影響的東真向高麗遣使告知其與蒙古斷絕關係並請求互市的事件正說明了這一點。如果說當時高麗與蒙古締結了真正的兄弟之盟，那麼東真的請求是不會被接受的，而次年的蒙古歲貢使著古與被殺事件也是不會發生的。

1229 年（高麗高宗 16 年）2 月以來，高麗在討論要與東真結好。這很可能影響了次年蒙古征伐高麗的決定，並導致 1231 年（高麗高宗 18 年）8 月撒禮塔攻入高麗。1232 年（高麗高宗 19 年)12 月撒禮塔被金允侯[2]射殺後，高麗給東真遞交國書，表示結好蒙古並非自己本意，並告知對方撒禮塔被射殺、蒙古軍撤退的消息，還提議與對方結盟。

這只不過是無力抵禦蒙古入侵的弱小國家企圖共同禦敵而貿然所作的一種挑戰。高麗此舉可謂愚昧至極，等於飛蛾赴火、自取滅亡。事實上，當強國的軍力過於強大時，小國間通過結盟來尋求勢力均衡的勝算並不大。只有存在足以制衡對方的另一強國時，這種勢力均衡政策才有可能成功。

在此之前，高麗往往通過聯合第三國以制衡敵國的方式以謀求生存，而現在高麗統治者無法遵循其祖先過去採取的戰略，被納入到大元蒙古國的統治秩序之下。這一時期，高麗統治者雖然宣揚抗擊夷狄並捍衛國家與臣民，但從其所作所為來看，只不過是為了保全自己和族人的生命而持續戰爭而已。

四、外交史的歷史特徵

力量與利益是決定國際關係的重要因素。國家力量是國際體系運轉的關鍵，這一國際體制以所謂的無政府狀態為特徵，其中並沒有超越國家以上的權威存在。在國家間力量分佈不均的國際體系中，強國按照有利於自己的方向制定支配國家之間相互關係的遊戲規則；而弱國為了防止被強國的霸權干涉，捍

2　校者注：原著及《高麗史節要》作「侯」，《高麗史》作「候」。

衛自己的政治獨立，被迫接受強國所制定的遊戲規則，或自己想辦法適應這些規則。簡而言之，國際關係的遊戲規則，是由現實力量所決定的。

在國際關係中，所有國家始終在尋求保護和促進本國利益。特別是，他們把安全和生存視為實現其他國家利益不可缺少的、不可讓步的國家根本利益來死守。外交史學者湯瑪斯・貝利（Thomas A. Bailey）認為，國家利益是「所有外交政策的源泉」，國家利益迫使各國採取任何其他方式都無法解釋的自相矛盾行為。

在國際關係中，當一個國家面臨來自外部的嚴重生存威脅時，通常採取制衡（balancing）或追隨（bandwagoning）的戰略。制衡意味着將自己的力量提升至能與威脅自己的國家相匹敵的程度。從戰略上講，「制衡」能通過兩種方式來實現，其一是做好軍事準備和提高防衛能力，增強自身力量；其二是通過結盟等方式，借助其他外力，形成共同對抗威脅的力量。

與此相比，「追隨」是指受威脅的國家為了消解威脅或者共享戰利品，與威脅的來源，即與對自身產生威脅的國家結盟的行為。制衡與追隨戰略是所有時代、所有地區的國家都會實行的生存戰略。前近代東亞的朝貢體系與歷史上衆多的其他國際體系一樣，是建立在國家力量與國家利益基礎上的。首先，朝貢關係是中國與鄰國之間複雜力量的政治產物。從外觀上來講，它以國家間國力的不對稱性為特徵，是國力優越國家（中國）與劣勢國家（周邊國家）之間的不平等關係。但實際上，朝貢關係是在中國與個別周邊國家之間現實力量得到適當均衡的基礎上建立並維持的。而且中國及其周邊國家都出於現實原因，換言之是為了各自的國家利益最大化而建立這種關係的。因此，朝貢體系是中國與周邊朝貢國達成的實用主義外交原則。

與歷史上衆多不同的國際體系一樣，東亞朝貢體系內的國家也在尋求勢力平衡。中國，特別是其周邊朝貢國，在為生存而鬥爭的過程中謀求一種平衡戰略，即通過外交手段尋找盟友或夥伴。而當這種制衡戰略未達預期效果時，一些國家尤其是中國的朝貢國便毫不猶豫地採取了追隨戰略。中國周邊國家向中國的統治者朝貢，就是典型的追隨戰略。這種制衡、追隨戰略有時單獨實行，有時亦同時並用。

與佔領中原的強立交戰、並建立朝貢關係的高麗也毫不例外地遵循了這種外交模式。高麗最大限度地調動自身力量，以謀求生存等國家利益。為此，採取追隨戰略，與佔據中原的強國建立了朝貢關係。

高麗王朝建立以後，繼承了前朝與中國的朝貢冊封關係，以形式上的外藩這樣的資格同五代十國、宋朝等中原王朝建立了邦交。高麗與中原王朝的關係在某種程度上是互惠的。而高麗與北方的契丹、女真是經過對立與鬥爭才獲得和平的，因此高麗與他們各自的關係呈現出不同的面貌。與中原王朝相比，高麗同北方征服國家的關係具有更為森嚴的等級性。這是「被迫的和平」所帶來的不可避免的支配從屬關係。

在國際關係中，和平共處之前的階段幾乎是對立與鬥爭的關係，因為不同國家的目標、利益或者意識形態往往不同。着眼於此，以下將以高麗時代具有代表性的外交活動為例子，通過諸如「埋下戰爭隱患的外交」、「臨時變通的外交」、「朝貢與冊封的外表」、「超級強國的出現與單方面的強迫」等內容，具體分析高麗外交史上顯現的特徵。

首先，942 年 10 月發生的萬夫橋事件，說明了在「後三國」中重新統一朝鮮半島的太祖王建對契丹採取了強硬敵對的外交政策。相關史料如下。

（史料 B1）

二十五年冬十月，契丹遣使來遺橐駝五十匹。王以契丹嘗與渤海連和，忽生疑貳，背盟殄滅，此甚無道，不足遠結為隣，遂絕交聘，流其使三十人于海島，繫橐駝萬夫橋下，皆餓死。

《高麗史》卷 2，〈世家二〉，太祖 25 年 10 月。

（史料 B2）

德陵嘗問於臣齊賢曰：「我太祖之世，契丹遺槖駝，繫之橋下，不與芻豆，以餓而死，故以名其橋焉。槖駝雖不產於中國，中國亦未嘗不畜之，國君而有數十頭槖駝，其弊不至於傷民，且卻之則已矣，何至餓而殺之乎？」臣對曰：「創業垂統之主，其見遠，而其慮深，非後世之所及也。且如宋太祖養豬禁中，仁宗令放之。後得妖人，顧無所取血，則知太祖慮亦及於此。亦未為定論，安知太祖養豬之意，不有大於取血者耶？我太祖之所以為此者，將以折戎人之譎計耶，抑亦防後世之侈心耶？蓋必有微旨矣。此在殿下，恭默而思之，力行而體之爾，非愚臣所敢輕議也。」

《櫟翁稗說》，前集，卷 1。

史料 B1 記載的是太祖王建流放契丹使臣、並餓死其所獻駱駝於萬夫橋下之事。史料 B2 講述的是忠宣王與李齊賢對於萬夫橋事件原因的判斷。

將史料 B1 的內容置於當時的外交環境進行分析，根據《遼史》所載，937 年（高麗太祖 20 年，遼天顯 10 年）契丹使節似乎已到達高麗，而此時國際局勢發生了重大變化。此前一年，高麗統一了朝鮮半島；同年 11 月 12 日，契丹冊封石敬瑭為後晉皇帝，石敬瑭將燕雲十六州割讓給了契丹。於是，東北亞三國的對峙局面由契丹與中原的對立，轉變成契丹與高麗的對立。此時契丹使節前來，很可能要求高麗也像後晉一樣稱臣。

915 年，契丹與弓裔的泰封政權締結了兄弟關係。此時，契丹有可能將自己與泰封繼承者高麗的關係，從原來的兄弟關係改為君臣關係。古代以來，東北亞的各民族、國家之間根據勢力的強弱將相互間的關係定位為兄弟、翁婿、父子、君臣等的情況比比皆是。以此推測，太祖王建所言可能不只是飾辭。

太祖在萬夫橋事件中的處理方式，難以說明其擁有帝王所該有的道德君王形象。正如史料 B2 中忠宣王所言「且卻之則已矣，何至餓而殺之乎」，從外交層面而言這也是「非紳士」的行為。

在前近代，某國向另一國發出外交提議時，對方可能有積極接受、當即反駁、沒有回應、漠視不理等諸般反應。太祖的回應當屬上述第二種，而且其採取的方式也並非忠宣王所言的「委婉方式」，而是充滿敵意。太祖的這一舉措從國家利益的角度而言也是難以理解的。高麗建立初期，王室的統治並不穩固，鞏固王位本是當務之急，然而太祖之後相繼繼位的惠宗、定宗、光宗等作為太祖之子不得不遵守其政策，只能在與契丹接壤的北方地區集中精力擴充國防力量。這個事例表明，國與國之間處於對立的時期，強化軍備可能成為彼此共存的核心要素之一。

其次，是關於徐熙和蕭恒德之間的會談。993 年（高麗成宗 12 年）閏 10 月，契丹第一次來侵，內史侍郎、平章事徐熙作為高麗的前線司令官，與契丹皇帝的駙馬兼東京留守蕭恒德進行了會談。在此次會談中，徐熙的表現在諸多方面成為可供後人借鑒的外交典範，是高麗政府進行的一次實利外交實踐，成為日後高麗決定外交政策的重要方針。

在前近代社會中，所有的協商都遵循「力量原則」，具有力量優勢的一方在協商中佔據有利的地位是普遍現象。即便關係融洽的國家之間，在圍繞某個事件進行會談或協商時，相互之間能夠達成妥協，至少應該以確保利益均等或共同承擔損失為前提。而當雙方按照同等比率分割利益或承擔損失時，這種妥協卻很難得到以本國帝王為首的統治階層的承認。只有兩個當事國都認為本國獲得比對方更多利益且承擔更少損失，這樣才能互相達成妥協。

契丹第一次入侵後，在戰爭初期遭到慘敗的高麗卻獲得有利的戰果。這很有可能是因為當時徐熙掌握了契丹的某些弱點，進而與之進行談判。當時的高麗非常瞭解契丹和宋朝處於對立關係，因此似乎積極利用這一國際局勢進而取得意想不到的戰果。如果確實如此，對於這次會談我們應給予高度評價，因為高麗在其中既重視外交名分，又利用國際形勢取得了外交實利。

當然，也許有人會質疑：這種為了避免戰火和擴大領土就放棄自尊心的外交，是否真的可以稱之為實利外交？然而，這只是高麗為了彌補首戰失利的損失而不得已採取的權宜之計，很難判斷其為高麗長期採取的外交方針。

在這種情況下，高麗和契丹之間的朝貢冊封體系雖然名曰源自於標榜王道政治的統治者為教化人民而施行的仁政，但是如果對實際情況進行剖析就可以發現，這一時期東北亞三國的外交方針只是為了維護本國利益爭奪霸權（hegemony）和鞏固霸主地位，而立足於仁義的外交只不過是韓非子所倡導的一種霸道的宣揚而已，只是一種工具。即是說，契丹為了本國利益，以壓倒性的軍事力量，肆意侵略宋朝和高麗的所作所為，堪稱是帝國主義的行徑。

其三，12 世紀上半葉的東北亞，隨着金朝的興起，契丹走向滅亡，宋室南渡偏安。當時，宋朝、契丹無法以武力積極展開對金攻勢，似乎希望以高麗為媒介進行防守或反擊。但二者都未得到高麗——後者對新興帝國的登場採取觀望的態度——的支持，結果均走向了滅亡。

某種程度上說，高麗採取了可謂「優柔寡斷」的政策，結果未能在相互爭霸的帝國夾縫中間發揮自身影響力從而分得接壤的新興霸主的一杯羹，僅僅只是恢復了鴨綠江以東地區的極少一部分故土。能有這點成果，還是因為高麗對金朝承諾願意承襲之前臣屬契丹的舊例。總之，12 世紀上半葉高麗在與其關係緊密的鄰國成為新興帝國之時，沒有乘勢與其締結為互惠性同盟或「追隨」對方，而是以中立的姿態旁觀，這樣的外交政策導致高麗最終也淪為被壓迫國家。

其四，13 世紀上半葉，面對中原新霸主蒙古的入侵，高麗武臣政權的少數當政者執意主戰，致使全國陷入火海，農民處於水深火熱之中。此後直至 1356 年（高麗恭愍王 5 年）恭愍王推行反元改革，高麗遭受了蒙古帝國長達 85 年的壓迫。

然而，與蒙古帝國支配下的其他國家、民族不同的是，高麗能夠完整地保留國家主權和自身文化，所以當時也有中原的文人認為高麗的地位非同一般。不過，在蒙古帝國強大的政治壓力下，高麗在國家的經營上還是經歷了諸多困難。

這一時期，蒙古帝國或者通過征東行省這樣一個為連接兩國而設立的機構或者直接派遣使節，來全面干涉高麗的國家事務。在政治上讓高麗臣屬，在軍事上通過在高麗設置各種萬戶府以掌握軍權，在經濟上強迫高麗提供大量的貢品，在社會方面試圖用蒙古的法制改變高麗的社會體制。

因此，高麗王朝的自主性受到了嚴重破壞。兩國的外交關係，與此前高麗和歷代王朝之間以「朝貢—回賜」為名而事實上對等的關係相去甚遠，變成了完全的宗主國與藩屬國的關係。所以高麗的王位繼承、王后冊封等諸多儀式被省略，大部分都沒有按照傳統進行，高麗派遣各種使節後對方沒再安排相應的「答使」，對於高麗的朝貢也沒有進行回賜。

而之後的明朝希望繼承蒙古帝國與高麗的這種關係，趁着高麗複雜的政治局勢，強行干涉高麗內政，並過度索要貢品。這也成為了朝鮮王朝的枷鎖，因為其正是由標榜親明政策的一些統治階層所建立的。朝鮮王朝與中原的外交便也往這種「以小事大」的奇怪方向發展。

五、外交活動的諸面貌

在 13 世紀後半葉被蒙古帝國統治之前，高麗王朝與五代十國、北宋、南宋等中原王朝的關係，正如前代新羅與唐朝的關係一樣，是出於自願通過朝貢與冊封形成的典型「事大」外交關係。這種關係幾乎沒有出現過太大的問題，個中原因雖然不能確定，不過有可能是因為彼此國境不接壤的緣故。而契丹、女真等北方民族則以武力逼迫高麗臣屬，宗主國與藩屬國間的不平等性質更加明顯，有別於高麗與漢族王朝之間的互惠關係。

事實上，當時伴隨北方民族政權所派使節到來的，常常有諸如政治壓迫、經濟搜刮以及過分的享宴要求等諸多弊端；另一方面，高麗派往對方的使節受到慢待、使節一些請求被無視和拒絕等情況似乎也並不少見。這種現象在超級強國蒙古帝國出現後更加嚴重，很多情況下使節的行為與征服者肆意妄為的各種非法行為沒有區別。麗末鮮初，明朝使節的各種無禮行為在史籍中留下了相對較多的記載，通過這些記載便可窺探到上述所言的某些側面。

着眼於此，以下將通過幾個關於高麗與外族接觸、交涉、交流的事例來進一步展開論述。

（史料 C1）

熙奉國書，如遜寧營，使譯者問相見禮。遜寧曰：「我大朝貴人，宜拜於庭。」熙曰：「臣之於君，拜下禮也，兩國大臣相見，何得如是？」往復再三，遜寧不許。熙怒還，臥所館不起，遜寧心異之，乃許升堂行禮。於是，熙至營門，下馬而入。與遜寧分庭揖，升行禮，東西對坐。

《高麗史》，〈列傳七・徐熙〉。

史料 C1 反映的是高麗與契丹的將領為和議進行會面的場景，以帝國（宗主國）代表自居的蕭遜寧將徐熙視為諸侯國（臣屬國）代表，徐熙對此作了抗辯。由上可見，徐熙通過言語進行的象徵性行為，不僅表明了自己國家的屬性，還使得對方承認了高麗是平等的主權國家。

（史料 C2）

遂以不允詔前王讓位回，授應圭。應圭奏：「陪臣所獻二表也。新王之表，何無回詔也？使於四方，不辱君命，臣之職也。臣今辱命，罪不容

> 死，與其生還本國，寧隕身上國，聞於天下。」因不食，具服立庭，向闕待命。晝夜不移三日，館伴以聞，帝屢使勸食，猶不食。從者夜密進水漿，應圭叱之曰：「汝亦人耳，何行詐之甚邪？」及五日，形容枯槁，氣息將絕，力不能立，數至僵仆。帝憐其忠誠，遣大臣慰諭曰：「爾國雖小，有臣若此，已寢問罪之議。將降詔依允，汝且就食，毋傷生！」應圭曰：「宸眷雖厚，臣不受回詔，何敢食乎？受詔之日，乃臣續命之辰。」不食七日，帝益憐之，授回詔，賜御饌幣帛，厚慰而送之。
>
> 《高麗史》，〈列傳十二．庾應圭〉。

史料 C2 記載的是鄭仲夫廢毅宗立明宗後庾應圭出使金朝的活動。庾應圭的堅毅行為充分體現了其對高麗朝廷的忠誠，同時又給當時重視名分的社會帶來極大的感動。

（史料 C3）

> 康宗即位，金遣使冊命。金使欲入儀鳳正門，朝議不肯，往復相詰，王命儀往諭。儀問曰：「天子之巡守方岳者，自古有之，若大國枉蹕小國，當入自何門？」金使曰：「天子出入，舍中門而何？」儀曰：「然則人臣欲入君之正門可乎？」金使大服，乃入自西門。
>
> 《高麗史》，〈列傳十五．琴儀〉。

史料 C3 記載的是知奏事琴儀臨機應對金朝使節欲行高麗君王御用宮闕正門之事。當時金朝使節認為高麗國王亦為皇帝臣下，地位與己同等，而高麗官僚為諸侯臣下，不能與己同道。然而，琴儀通過對方意想不到的邏輯，推翻對方的主張，從而削弱了對方的氣勢。這個事件表明，在外交中實力固然重要，但道義名分同樣不可忽視。

（史料 C4）

時移都江華，蒙古遣將侵掠，督還舊京。王遣守剛如蒙古進方物，守剛從帝入和林城，乞罷兵。帝以不出陸為辭，守剛奏：「譬如獵人逐獸入窟穴，持弓矢當其前，困獸何從而出？又如冰雪慘烈，地脉閉塞，草木其能生乎？」帝然之，曰：「汝誠使乎，當結兩國之好。」遂遣徐趾來命罷兵。後復來侵掠，又遣守剛。帝方自將伐宋，守剛謁行營，懇乞罷兵，帝又許之，仍遣使，與守剛偕來。

《高麗史》，〈列傳十五．金守剛〉。

史料 C4 記載的是金守剛出使蒙古進行外交斡旋之事。高麗採用「邊打邊談」的策略對抗蒙古入侵，招致對方的不信任，這時作為中堅官吏的金守剛（後改名金守精）被派往蒙古。他靠機智與懇訴，獲得皇帝的罷兵許諾。金守剛的努力堪稱「外交技術」，他通過有利的比喻，洞察對方的心理，給予對方名分，從而使本國獲得實利。

（史料 C5）

丞相安童素與本國有恩者，時在朔方，故不賷國贐行。方慶以銀盂、苧布遺其夫人，夫人曰：「莫是金相邪？自丞相北去，絕無國贐，非公誰數婦人？」前此，進奉使必賷國贐以行，或有羡餘，為使者率私用。方慶嘗為進奉使，悉還之。

《高麗史》，〈列傳十七．金方慶〉。

史料 C5 記載了高麗僉議中贊金方慶到元大都拜訪實已失勢的丞相安童之府邸並向其夫人遞送禮物之事。當時高麗的自主性被大大否認，以致於要靠個人送禮來謀求國家利益，金方慶大概是想改善國家的境況，哪怕只是一點點。

（史料 C6）

賀聖節如元至上都，適帝幸甘肅，詔天下進貢使皆至京師而止。台鉉言於中書省曰：「下國自事大以來，歲時朝賀，未嘗有闕。止於京師，帝命也；達於行在，吾君命也。吾寧獲罪於帝，不敢廢吾君命。」省許之，遂達行在，帝嘉忠懇，大加賞賚，賜御饌以寵之。

《高麗史》，〈列傳二十四．金台鉉〉。

史料 C6 是關於金台鉉出使元朝之事。作為一個使臣，金台鉉強調自己國王的命令比宗主國蒙古帝國皇帝的命令更重要，這感動了皇帝。可見，金台鉉運用外交辭令，巧妙地在完成本國國王命令的同時，也展現了高麗對上國的忠誠，這種外交策略可謂高明。

六、今後的研究課題

與韓國歷史上其他任何時代相比，高麗時代堪稱朝鮮半島與周圍各民族接觸及衝突最多的時期。高麗時代的外交，不單單限於外交史領域，其直接關乎國家的存亡，所以當時的社會將其作為最重要的事務來處理。

然而，與其他領域相比，這方面的相關研究成果還較薄弱。這是因為，迄今為止包括外交史在內的對外關係史領域的研究，主要依賴「年代記」[3] 資料進行。最近，該領域的研究人員數量有所增加，研究領域得到深化拓展，隨着

3　校者注：韓語中的「年代記」直譯成中文為「編年史」，但此處作者所言「年代記」具體所指不明，目前關於高麗史最常用的史籍有紀傳體的《高麗史》和編年體的《高麗史節要》等。

如此量變和質變的趨勢，通過挖掘新史料和轉換新視角等新的研究方法，一些值得關注的研究成果正相繼面世。

基於此，現就今後高麗外交史研究的展望概述如下。首先，關於高麗時代的對外關係史，過去的研究成果基本上只依賴中韓兩國的「年代記」史料進行，而研究者對史料的解讀也不盡相同。兩國史籍所載內容相悖的情況並不少，而對這種史料的選擇出現偏向性的情況以往也存在過。為了擺脫這種局限性，我們應該發掘尚未被真正作為研究對象的一些中國及日本方面的新資料，以補充或佐證「年代記」中遺漏或相悖的內容。

以往針對個別主題進行的實證研究有很多，然而關注的視域往往僅限於東北亞，把握國際關係的多樣側面的嘗試尚且不足。高麗王朝享國近五百年，其國際關係與韓國歷史上其他任何時期相比都要複雜得多。所以在研究其對外關係史時需要解決的問題有很多。雖然歷史學者已探究了其中的諸多內容，但止於一兩次探討的情況不在少數，而且研究者之間缺乏綜合性研討，因此相關研究的整體性梳理工作亟待完善。另外，當時的對外關係，即國際秩序變動中國家間的交涉，為其國家內在的歷史發展提供了怎樣的契機？對這些問題的相關探討亦沒有充分展開。

由於上述原因，社會科學工作者——他們本應以基於一手資料的研究成果為基礎——無法借助最新的科學論證方法，為高麗外交史轉向國際關係史提供出路。如今，人文科學、社會科學以及尖端的信息通信技術相結合的綜合性研究蔚然成風，高麗時代對外關係史的研究也應該與時俱進。而且，我們需要為新的研究方法下的高麗外交史夯實基礎，使其能夠發展成為可與當今外交相銜接的實用主義外交史。

參考文獻

1. 著作

尹龍爀，《高麗三別抄的對蒙抗爭（고려 삼별초의 대몽항쟁）》，一志社，2000。

尹龍爀，《高麗對蒙抗爭史研究》，一志社，1991。

尹龍爀，《蒙麗戰爭與江華都城研究（여몽전쟁과 강화도성 연구）》，慧眼，2011。

外交通商部，《21 世紀創造性實用外交與徐熙（21 세기 창조적 실용외교와 서희）》（發表要旨），外交通商部，2009。

西嶋定生、李成市編，《古代東アジア世界と日本》，岩波書店，2000。

宋史提要編纂協力委員會，《宋代史年表（北宋）》，東洋文庫，1967。

宋史提要編纂協力委員會，《宋代史年表（南宋）》，東洋文庫，1974。

李貞信，《高麗時代的政治變動與對外政策（고려시대의 정치변동과 대외정책）》，景仁文化社，2004。

李雲泉，《朝貢體系研究》，新華出版社，2004。

李玠奭，《高麗與大元關係研究（高麗 - 大元 關係의 연구）》，知識產業社，2013。

周采赫，《蒙麗戰爭時期的撒禮塔與洪福源（蒙·麗戰爭期의 撒禮塔과 洪福源）》，慧眼，2009。

東北亞歷史財團，《13–14 世紀高麗—蒙古關係探究（13~14 세기 고려 - 몽골 관계 탐구）》，東北亞歷史財團，2011。

金龍善，《高麗墓誌銘集成》，翰林大學出版部，2006。

南仁國，《高麗中期政治勢力研究》，新書苑，1999。

姜在光，《崔氏政權對於蒙古入侵的外交應對（蒙古侵入에 대한 崔氏政權의 外交的 對應）》，景仁文化社，2011。

唐代史研究會，《隋唐帝国と東アジア世界》，汲古書院，1979。

張東翼，《モンゴル帝国期の北東アジア》，汲古書院，2016。

張東翼，《元代麗史資料集錄》，首爾大學出版部，1997。

張東翼，《宋代麗史資料集錄》，首爾大學出版部，2000。

張東翼，《高麗史世家初期篇補遺（고려사세가 초기편 보유）1, 2》，景仁文化社，2014。

張東翼，《高麗後期外交史研究》，一潮閣，1994。

閔賢九，《高麗政治史論》，高麗大學出版部，2004。

黃寬重，《南宋史研究集》，新文豐出版公司，1985。

韓圭哲，《渤海對外關係史（발해의 대외관계사）》，新書苑，1994。

韓國中世史學會，《中國視角下的第一次麗遼戰爭與徐熙（中國에서 바라본 제 1 차 麗 · 遼戰爭과 徐熙）》（發表要旨），韓國中世史學會，2012。

2. 論文

乙阪智子，〈元代內附序論〉，《史境》，總第 34 輯（1997）。

川崎保，〈『吾妻鏡』異国船寺泊浦漂着記事の考古学的考察〉，《信濃》，第 54 卷，第 9 號（2002）。

尹龍爀，〈14 世紀初東亞貿易的諸問題（14 세기 초 동아시아교역의 諸問題）〉，《新安船與東亞陶瓷貿易（新安船과 동아시아 陶瓷交易）》，國立海洋遺物展示館，2007。

尹龍爀，〈元朝の對外政策〉，《史境》，總第 38、39 輯（1999）。

尹龍爀，〈對外關係〉，《新韓國史入門（새로운 한국사 길잡이）》，上，韓國史研究會，2008。

方震華，〈復仇大義與南宋後期對外政策的轉變〉，《歷史語言研究所集刊》，

第 86 卷，第 2 號，中央研究院，2017。

毛利英介，〈1074 年から 76 年におけるキタイ（遼）· 宋間の地界交涉發生の原因について〉，《東洋史研究》，第 61 卷，第 4 號（2004）。

朴永海，〈11 世紀末 ~12 世紀初女眞の侵入を沮止するための高麗の對外活動〉，《朝鮮學術通報》，第 15 卷，第 3、4 號（1978）;《歷史科學》，1977 年第 4 期登載。

朴宗基，〈11 世紀高麗的對外關係與政局運營論的發展（11 세기 고려의 대외관계와 정국운영론의 추이）〉，《歷史與現實（역사와 현실）》，總第 30 輯（1998）。

朴宗基，〈高麗中期對外政策的變化（고려중기 대외정책의 변화에 대하여）〉，《韓國學論叢》，總第 16 輯（1994）。

朴宗基，〈高麗時代的對外關係（고려시대의 대외관계）〉，《韓國史》，第 6 冊，大路社（한길사），1994。

朴漢男，〈高麗對金外交政策研究（고려의 대금외교정책 연구）〉，成均館大學博士學位論文，1993。

朴龍雲，〈關於宋麗交聘目的與使節的考察（高麗 · 宋 交聘의 목적과 使節에 대한 고찰）〉，《韓國學報》，總第 21、22 輯（1995）。

李孝珩，〈渤海流民史研究〉，釜山大學博士學位論文，2004。

李貞信，〈高麗太祖建國理念的形成與國內外局勢（고려 태조의 건국이념의 형성과 국내외 정세）〉，《韓國史研究》，總第 118 輯（2002）。

李泰鎭，〈前近代中韓貿易史的虛與實（前近代 韓 · 中 交易史의 虛와 實）〉，《震檀學報》，總第 78 輯（1994）。

李益柱，〈14 世紀後半葉元明交替與朝鮮半島（14 세기 후반 元 · 明 交替와 한반도）〉，《戰爭與東北亞的國際秩序（전쟁과 동북아의 국제질서）》，一潮閣，2006。

李鎮漢，〈高麗武臣政權時期宋商的往來（高麗 무신정권기 송상의 왕래）〉，《民族文化》，總第 36 輯（2010）。

具山祐，〈高麗成宗時期對外關係的展開及其政治性質（고려 성종대 대외관계의 전개와 그 정치적 성격）〉，《韓國史研究》，總第 78 輯（1992）。

周采赫，〈蒙古與高麗史研究再探討（몽골 - 고려사 연구의 재검토）〉，《國史館論叢》，總第 8 輯（1989）。

金光哲，〈14 世紀初元朝的政局動向與忠宣王流配吐蕃（14 세기초 원의 정국 동향과 충선왕의 토번유배）〉，《韓國中世史研究》，第 3 輯（1996）。

金順子，〈高麗末期對中關係的變化與新興儒臣的事大論（고려말 대중국관계의 변화와 신흥유신의 사대론）〉，《歷史與現實》，總第 15 輯（1995）。

金順子，〈高麗與中國關係史研究的現況（고려시대 대중국관계사 연구의 현황）〉，《歷史與現實》，總第 43 輯（2002）。

金潤坤，〈中世史的時期區分論（중세사의 시기 구분론）〉，《高麗時代史講義》，與共（늘함께），1997。

徐聖鎬，〈高麗太祖時期對契丹政策的發展與性質（고려 태조대 對契丹政策이와 성격）〉，《歷史與現實》，總第 34 輯（1999）。

崔允精，〈蒙古的遼東、高麗經略再探討（몽골의 遼東 · 高麗 經略 再檢討）〉，《歷史學報》，總第 209 輯（2011）。

崔永好，〈高麗時代與宋朝的海洋交流（고려시대 송나라와의 해양교류）〉，《歷史與境界（역사와 경계）》，總第 63 輯（2007）。

崔德煥，〈993 年契丹與高麗之間的矛盾及女真問題（993 년 고려 - 거란 간의 갈등 및 여진문제）〉，《歷史與現實》，總第 85 輯（2012）。

張東翼，〈從佛典的流通看高麗時代的日韓關係（佛典의 유통을 통해 본 고려시대의 한 · 일 관계）〉，《石堂論叢》，總第 58 輯（2014）。

張東翼，〈高麗時代の對外關係の諸相〉，《東アジア海をめぐる交流の歷史的展開》，東方書店，2010。

張東翼，〈高麗時代的對外交涉與海防（고려시대의 대외교섭과 海防）〉，《中日韓的海洋認識與海禁（한중일의 해양인식과 海禁）》，東北亞歷史財團，2007。

蔡雄錫，〈11 世紀後葉至 12 世紀前葉東北亞的國際局勢與高麗（11 세기 후반 ~12 세기 전반 동북아시아의 국제정세와 고려）〉，《戰爭與東北亞的國際秩序（전쟁과 동북아의 국제질서）》，一潮閣，2006。

羅鍾宇，〈高麗時代的對宋關係（고려시대의 대송 관계）〉，《圓光史學》，總第 3 輯（1984）。

藤田明良，〈文献資料から見た日本海交流と女真〉，《北東アジア交流史研究》，塙書房，2007。

Peter I. Yun，〈蒙元之前東亞的多元國際關係（몽골 이전동아시아의 다원적 국제관계）〉，《滿洲研究》，總第 3 輯（2005）。

Bailey, Thomas A. *A Diplomatic of the American People*, 10th ed. Englewood Cliffs, N.J.: Prentice Hall, 1980.

Breuker, Remco E. *Establishing a Pluralist Society in Medieval Korea, 918–1170: History, Ideology and Identity in the Koryŏ Dynasty*. Especially Chapter 6, "Koryŏ Diplomacy," pp. 195–256. Leiden: Brill, 2010.

Franke, Herbert and Denis Twitchett, eds. *The Cambridge History of China, vol. 6, Alien Regimes and Border States, 907–1368*. New York: Cambridge University Press, 1994.

Kang, David. C. *East Asia Before the West: Five Centuries of Trade and Tribute*. New York: Columbia University Press, 2010.

Kim, Jinwung (a). "An Ancient Middle Power's Diplomatic Dilemma: The Nature of Koguryŏ's Tributary Relationship with China." *Journal of Asian History*, vol. 50, no. 2 (2016), pp. 175–199.

Kim, Jinwung (b). "Normal Tributary Practice: The Nature of King Kojong's Policy Toward the United States in the 1880." *Acta Koreana*, vol. 19, no. 1 (June 2016), pp. 267–299.

Morgenthau, Hans J. *Politics among Nations: The Struggle for Power and Peace*, 5th ed. New York: Alfred A. Knopf, 1978.

Rogers, Michael C. "National Consciousness in Medieval Korea: The Impact of Liao and Chin on Koryŏ." In *China among Equals: The Middle Kingdom and Its Neighbors, 10th–14th Centuries*, edited by Morris Rossabi, pp. 151–171. Berkeley: University of California Press, 1983.

Walt, Stephen. *The Origins of Alliances*. Ithaca: Cornell University Press, 1987.

第二章

高麗初期與中國的外交

金甲童

一、太祖時期與中國的外交

1. 高麗建立以後

王建（877–943 年）建立高麗之前，「後三國」的對外關係如下：新羅與從前一樣，和北中國的唐朝開展活躍的外交活動；同時，甄萱（867–936 年）的後百濟政權與南中國的吳越國建立外交關係；弓裔（？–918 年）的泰封政權在初期不重視對外關係，到了後期才與北方的契丹展開外交活動。

後梁於唐朝滅亡以後建立，但由於它被認為是篡位王朝，「後三國」均不與其開展外交活動，只有留學生和留學僧為躲避戰亂而大舉回國的情況出現而已。該時期外交上的特徵是，泰封政權的弓裔在後期試圖同契丹締交。這應該是兩國地理上相鄰以及弓裔尋求和新羅、後百濟的外交差異的結果。

弓裔晚年頻施暴政，因此 918 年王建在洪儒、裴玄慶、申崇謙、卜智謙等的擁戴下登上王位，而弓裔遭到放逐。前一年新羅神德王（912–917 年）薨逝，景明王（917–924 年）即位。

王建即位以後，甄萱再次向吳越國遣使獻馬，吳越王錢鏐加授他中大夫。與新即位的王建相比，甄萱提前搶佔了與南中國的外交，意在封鎖王建與中國的外交路徑。

另一方面，王建於即位當年的 9 月高喊復興高句麗，將高句麗的舊都平壤升格為大都護府，派遣其堂弟王式廉前去鎮守；同時將其附近的鹽州、白州、黃州、海州、鳳州等地百姓遷入其地以充實人口。王建實施北進政策，表明了其恢復北方的意志。

即位次年（919 年）1 月，王建將首都由鐵原遷至開城。這不僅因為開城是其根據地，更由於開城在外交與對外貿易上更為有利。是年 7 月，切實感到外交戰略重要性的王建派遣金立奇前往吳越國展開朝貢外交。但從對方無所應答的結果來看，此行應該是失敗的。其原因或許是吳越國在很久之前就同甄萱政權建立了外交關係，因而已無名分再同高麗締交。

但高麗此行也並非顆粒無收，因為當年 9 月有吳越文士酋彥規來投高麗。從記載來看，此乃個人自發行為，但考慮到金立奇前往吳越國是在此兩個月前，所以酋彥規也許正是金立奇所帶來的。換言之，儘管正式外交失敗，但高麗使節認識到與中國關係的重要性，所以對酋彥規實施了「懷柔」手段。此後酋彥規在高麗與中國的外交上作出了貢獻，這是毋庸置疑的。

920 年（高麗太祖 3 年）正月，新羅首次向高麗遣使，兩國建立友好關係。對此，後百濟的甄萱也於 9 月遣阿粲功達，向高麗獻孔雀扇和智異山竹箭，要求建交。但同年 10 月，甄萱進攻新羅陜川地區，隨後新羅向高麗求援。高麗派出援軍，從此與後百濟互為水火。

次年 2 月，達姑狄為進攻新羅南下。高麗派將軍堅權將其擊潰，新羅國王遣使致謝。由此，兩國關係進一步得到鞏固。

922 年，契丹向高麗遣使，進獻駱駝和羊毯。雖然弓裔曾向契丹遣使，但驅逐弓裔的王建並沒有延續其做法，而契丹則首先伸出了橄欖枝。羽翼未豐的契丹希望將高麗拉入己方，這樣既能安心無虞，又可以威懾渤海，這恐怕是其遣使的真正目的。但王建似乎並未遣使回訪。

王建似乎認為，同中原的外交關係比起契丹更為重要。與吳越國的外交未能取得突破，高麗又希望同北中國的後梁也建立外交關係。923 年，高麗派福府卿尹質出使後梁，其歸國時帶回了五百羅漢像。幾日後，吳越文士朴巖前來歸化，這可視為是之前來投的酋彥規之功勞。由此，王建得到了兩位中國文士，可以說掌握了佔領對中國外交制高點的契機。

但當年後梁隨即滅亡，後唐建立。建立後唐的李存勖自詡為李唐宗室，所以其將後梁的末帝殺害，以重建唐朝的名分以「唐」為國號，定都洛陽。不僅是李存勖本人，外部也將後唐視為繼承唐朝的正統王朝。可能正因如此，新羅也迅速遣金樂與金幼卿等出使後唐。對此，莊宗李存勖厚賜了新羅使節。新羅應該是想通過遣使祝賀莊宗登基來強調自己與唐朝的傳統友誼。

高麗也派遣廣評侍郎韓申一、副使春府少卿朴巖出使後唐。對此，莊宗授予韓申一為朝散大夫、試殿中監，朴巖為朝散郎、試秘書郎。韓申一精通書史，其離開時，莊宗親自在便殿賜其林慮漿酒；朴巖也被認為擅長文史，水準可與中國賢士媲美。朴巖此前從吳越國前來歸化，高麗在對中國的外交活動上積極任用了他。由此，高麗與後唐之間確立了與新羅對等的外交關係。

對此感到不安的新羅景明王於次年（924 年，新羅景明王 8 年，高麗太祖 7 年）又先後兩次遣使後唐，試圖改變外交局面。新羅在當年正月派遣使節後，又於 6 月再次遣使。正月出發的使節不像是新羅中央所遣，而似乎是地方節度使所為。具體而言，當是泉州節度使王逢規獨自向後唐所派使節，泉州即今慶南晉州[1]。地方勢力單獨向中國遣使，這亦可反證新羅的衰微。是年 6 月，朝散大夫、倉部侍郎金岳被遣往後唐朝貢，後唐莊宗授予其為朝議大夫、試衛尉卿。由此來看，儘管後唐認可與朝鮮半島的傳統友好關係，但考慮到新羅衰退與高麗興起的局勢，幾乎給予了二者同等的待遇。

是年 9 月，新羅景明王薨，其弟登上王位，即景哀王（924–927 年）。次年，王建與甄萱在曹物郡交戰，但由於雙方勢均力敵，相互交換人質後達成和議。甄萱方面向王建派遣真虎作為人質，王建亦將其堂弟王信質於甄萱。這說明兩國在這段時間勢力相當。

這樣一來，兩國便希望通過與中國的外交來提高自己的競爭優勢。首先，王建於當年 11 月派使節韋伸赴後唐獻貢品，同年 12 月甄萱亦向後唐遣使

1　校者注：《三國史記》卷 34 載：「宜桑縣，本辛介縣，一云朱烏村，一云泉州縣」，宜桑縣即今慶南宜寧一帶。

稱藩。後唐授予甄萱檢校太尉兼侍中、判百濟軍事，依前持節都督全、武、公等州軍事、行全州刺史、海東四面都統、指揮兵馬制置等事、百濟王、食邑二千五百戶。這是外交上的競爭，兩國從傳統王朝後唐獲得認可，以對內外進行宣傳。史料只記載了後唐對甄萱授官，而王建則沒有，看起來似乎後百濟得到了更多的支持，但這應該視為是記載上的差異。換言之，王建遣使一事根據的是中國方面的記載，相反甄萱被授官一事依據的是韓國方面的記錄，可能後者更為詳細。應該說，後唐方面對高麗和後百濟兩國的合法性均予以承認。

926 年 4 月李克用的義子李嗣源繼承後唐皇位，即明宗。同年 4 月，甄萱派往高麗的人質真虎因病而死，而甄萱方面則認為其為高麗所殺，所以處死了高麗的人質王信並攻打熊津（今公州）。王建守而不出，處於守勢。由此，高麗與後百濟再次進入對決的局面。

927 年（高麗太祖 10 年）2 月，新羅景哀王派遣兵部侍郎張芬赴後唐，明宗除授檢校工部尚書，又分別授予副使兵部郎中朴術洪兼御史中丞、判官倉部員外郎李忠式兼侍御史。此次遣使既是為了祝賀新皇帝即位，也是為了稟告包括本國在內的朝鮮半島的情況。但《高麗史》中，還有前一年即 926 年關於高麗向後唐派遣張彬的記載。張芬與張彬可推定為同一人，其作為新羅使節前往後唐，卻被視為高麗人，或是因為他後來歸順了高麗。時間上的略微差異可能是錯覺的問題。

是年 3 月，後唐以權知康州事王逢規為懷化大將軍。因此，王逢規遣林彥前往後唐朝貢，明宗在中興殿召見了他並賞賜了物品。而《高麗史》中也有高麗方面派林彥赴後唐的記載，因為與上述張芬的情況一樣，林彥後來也隨王逢規歸順了高麗，所以被當成高麗所遣使節記載下來。但從後唐在接受新羅使節的同時又授予王逢規官職這一點來看，後唐似乎已經預見了新羅的衰亡，故而對其地方獨立勢力給予了承認。因為中國方面的史籍是將其作為新羅國人來記載的。高麗在甄萱攻打熊津時尚處於守勢，而 927 年王建對後百濟的龍州（今慶北醴泉龍宮面）發起了進攻，新羅景哀王出兵援助高麗。隨後由於高麗的連續進攻，運州（忠南洪城）、近品城（慶北尚州）、康州（慶南晉州）、大良城（陝川）等相繼陷落。此時康州的王逢規勢力自然也產生了歸順高麗的想法，王建為了招撫對方，向其賜姓王氏。其麾下的林彥也跟着歸順了高麗，因此其身分也搖身一變成為了高麗使節。

對此感到不安的甄萱，於 3 月攻打並佔領了距離新羅首都慶州較近的高鬱府（今慶北永川），新羅向高麗求援。隨後甄萱攻入慶州，殺死新羅景哀王，扶植敬順王（927–935 年）。後百濟軍回師首都全州時，與從公山（今大邱八公山）南下的高麗軍相遇，交戰由此展開，即公山戰鬥。高麗在此戰中大敗，開國一等功臣申崇謙與二等功臣金樂等皆戰死，王建僥倖逃生。

甄萱在決戰中大勝王建的消息迅速傳到了朝鮮半島以外。契丹隨即作出反應，派出了由 35 人組成的使團。吳越國也很快採取了行動，這在當年 12 月甄萱向王建傳達的國書中展露無遺。

> 然以前月七日，吳越國使班尚書至，傳王詔旨：「知卿與高麗久通歡好，共契隣盟。比因質子之兩亡，遂失和親之舊好，互侵疆境，不戢干戈。今專發使臣赴卿本道，又移文高麗，宜相親比，永孚于休。」僕義篤尊王，情深事大，及聞詔諭，即欲祗承。但慮足下欲罷不能，困而猶鬪。今錄詔書寄呈，請留心詳悉。且兔獹迭憊，終必貽譏，蚌鷸相持，亦為所笑。宜迷復之為戒，無後悔之自貽。[2]

從上引國書的內容來看，吳越國對朝鮮半島的情況非常瞭解。對於有

2 校者注：《高麗史》卷 1，〈世家〉，太祖 10 年 12 月。

著傳統友好關係的後百濟，吳越國下詔祝賀其取勝，同時也勸高麗與其「和親」。從某種程度而言，這是從後百濟的立場來勸和的。因為吳越國只向後百濟下詔提及此事，而且是在其取得大勝之後。對此，928 年（高麗太祖 11 年）王建向甄萱回信，其中寫道：

> 伏奉吳越國通和使班尚書所傳詔書一道，兼蒙足下辱示長書敘事者。伏以華軺膚使，爰致制書，尺素好音，兼承教誨。捧芝檢而雖增感激，闢華牋而難遣嫌疑，今托回軒，輒敷危衽……況承吳越王殿下德洽包荒，仁深字小，特出綸於丹禁，諭戢難於青丘。既奉訓謨，敢不尊奉？若足下祗承睿旨，悉戢凶機，不惟副上國之仁恩，抑亦紹東海之絕緒。若不過而能改，其如悔不可追。[3]

王建雖然表示願意接受吳越王的勸告，但同時也警告對方若不能「改過」將會付出代價。

總而言之，到此時為止新羅在與高麗維持友好關係的同時，主要向北中國的後唐遣使求助。但後唐對朝鮮半島的事務並無過多介入。契丹滅渤海後，高麗在與契丹的外交上也頗慎重。另一方面，甄萱雖然也想與契丹增進友誼，但長期以來已在與吳越國的外交上傾盡了全力。特別是在 927 年（高麗太祖 10 年）的公山戰鬥中將高麗擊敗後，希望借吳越國之力鞏固戰果，說後百濟取得了外交勝利也不為過。這一時期「後三國」外交的特點，首先是王建即位之後即試圖同吳越國建交，意圖切斷後百濟與吳越國的關係；而曹物郡戰鬥以後，後百濟向後唐遣使，也試圖取得對高麗的外交勝利。再者，只不過是地方勢力

3　校者注：《高麗史》卷 1，〈世家〉，太祖 11 年 1 月。

的泉州節度使王逢規卻單獨向中國遣使，這也是一個特點。另外，契丹實力壯大後打算滅掉渤海國，於是向新羅或高麗遣使，意圖防止出現負面影響。但公山戰鬥以後，契丹與後百濟接觸希望對高麗形成壓迫，這也可以視為一大特點。

2. 公山戰鬥以後

公山戰鬥以後，高麗與後百濟的戰爭依然持續。928 年 5 月，高麗此前取得的康州（今慶南晉州）為後百濟所攻陷。7 月，王建攻擊三年山城，但未能取勝，遂經清州進入忠州。同時，高麗在烏於谷駐軍，封鎖通往竹嶺的道路。但烏於谷城遭後百濟攻擊，於同年 11 月再次被奪走。在甄萱的主動進攻下，王建轉入守勢。

929 年（高麗太祖 12 年）以來，王建巡幸西京附近州鎮後，又巡幸了南部的基州（今慶北豐基）及附近州鎮，並招募兵力準備開戰。但此時甄萱軍入侵義城府（今慶北義城），高麗將軍洪術戰死，該地被佔領，既而順州（今慶北順興）也淪陷。

同時，王建又展開了與中國的外交。是年 8 月，王建派廣評侍郎張芬等 52 人出使後唐，進獻了香爐、寶劍、白紵、人參等物品。之前曾作為新羅使節出使中國的張芬歸順高麗後，依然被啟用為使節。

是年 12 月，甄萱包圍古昌郡（今慶北安東），王建親自出征。次年，新羅的載岩城（今慶北真寶）將軍善弼歸順王建，高麗的戰鬥力由此大幅增強。在此後的古昌郡瓶山戰鬥中王建之所以能取得大勝，也得力於當地土著勢力金宣平、權幸、張吉等的協助，因此王建分別授予了他們官職。

由於此次戰鬥的勝利，永安（今慶北永川）、河曲（今慶北河陽）、直明（今慶北安東）、松生（今慶北青松）等三十餘個郡縣歸附了高麗。到 930 年 2 月，得知古昌郡戰鬥大捷，從溟州（今江原江陵）到興禮府（今慶北安東）的

110 餘個城也都紛紛歸順，新羅的中部與東部地區幾乎全部成為王建的領土。

對此，王建遣使向新羅告知古昌郡戰鬥的捷報，敬順王給予答禮並請求與王建相見。次年，王建應邀到新羅會見敬順王。王建在慶州停留了三個月，雙方關係進一步得到鞏固。

932 年（高麗太祖 15 年）3 月，王建派大相王仲儒往後唐朝貢，此舉可能是為了向後唐稟告自己同後百濟的最新戰況，以表明自己已掌握了霸權。次月，新羅敬順王也派執事侍郎金朏、司賓御李儒前往後唐朝貢，也許是為了展現本國尚存的事實。但後唐已經認識到朝鮮半島的政局轉向了高麗，所以冊封王建為特進檢校太保、使持節、玄菟州都督、充大義軍使兼御史大夫、上柱國、高麗國王。這應該是此前高麗的入朝使王仲儒所請求的結果。王瓊、楊昭業等冊封使於次年（高麗太祖 16 年）3 月到達高麗，除了王建得到冊封，其夫人柳氏也被封為河東郡夫人。隨後，高麗放棄了自己的年號「天授」，改用後唐年號。高麗的決定性勝利得到了後唐的承認。

高麗於 933 年獲得後唐冊封後，與對方的交流更加深入。次年 8 月，高麗入貢使金吉入後唐，與其隨行的高麗商人在中國開展了貿易活動。935 年，高麗遣禮賓卿邢順等入後唐，後唐授邢順試將作少監、副使崔遠試少府監主簿。

新羅敬順王於 933 年向後唐遣使，但未取得大的成果。另一方面，後百濟也為了維持同吳越國的關係再次向其遣使。933 年甄萱派遣太僕卿李仁旭前去祭奠前一年升遐的錢鏐。936 年正月，後百濟突然向後唐遣使獻土物，不過這並非甄萱派出的使節，而是其子神劍登上王位後所遣，因為甄萱政權已於 935 年 3 月垮台。這是新掌權的神劍為了彰顯自己執政的正當性並獲得外部承認而實施的，但從沒有冊封記載這點來看，可能沒有得到什麼大的外交成果。

綜上所述，由於在公山戰鬥中敗北，高麗也喪失了外交主動權。通過整備軍力在古昌郡戰鬥中獲勝後，高麗又取得了外交的勝利。王建訪問新羅後，兩國均向後唐派遣使節，通報朝鮮半島的情況。後唐明宗瞭解情況後，承認了王建的優勢地位，並加以冊封。王建也在此後屢次遣使，鞏固同後唐的關係。同時，新羅向後唐、後百濟向吳越國也派遣了使節，但均未取得外交成果。雖然中國沒有給予實質性的支援，但是高麗算是取得了最終的外交勝利。這一時期「後三國」外交的特徵是：高麗和新羅在與後唐的外交上展開競爭，後百濟也在末期神劍的主導下試圖同後唐開展外交。

3.「後三國」統一以後

後百濟圍繞太子冊立問題發生內訌，935 年甄萱歸順高麗，新羅敬順王也舉國向高麗投降。頑抗到底的後百濟神劍也於 936 年在慶北善山的一利川戰鬥中敗北，後在黃山（今忠南連山）向王建投降。至此，高麗統一了「後三國」。

同年（936 年），中國的後晉建立。後唐明宗的女婿石敬瑭因忌憚明宗養子李從珂即位後討伐自己，在契丹的協助下建立了後晉。當然，作為獲得契丹協助的代價，後晉割讓了燕雲十六州給契丹並向其進貢歲幣。得到燕雲十六州的契丹不僅佔據了進入中原的橋頭堡，也能保持對後晉的優勢地位。

對此，高麗於 937 年遣王規、邢順入後晉祝賀石敬瑭登基，並從次年起行後晉年號。後晉授予正使王規檢校尚書右僕射、副使廣評侍郎崔儒（一作崔禹）試將作監，其下隨行使節三十餘人亦皆授予官職。此外，後晉於 939 年（高麗太祖 22 年）派國子博士謝攀來冊封高麗國王為開府儀同三司、檢校太師，「餘如故」。

另外，對於與後百濟長久交好的吳越國，王建再次展開了外交活動。938 年從吳越國出使歸來的張訓等通報了李昪即位的消息。吳國大臣徐知誥改名為李昪，稱帝自立，定國號為唐，即南唐。[4] 高麗隨即派廣評侍郎柳勳律前去進貢

4 校者注：937 年，吳國（南吳、楊吳）的徐知誥稱帝自立，國號「大齊」。939 年徐知誥恢復李姓，改名為昪，又改國號為「唐」，史稱「南唐」。

方物、祝賀登基，李昪在武功殿會見了高麗使節，又命學士承旨孫晟（又名孫忌）宴其於崇英殿。可見，太祖王建不僅加強了與吳越國的關係，也開始了與南唐的交流。柳勳律於次年（939 年）再次出使南唐。實現了國家統一的王建似乎認為，不論北中國還是南中國，採取全面的外交戰略才是正確的。

940 年，以前派往後晉的高麗宿衛質子王仁翟歸國。是年，王建再次向南唐派遣廣評侍郎柳兢質進獻方物。高麗可能瞭解到南唐較之吳越，在南中國的勢力更強大。941 年，高麗再次派遣大相王申一向後晉進獻方物。對此，後晉遣光祿卿張澄、國子博士謝攀來冊封王建。如此一來，高麗在進一步鞏固與中國的關係的同時，作為統一王朝的地位也進一步得到提升。其後，王建於 943 年 4 月召大匡朴述熙親述《訓要十條》。是年 5 月，王建以 67 歲的年齡薨逝。

綜合來看，「後三國」統一以後，王建對中國展開了全方位的外交。無論是北中國還是南中國，高麗均派遣了使節。通過遣使交流，高麗確立了作為統一王朝的地位。不過，高麗對滅掉渤海的契丹採取了敵對態度，復興高句麗與推動北進政策的意志較為強烈。相比與後百濟交好已久的吳越國，高麗太祖王建更重視同南唐的外交，另外還成功地讓後晉歸還了高麗人質王仁翟。這是這一時期高麗外交的特徵。

二、惠宗—光宗時期與中國的外交

太祖之後的惠宗，也繼續開展同中國的外交。944 年即位後，惠宗派廣評侍郎韓玄珪與禮賓卿金廉出使後晉，稟告繼位之事，並祝賀對方擊敗契丹。次年，後晉冊封惠宗為高麗國王，承認其王位的合法性。

之後的定宗時期，高麗又與代晉而立的後漢展開外交，但目前沒有關於當時雙方使節往來的記載，僅留有 948 年高麗使用後漢年號的記錄。

高麗第四代國君光宗即位次年（950 年），後周建立，高麗隨即行後周年號。952 年，高麗派廣評侍郎徐逢入後周獻土物。作為回應，後周也於次年遣使冊封光宗為高麗國王。

955 年，光宗又遣大相王融與廣評侍郎荀質前去朝貢，次年，後周遣將作監薛文遇來冊封高麗國王，並令高麗百官衣冠遵從華制。特別值得一提的是，當時隨薛文遇前來高麗的雙冀，因病留居高麗。光宗待之甚厚，其在之後光宗的改革中發揮了很大的作用。在他的建議下，高麗開始實施科舉制。此後，光宗優待從中國來投的文士，但也產生了一些弊端。一個很明顯的例子是，雙冀之父雙哲聽聞兒子在外受到恩寵後，於 959 年也前來高麗並受到國王優待。

958 年，高麗派遣佐丞王兢、佐尹皇甫魏光等至後周進獻名馬、衣襖等。次年春、秋、冬三季，高麗皆派使節鞏固友好關係。後周也相應遣使以作回應。

高麗太祖之後的惠宗、定宗、光宗時期，高麗與五代十國展開了和平的外交關係。當時中國處於五代十國的混亂時期，與高麗維持友好關係可以說有鉗制北方契丹的意圖，而高麗方面則希望在自己的政治改革中獲得中國的幫助。

三、高麗初期與中國的經濟文化交流

除了外交以外，王建也嘗試開展以經濟等其他方面為目的的交流。王建從獲得後唐冊封的次年（清泰元年，934 年）起展開了活躍的外交與貿易活動。據《冊府元龜》所載，934 年曾有一艘高麗船舶到達登州海岸，管押將盧昕等 70 人進入登州展開貿易，登州方面將這一情況上報給了中央。次年也有報告稱，高麗派遣商人至山東青州開展貿易。類似這樣，高麗商人前往距離開城較近的山東青州或登州開展了經貿活動。

這一時期，高麗的王仁翟以人質身分被遣往青州，其或許是高麗為了請求開展貿易而派去的。當時正值後唐末年，地方節度使在事實上割據一方。青州的節度使房知溫被冊封為東平王，幾乎維持着半獨立的統治。王建將自己的親戚王仁翟作為人質派到房知溫處，看起來試圖以財物加以籠絡，尋求貿易上的利益。王建也許是想借此夯實國家財政，以應對後百濟的不時反擊。

後唐甫為後晉所替，王建就請求歸還此前派出的人質。938 年 8 月，青州節度使王建立向朝廷上奏「高麗國宿衛質子王仁翟乞放歸鄉里」，晉廷許之。939 年，高麗再派廣評侍郎邢順等 72 人到後晉獻方物，可能是為了促使王仁翟儘早歸國。隨後，王仁翟果然於次年回到了高麗。像這樣，太祖王建想通過貿易取得財力，奠定統一的基礎。

另外，高麗同中國的文化交流亦未中斷，特別是佛教方面的交流甚繁。923 年（高麗太祖 6 年）高麗福府卿尹質出使後梁，歸國時帶回了五百羅漢畫像[5]。福府為何機構不得其詳，但或許是與佛教相關的。尹質帶回五百羅漢畫像，說明高麗與中國的交流，除了政治目的以外，還有文化方面的需求。在高麗時代，人們認為羅漢能實現夙願，王室也經常舉辦羅漢法會，以祈雨或滅賊。太祖王建也許想通過五百羅漢畫像來祈願「後三國」的統一，並希望通過佛教實現對百姓的精神統治。

928 年，新羅僧侶洪慶將一部《大藏經》用船從閩國運至禮成江，王建親

5　校者注：原著作「五百羅漢像」，《高麗史》作「五百羅漢畫像」，今據改之，下同。

自前往迎接並將《大藏經》安置於帝釋院。此帝釋院為創建於 919 年（高麗太祖 2 年）的內道場內帝釋院，高麗政府將來自中國的《大藏經》安放於此，似乎是想把帝釋信仰作為當時佛教的主要思想。而當時的帝釋信仰，是佛教與朝鮮半島固有的天神崇拜相結合的產物。因此，在帝釋院裏安放《大藏經》，這可以說是高麗當局希望把國王比作朝鮮半島固有的天神或者佛教的帝釋天而採取的措施。帝釋院裏舉行的主要活動，也正是為了祈願王室安寧與國土統一。

此外，高麗還把在中國的印度僧侶請來，希望在統治中加以利用。929 年（高麗太祖 2 年），天竺國三藏法師摩睺羅[6]來到高麗，王建備儀仗迎接。938 年，西天竺國僧侶弘梵大師啌哩嚩日羅也來到高麗，王建大備兩街威儀法駕迎之。他們原為印度僧侶，無疑是通過中國來到高麗的。高麗不惜請來印度僧侶，是希望民心歸一，實現思想上的統一。

同時，高麗優待酋彥規、朴巖等從中國請來的文士，除了外交上的目的以外，也是希望藉助儒家思想奠定統一的基礎。尤其是光宗時期從後周前來的雙冀在高麗推動了科舉制的實施，這也可以算是雙方儒學交流的結果。

綜上所述，高麗太祖王建試圖通過與高麗最近的山東半島地區開展經濟交流，來獲得統一「後三國」的財源。為此，他將自己的親戚王仁翟以人質派往山東。在文化方面，高麗也與中國展開了活躍的交流。中國的五百羅漢畫像和《大藏經》被送至高麗，連印度僧侶也受邀而來，高麗希望以此尋求思想的統一。高麗還召喚中國文士並給予優待，不僅在外交上，而且在政治改革上也加以重用。

6 校者注：原著及《高麗史節要》作「摩睺羅」，《高麗史》作「摩睺羅」。

四、高麗初期與渤海、契丹的外交

渤海在高麗北方，自己標榜為高句麗繼承者，所以其在給日本的外交文書裏自稱「高麗」，國君稱「高麗國王」。例如，據《續日本紀》所載，渤海第三代國君文王大欽茂在給日本的外交文書中自稱為「高麗國王大欽茂」。因此，同樣標榜高句麗繼承者的高麗將渤海視為姻戚之國。據《資治通鑒》記載，太祖王建通過胡僧襪囉對後晉高祖表示：「渤海，我婚姻也，其王為契丹所虜，請與朝廷共擊取之。」這似乎也顯示出高麗與渤海王室間存在着婚姻關係。

另一方面，對於威脅渤海的契丹，高麗在初期沿襲了弓裔政權的外交政策，也標榜友好之態。據《遼史》記載，915 年 10 月高麗向契丹遣使進獻寶劍。但由於此時王氏高麗尚未建立，所以此高麗當為弓裔的泰封政權。這可能是由於弓裔曾在 901 年到 904 年使用過「高麗」國號，所以產生了混淆。另外，史料中還有 918 年 2 月、3 月高麗向契丹遣使的記載。出於同樣的原因，這應該視為是弓裔派出的使節。另外，當時應該只有一次遣使，時間上的略微差異可能是由於不同史料誤載所致。弓裔在對契丹的外交關係上投入精力，也許是覺得雙方相距甚遠，且與處於四分五裂的中國相比，新興的契丹更可能成為新時代的主人翁。

王建代弓裔自立後，契丹於 922 年（高麗太祖 5 年）向高麗遣使獻駱駝、馬、氈等。高麗也於 925 年遣使到契丹報聘。此時，契丹與渤海正處於激烈對立中。此前一年，渤海攻打契丹的遼州並殺害其刺史，契丹則對渤海的遼東進行報復攻擊。在這種情況下，高麗仍與契丹維持友好關係，是因為不想在與後百濟的戰爭中，無謂地刺激契丹。高麗雖然與渤海有姻戚之情，但在立場上並不主動幫助渤海。

契丹於 925 年 12 月征討渤海，後者於次年 1 月投降滅亡。如此一來，契丹的領土直接與高麗接壤。於是是年 2 月，高麗再次向濊貊、鐵驪、靺鞨及契丹遣使，希望通過維持與契丹的友好關係穩固北方。這是因為此時高麗仍有與南方的後百濟一決雌雄的包袱。

不過，契丹滅渤海後，高麗對渤海的態度開始轉變。在積極接納渤海流民的同時，也開始對契丹採取了敵對態度。925 年 9 月，渤海將軍申德等五百餘人來投高麗，從此渤海流民持續進入高麗。

另一方面，927 年後百濟在公山戰鬥中取勝後，契丹亦迅速派遣使節裟姑、麻咄[7]等 35 人前去聘問。契丹使節歸國時，甄萱特意差將軍崔堅伴送，一行人航海北行，但遇風行至後唐登州，悉被戮死。契丹在滅掉渤海後，與當時掌握了朝鮮半島霸權的後百濟交好，其目的應是為了動搖高麗的後方。

但高麗並未停止接納渤海流民的政策。934 年（高麗太祖 17 年），渤海國世子大光顯率衆數萬前來歸順高麗。王建賜其姓名為「王繼」，並讓其守白州以奉其祀，以友好的態度加以籠絡。

表 1　高麗太祖時期渤海流民的流入記載

時間	流民流入情況
925 年 9 月 6 日	渤海將軍申德等五百人來投。
925 年 9 月 10 日	渤海禮部卿大和鈞、均老，司政大元鈞，工部卿大福謨，左右衛將軍大審理等率民一百戶來附。
925 年 12 月 29 日	渤海左首衛小將冒豆干、檢校開國男朴漁等率民一千戶來附。
927 年 3 月 3 日	渤海工部卿吳興等五十人、僧載雄等六十人來投。

7　校者注：原著作「裟姑馬咄」，《三國史記》作「裟姑麻咄」，今據韓國學界通說改為「裟姑、麻咄」。

時間	流民流入情況
928 年 3 月 2 日	渤海人金神等六十戶來投。
928 年 7 月 8 日	渤海人大儒範率民來附。
928 年 9 月 26 日	渤海人隱繼宗等來附，見於天德殿，三拜，人謂失禮。大相含弘曰：「失土人三拜，古之禮也。」
929 年 6 月 23 日	渤海人洪見等以船二十艘載人物來附。
929 年 9 月 10 日	渤海正近等三百餘人來投。
934 年 7 月	渤海國世子大光顯率眾數萬來投，賜姓名王繼，附之宗籍。特授元甫，守白州，以奉其祀。賜僚佐爵、軍士田宅有差。
934 年 12 月	渤海陳林等一百六十人來附。
938 年	渤海人朴昇以三千餘戶來投。

相反，高麗對契丹表現出了敵意，對其展開了敵對性外交。942 年（高麗太祖 25 年）契丹遣使來獻駱駝 50 匹。但太祖王建斥責契丹滅掉原來與其交好的渤海是無道行為，將契丹使節 30 人流配至海島，又把駱駝餓死在萬夫橋下。

高麗對契丹作出如此決絕之舉，不僅是對契丹進行的報復，也展現了打着復興高句麗旗號的高麗意欲收復曾為渤海佔據的北方領土的強烈意志，另外這也是當時國際局勢影響下的產物。太祖已向中國後晉提議過夾擊契丹，其戰略是為了將契丹再次逼入窘境。高麗強烈地表達自己對契丹的感情，也是為了能贏得當時與契丹處於敵對的後晉的好感，進一步鞏固自己與後晉的關係從而向契丹施壓。以斷交的名分宣揚契丹滅亡渤海的無道，這是高麗在向生活在原來渤海的土地上、正在成為高麗開拓北方的障礙的西女真以及佔領該地區的契丹，表明自己強烈的北進意志。

契丹對此感到不快並持續採取領土擴張政策。契丹首先通過經略鴨綠江的女真與定安國，切斷了女真與宋朝的通交，也使得領土直接與高麗接壤。對此，高麗開始對契丹入侵的可能性感到不安。這一點從高麗定宗組織 30 萬光軍以防備契丹入侵一事當中即可看出。當時崔彥撝之子崔光胤嘗以賓貢進士遊學入晉後為契丹所虜，但因才幹出衆而獲得了官職。他作為契丹使節奉使高麗龜城，因瞭解到契丹將要入侵高麗的消息，便通過書信告知了後者。高麗定宗隨即命有司選拔了號稱「光軍」的 30 萬軍士來應對。

991 年前後，契丹遭到宋朝攻擊後，反而大敗宋軍。自信滿滿的契丹要求高麗同宋朝斷交，以此孤立宋朝。這是 993 年（高麗成宗 12 年）契丹第一次入侵高麗的背景。由此來看，當時太祖王建對契丹採取的強硬政策是否得當，是值得探討的。可以說，對崛起於北方的新強者契丹所採取的強硬政策，導致了此後高麗三次遭到對方的入侵。

總之，太祖王建考慮到國際局勢的變化而實施了相應的外交政策。掌權初期他為了應對後百濟，而與契丹維持着友好關係。在契丹入侵並滅掉渤海後，他熱情迎接渤海流民。另一方面，在統一「後三國」以後，他為了確保北進政策的實施而對契丹採取了敵對態度，甚至試圖聯合後晉夾擊契丹。然而，對契丹的這種強硬外交導致了後晉滅亡之後高麗三次被契丹入侵的悲劇。

高麗初期與中國的關係，是伴隨當時朝鮮半島各政權的利害關係而展開的。當時的中國也因為處於唐末五代十國的分裂時期，沒有過多精力關心周邊國家的事務。兩國傳統的朝貢冊封關係雖然依舊維持着，但事實上僅限於中國方面承認半島政權的交替而已。高麗初期的國王與中國不僅展開政治性外交，也進行了經濟、文化方面的交流，追求實用性。這可以視為是韓國歷史上最具有自主性的時期。只不過，對於契丹採取的敵對政策，也導致了高麗三次被入侵這樣令人惋惜的後果。

參考文獻

1. 著作

文安植，《後百濟戰爭史研究》，慧眼，2008。

申虎澈，《後三國時代豪族研究》，改新（개신），2002。

申虎澈，《後百濟甄萱政權研究》，一潮閣，1983。

安周燮，《高麗契丹戰爭》，景仁文化社，2003。

李基白等，《高麗光宗研究》，一潮閣，1981。

李智冠，《（校勘譯注）歷代高僧碑文》，伽山文庫，1994。

沈載錫，《高麗國王冊封研究》，慧眼，2002。

河炫綱，《韓國中世史研究》，一潮閣，1988。

金甲童，《高麗的後三國統一與後百濟（고려의 후삼국 통일과후백제）》，西京文化社，2010。

金在滿，《契丹、高麗關係史研究》，國學資料院，1999。

金明鎮，《高麗太祖王建統一戰爭研究（고려 태조 왕건의 통일전쟁 연구）》，慧眼，2014。

柳永哲，《高麗的後三國統一過程研究（고려의 후삼국 통일과정 연구）》，景仁文化社，2005。

洪承基等，《高麗太祖的國家經營（고려태조의 국가경영）》，首爾大學出版部，1996。

崔圭成，《高麗太祖王建研究》，周留城（주류성），2005。

慎成宰，《後三國時代水軍活動史》，慧眼，2016。

趙仁成，《泰封的弓裔政權（태봉의 궁예정권）》，青史（푸른 역사），2007。

2. 論文

文秀鎮，〈高麗建國初期的羅州勢力（고려 건국기의 나주세력）〉，《成大史林》，總第 4 輯（1987）。

文秀鎮，〈關於高麗太祖的外交（고려태조의 외교에 대하여）〉，《溪村閔丙河教授停年紀念史學論叢（계촌민병하교수정년기념사학론총）》，溪村閔丙河教授停年紀念史學論叢刊行委員會，1988。

申安湜，〈高麗前期的北方政策與城郭體制（高麗前期의 北方政策과 城郭體制）〉，《歷史教育》，總第 89 輯（2004）。

全德在，〈新羅與中日的交通路線及其變遷（신라의 대중·일 교통로와 그 변천）〉，《東亞的交通路線與對外關係（동아시아의 교통로와 대외 관계）》，檀國大學出版部，2014。

安秉佑，〈高句麗與高麗的歷史繼承關係（고구려와 고려의 역사적 계승 관계）〉，《韓國古代史研究》，總第 33 輯（2004）。

朴玉傑，〈渤海流民的來投（발해유민의 來投）〉，《高麗時代歸化人研究（고려시대의 귀화인 연구）》，國學資料院，1996。

朱甫暾，〈《文館詞林》所載外交文書（『文館詞林』소재 外交文書）〉，《金石文與新羅史（금석문과 신라사）》，新書苑，2002。

宋基豪，〈渤海滅亡時期的對外關係：以與契丹、後三國的關係為中心（발해 멸망기의 대외관계 - 거란·후삼국과의 관계를 중심으로 -）〉，《韓國史論》，總第 17 輯（1987）。

李在範，〈高麗太祖時期的對外政策（고려 태조대의 대외정책）〉，《白山學報》，總第 67 輯（2003）。

李貞信，〈高麗太祖建國理念的形成與國內外政局（고려 태조의 건국이념의 형성과 국내외 정세）〉，《韓國史研究》，總第 118 輯（2002）。

李基白，〈高麗初期與五代的關係（고려초기 오대와의 관계）〉，《韓國文化研究院論叢》，總第 1 輯（1960）。

李鎮漢，〈高麗太祖時期和中國的海上航路與外交、貿易（고려 태조대 대중국 해상항로와 외교 · 무역）〉，《韓國中世史研究》，總第 33 輯（2012）。

河炫綱，〈高麗西京考〉，《歷史學報》，總第 35、36 輯（1967）。

金仁圭（音），〈高麗太祖時期的對外政策（고려 태조대의 대외정책）〉，《高麗太祖的國家經營（고려 태조의 국가 경영）》，首爾大學出版部，1996。

金文經，〈唐代高句麗遺民的藩鎮（唐代 高句麗 遺民의 藩鎮）〉，《唐代高句麗遺民與新羅僑民（唐 高句麗遺民과 新羅僑民）》，日新社，1986。

金甲童，〈後三國與中國的外交（후삼국의 대중국 외교）〉，《韓國中世史研究》，總第 49 輯（2017）。

金甲童，〈羅末麗初的沔川與卜智謙（나말려초의 면천과 복지겸）〉，《韓國中世社會的諸問題（한국중세사회의 제문제）》，韓國中世史學會，2001。

金甲童，〈關於「王建中國出身說」的批判性探討（'王建의 중국 출신설' 에 대한 비판적 검토）〉，《東北亞歷史論叢》，總第 19 輯（2008）。

金光洙（音），〈高麗建國初期的浿西豪族及與女真的關係（고려건국기의 패서호족과 대여진관계）〉，《史叢》，總第 21、22 合輯（1977）。

金在滿，〈五代與後三國、高麗初期關係史（오대와 후삼국 · 고려초기 관계사）〉，《大東文化研究》，總第 17 輯（1983）。

金明鎮，〈關於高麗太祖王建質子政策的探討（고려 태조 왕건의 질자 정책에 대한 검토）〉，《韓國中世史研究》，總第 35 輯（2013）。

金素英（音），〈高麗太祖時期對契丹政策的展開及其性質（고려 태조대 대거란정책의 전개와 그 성격）〉，《白山學報》，總第 58 輯（2001）。

金順子，〈10–11 世紀高麗與遼的領土政策（10–11 세기 고려와 요의 영토 정책）〉，《北方史論叢》，總第 11 輯（2006）。

金澤均，〈弓裔與世達寺（궁예와 세달사）〉，《史學研究》，總第 75 輯（2004）。

金鐘燮（音），〈五代對於高麗的認識（五代의 高麗에 대한 인식）〉，《梨花史學研究》，第 33 期（2006）。

姜鳳龍，〈羅末麗初王建的西南海地區經略及其背景（나말려초 왕건의 서남해 지방 장악과 그 배경）〉，《島嶼文化》，總第 21 輯（2003）。

徐成鎬（音），〈高麗太祖時期對契丹政策的演變與性質（고려 태조대 대거란 정책의 추이와 성격）〉，《歷史與現實（역사와 현실）》，總第 34 輯（1999）。

許仁旭，〈後百濟對中交流研究（後百濟의 對중국 교류 연구）〉，《史學研究〉，總第 112 輯（2016）。

許仁旭，〈高麗、後周關係與光宗的領土擴張（고려·후주 관계와 광종의 영토 확장）〉，《全北史學》，總第 43 輯（2013）。

許仁旭，〈高麗太祖時期對中外交研究（고려 太祖代 對中 외교 연구）〉，《韓國中世史研究》，總第 49 輯（2017）。

許仁旭，〈高麗初與南中國政權的交流（고려 초 남중국 국가와의 교류）〉，《國學研究》，總第 24 輯（2014）。

鄭求福，〈高句麗的「高麗」國號考：基於《三國史記》的相關記載（高句麗 '高麗' 國號에 대한 一考 - 三國史記의 기록과 관련하여 -）〉，《湖西史學》，總第 19、20 輯（1992）。

盧向前，〈關於吳越國與後百濟關係的探討（오월국과 후백제의 관계에 대한 검토）〉，《後百濟的對外交流與文化（후백제의 대외교류와 문화）》，後百濟文化事業會，2004。

韓政洙，〈關於高麗初的國際關係與年號紀年的再探討（고려 초의 국제관계와 年號紀年에 대한 재검토）〉，《歷史學報》，總第 208 輯（2010）。

權悳永，〈後百濟的海外交涉活動（후백제의 해외교섭 활동）〉，《後百濟與甄萱（후백제와 견훤）》，西京文化社，2000。

第三章

高麗與契丹（遼）的外交

李貞信

一、高麗初期與契丹的衝突

在唐末五代的動亂時期，東北亞崛起了新興強國——契丹。契丹是鮮卑族的分支，鮮卑族為曾經生活在遼河上游西拉木倫河一帶的遊牧民族。耶律阿保機趁着唐朝衰落之際聯合周邊部落形成勢力，於 916 年建國稱帝；926 年滅渤海國後在其舊地建東丹國。太宗耶律德光在耶律阿保機之後即位，於 928 年滅後唐，並扶植節度使石敬瑭建立後晉。作為條件，後者割讓了燕雲十六州。契丹由此成為了北方不可小覷的一股力量。

高麗與契丹的關係始於高麗太祖時期。922 年（高麗太祖 5 年）兩國第一次交涉以來，高麗曾數番遣使往契丹。然而，待契丹滅渤海國後，高麗太祖宣稱渤海為姻戚之國，由此開始敵視契丹。934 年 7 月，渤海國世子大光顯率衆數萬來投時，高麗太祖熱情相迎並悉數接納，以此彰顯繼承高句麗的意志，同時欲借此構建思想層面的全國統一。在這一政策下，942 年（高麗太祖 25 年），契丹遣使贈駱駝五十匹時，高麗太祖「流其使三十人於海島」，並繫駱駝於萬夫橋下，駱駝「皆餓死」。

契丹之所以贈高麗駱駝以示親善，是因為與後晉大戰在即，須確保後方無後顧之憂。在契丹援助下建立後晉的石敬瑭割讓燕雲十六州給前者，並由此建立君臣關係，這件事在後晉內部也遭到很多反對。契丹意識到這一點後決定討伐後晉，而其準備環節之一便是改善與高麗的關係，這才有遣使贈駱駝一事。最終，後晉於 946 年為契丹所滅。

高麗太祖在統一「後三國」後一直懷有恢復高句麗舊地的野心。但是，在高麗統一「後三國」之前，契丹先行一步滅渤海國，高麗太祖的野心也隨之化為泡影。竊認為正因為此，他的進攻目標從渤海國轉到契丹，反而將渤海國與高句麗聯繫到一起，對其展現包容態度。不過，彼時契丹正值與後晉決戰之際，所以並未對高麗的敵視態度作出任何報復性回應。

高麗自太祖以來開始實行北進政策，當時已控制現在的平安南道地區，即平壤、龍岡、咸從、成州、安水鎮（价川）、肅川等重地，甚至足跡已踏入平安北道。定宗年間在拿下德昌鎮（寧邊）、鐵甕（孟山）、博州（博川）的同時，置30萬光軍以抵禦契丹。之後到了光宗年間，博州、泰川、雲山、寧邊、定州、嘉州（嘉山）等地被悉數劃入高麗範圍。到了景宗年間，隨着清塞鎮（熙川）的竣工，狄踰嶺山脈下的主要地區全部劃歸高麗。彼時鴨綠江以南地區中，只剩下義州、龍州（龍川）、鐵州（鐵山）、通州（宣川）等鴨綠江西面的一部分流域不受高麗控制。

高麗成宗為了將高麗領土擴至鴨綠江岸，於984年（高麗成宗3年）命刑官御事李謙宜在鴨綠江邊修築邊防設施，卻因女真的抵抗而終告失敗。[1] 此後直到991年，高麗方才「逐鴨綠江外女真於白頭山外居之」。這說明，到了高麗成宗年間，高麗已基本佔據了鴨綠江流域，或者說至少已能夠控制該地區的女真勢力。

到了980年代，契丹開始討伐遼東女真。983年，遼聖宗親自檢閱東京留守耶律抹只所率領的軍隊，並於次年4月進攻女真。985年7月，契丹「詔諸道繕甲兵以備東征高麗」，表明了其與高麗的衝突已迫在眉睫。

991年（高麗成宗10年），契丹於鴨綠江流域設威寇（位置不詳）、振化（位置不詳）、來遠（似為鴨綠江黔同島）三城，屯兵三千以監視高麗邊境，意欲阻止高麗繼續北擴至鴨綠江。以鴨綠江流域為中心，高麗與契丹之間的較量就此展開，兩國上空開始戰雲密佈。

1 《高麗史》卷3，〈世家〉，成宗10年10月。

二、高麗與契丹的戰爭

1. 高麗成宗年間與契丹的戰爭（993 年 10 月，高麗成宗 12 年）

兩國戰爭始於契丹的先發制人。993 年 5 月，西北界女真率先來報契丹之攻勢，但高麗朝廷上下素來對女真半信半疑，認為是其使詐，故並未採取相應的防禦措施。時至 8 月，女真再報契丹之入侵，高麗當局才意識到事態嚴重，向各道派遣兵馬齊正使並徵集軍兵。是年 10 月，高麗成宗以侍中朴良柔為上軍使、內史侍郎徐熙為中軍使、門下侍郎崔亮為下軍使，編成三軍屯於西北重地。

此外，高麗成宗「幸西京」並進次安北府（安冊）時，聞契丹將領蕭遜寧攻下蓬山郡（平安北道龜城市），並抓獲高麗先鋒軍使兼給事中尹庶顏等人，「不得進而還」。蕭遜寧在拿下蓬山郡後要求高麗無條件投降，並在征伐高麗過程中數次表明其入侵的理由。

蕭遜寧聲稱：「大朝既以奄有高勾麗舊地，今爾國侵奪疆界，是以來討。」可見，契丹希望打消高麗繼承高句麗並北擴的意圖。同時，蕭遜寧還指出，「大朝統一四方」，並要求高麗歸附契丹。當然，契丹也清楚這點程度的威脅不足以令高麗俯首稱臣，所以下一步便搬出了「八十萬大軍」。契丹移書云：「八十萬兵至矣，若不出江而降，當須殄滅，宜君臣速降軍前。」不過，「八十萬」應當有誇大其詞的成分。

同時，蕭遜寧為了拉攏民心，又通過強調「若欲求和，宜速來降」來提醒高麗：戰爭的爆發與否將取決於高麗方面的態度。換言之，由於高麗當局的北進政策會加大軍費支出，這將使得農民生活苦不堪言，契丹方面希望借此機會令高麗民眾對政府失去信心，進而倒戈己方。

蕭遜寧一進攻便拿下蓬山郡，又揚言將率八十萬大軍征討高麗，這令高麗當局坐立不安。如此氛圍下，蕭遜寧提出的「懷柔政策」，使得高麗官僚當中開始出現「割地」論調，即將西京以北的土地割讓於契丹，以此求和。

對此，徐熙的反對態度最為強硬。他非常客觀地指出，需要先同契丹交涉，摸清對方意圖之後再決定開戰抑或求和。不過，高麗成宗仍接受割地的主張，將存儲在西京的軍糧分發給民衆，以便順利割讓西京以北土地。但他亦擔心剩餘的軍糧會為敵所用，故決定將其全部倒入大同江，由此來做好投降準備。就在這千鈞一髮之際，徐熙率前民官架事李知白等支持者再次站出來強烈反對割地主張。由此可見，在戰爭爆發初期，由於投降派佔據優勢，徐熙的意見很難被採納。但就在西京軍糧將被投江之際，一部分官僚和農民階層當中出現了斥責執政階層無能的聲音。徐熙順水推舟，勸說國王拿出積極應對的方案。

事實上，從高麗當局角度來看，想要與契丹講和這件事本身就已經與太祖的遺訓背道而馳。高麗在太祖即位之後便與契丹關係緊張，互不往來，所以如今高麗當局因屈於契丹之淫威而欲求和的態度，可以說一點都不理直氣壯。徐熙同樣沒有自信能在戰爭中取勝；但也認為，如果就此割讓土地屈辱求和，反而會讓高麗面臨更大的危機，所以勸說國王首先拿出外交上的妥協對策。

蕭遜寧在敦促高麗答覆的過程中，又向清川江以南的安戎鎮發起進攻，不過敗在高麗的中郎將大道秀手上。如此一來，契丹方面也不敢保證能在與高麗的對戰中佔據絕對優勢。另外令契丹擔心的是，若蕭遜寧深入高麗腹地，而高麗方面切斷後方鴨綠江流域，則將令己方束手無策；而且，數十萬兵馬的糧食運輸也成問題。還有一點，東征高麗的先鋒部隊大部分來自東京道，原本是渤海國遺民或是女真族人，所以契丹同樣擔心這些人會在戰事不利時立馬向高麗投降。上述幾個方面成為了高麗與契丹能夠進行談判的前提條件。

就在徐熙前往談判場所與契丹議和之時，蕭遜寧又指責道：「汝國興新羅地，高勾麗之地，我所有也，而汝侵蝕之。又與我連壤，而越海事宋，大國是以來討。」[2] 對此，徐熙表示：「我國即高勾麗之舊也，故號高麗，都平壤。若論地界，上國之東京，皆在我境，何得謂之侵蝕乎？且鴨綠江內外，亦我境內，今女真盜據其間，頑黠變詐，道途梗澁，甚於涉海。朝聘之不通，女真之故也。」[3] 徐熙強調，高麗是繼承高句麗的國家，而不與契丹通交的原因則在於女真的從中作梗。

談判的過程非常順利。高麗接受對方的條件，即驅逐女真後控制鴨綠江東面 280 里的土地，以及與契丹通交並與宋斷交。其結果，高麗得以擴張自己的領土。換言之，通過談判，高麗既驅逐了女真，又得到了鴨綠江東面流域，確保了現實利益。與之相比，契丹方面並不只是單純在疆域上作出讓步，而是放棄了治理東女真時不可或缺的重要區域，所以這場談判被視作高麗單方面的外交勝利。

但是，所謂外交往往取決於國力的強弱。彼時契丹已建國六十餘年，應當具備一套自己經營國家的手段和外交策略，所以很難說是在徐熙的慮周藻密中自亂陣腳從而出現致命失誤。因為契丹方面認識到，在當時的情況下，在疆域上作出讓步對己方是有利的。

契丹東征高麗的目的在於，劃定與高麗的邊界，使得高麗無法繼續北擴，同時切斷其與宋朝的聯繫，並令其與本國通交，以此來阻止宋麗聯合。而且，如果高麗控制鴨綠江流域並治理女真，這對契丹而言也可大幅降低邊境危機。因此可以說，契丹方面也實現了確立國境和建立國交的目標。

覺察到契丹意圖的徐熙，希望借此機會一舉收復鴨綠江以北的土地。他

2 校者注：《高麗史節要》卷 2，成宗 12 年 10 月。
3 校者注：《高麗史節要》卷 2，成宗 12 年 10 月。

向高麗成宗提出建議：「今才收江內，請俟得江外，修聘未晚。」[4] 由此不難猜測，徐熙在與蕭通寧的談判中所拿到的並非江東六州，而只是模糊地指代鴨綠江流域女真所生活的地區。

然而，蕭遜寧奉契丹朝廷之命再度移書高麗，對談判內容稍作修改，稱兩國以鴨綠江為界，雙方可以在各自領域內自行築城，但需要告知築城數量，並以此為條件建議雙方儘快進行正式會談。可見，契丹為了攻打宋朝以及周邊國家，希望能儘快實現邊境的安定。

高麗成宗和朝中官員曾因契丹舉兵而惴惴不安，此次似乎又擔心在談判中拖延時間並繼續令軍隊北上的話會與契丹再起衝突。所以，高麗成宗加緊向契丹派遣議和使節並界定國土。

從徐熙所築之城來看，994 年（高麗成宗 13 年）驅逐女真後築城於長興鎮（平安北道泰川）、歸化鎮（具體位置未詳）、郭州（郭山陵漢山城）、龜州（龜城市龜城邑），次年築城於安義鎮（平安北道天摩郡）、興化鎮（義州南面 55 里，平安北道枇峴郡堂後里契亡城）、靈州和猛州，下一年又築城於宣州（或稱通州，即宣川）。然而，高麗成宗初年，除了義州、龍州（龍川）、鐵州、通州等鴨綠江西面部分流域以外，鴨綠江以南地區已基本無異於高麗領土。這是因為，991 年將鴨綠江外的女真驅逐至「白頭山」外後，高麗便在事實上控制了這片區域；而居於此處的女真人亦被編入高麗，與高麗居民別無二致。

4　校者注：《高麗史》卷 94，〈徐熙傳〉。

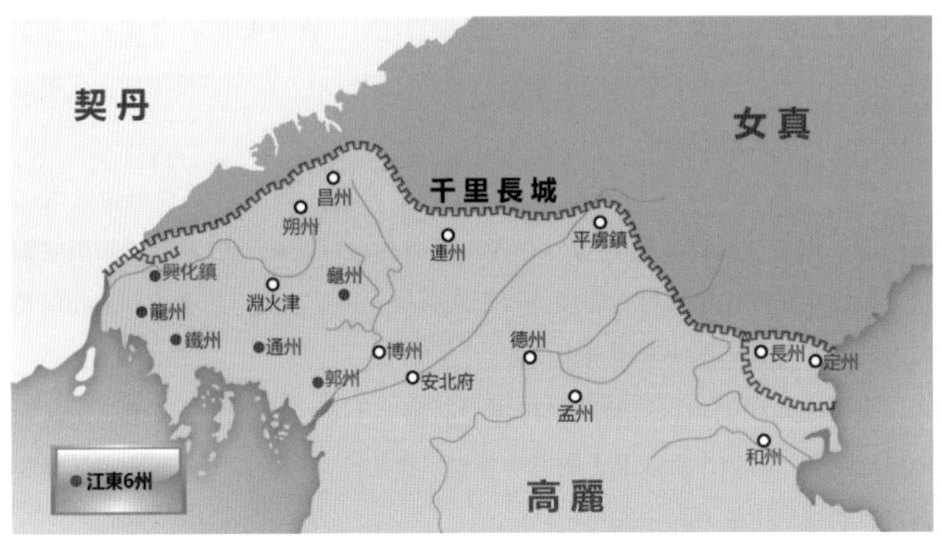

圖 1　高麗通過與契丹議和所獲得的領土

如上所示，徐熙通過談判所獲得的區域有八、九個地名，因此「江東六州」這一用語是否合適，有待商榷。但這看起來只不過是契丹「慷慨」地追認了本就屬於高麗的領土而已。彼時徐熙所受之命在於結束戰爭，高麗當局致力於儘可能避免與契丹發生矛盾或開戰。所以，面對契丹的「慷慨」，徐熙只能選擇接受。在這種情況下，徐熙主張在獲得鴨綠江以北地區後再派遣使節與契丹開展正常國交，間接地表達了自己的不滿。

高麗自太祖以來一直在推進北進政策，成宗時期擴大了領土範圍，已能夠於鴨綠江流域設鎮。對此，契丹方面聲稱只要能夠驅逐女真，高麗佔有西北地方——從位置上看，這早晚會成為高麗領土——亦無妨，在似乎作出讓步的同時也劃定界限，令高麗無法涉足鴨綠江以北。

此前高麗太祖未與契丹建交一事，名義上雖然是因為契丹滅渤海國，但其背後也隱含着想要一統高麗民衆的想法。與此同時，彼時高麗太祖應有如下判斷：在未收復高句麗舊地的情況下與契丹建交的話，邊界問題在日後必定引發爭議；一旦劃定邊界，之後若想要恢復高句麗舊地時便會受到掣肘，對高麗而言在名分上將處於下風。從這一點來看，高麗成宗年間與契丹的議和，雖然結束了經常性的戰時狀態，但也背離了北進政策的初衷。只是議和一事木已成舟，高麗此後的領土也只能限於鴨綠江以南了。

徐熙在和蕭遜寧的談判中為最大限度爭取對方讓步而使出渾身解數，但最終卻導致高麗的領土被永久確定下來，北進政策隨之流產。當然，這不能說是徐熙的失算，應當說這是高麗當局在契丹強大的軍事實力面前的無能為力所致。而從契丹的立場來看，提前阻止了高麗的北進，將高麗領土限定在鴨綠江以南，這一結果也是令人滿意的。

高麗在議和之後與宋朝斷交，並與契丹建立了友好外交關係。此後兩國之間一直維持着較為和平的狀態，但這只不過是表面現象而已。在西北地區受契丹牽制而擴張受阻後，高麗便開始致力於東北方向的領土擴張。可以說，東北地區一直有女真來附，這也得益於高麗在當地的影響力。

2. 高麗成宗以來與契丹外交的發展

高麗與契丹之間不興戰爭、各取所需，兩國也短暫避免了紛爭。說是契丹的讓步也好，是契丹在形式上的默認也罷，高麗的領土與契丹東征之前相比有所增加，這是不爭之實。因此，高麗得到了戰略重地，確保了之後在與契丹的戰爭中能立於不敗之地；契丹也在議和之後得以全力應對與宋朝的戰爭。

但是對於高麗而言，自太祖以來，契丹就被視為滅了渤海國的野蠻國家，不在高麗外交之列，如今卻因軍事實力差距而不得不與其通交，這實在有辱自身尊嚴。所以，高麗一方面遣侍中朴良柔前往契丹，告行正朔並乞還俘口，另一方面又遣使如宋，請求聯合攻打契丹。當時宋朝尚不具備聯合攻打的條件，也無此意願，結果宋麗兩國不歡而散，徹底斷交。

契丹在與高麗議和並斷絕後顧之憂後，於 995 年征討了在舊渤海國都城附近建立的兀惹部政權，以及咸興平野的蒲盧毛朵部女真部落。高麗忌憚於契丹頻繁的軍事行動，於是與宋朝恢復外交關係，並分別於 1000 年（高麗穆宗 3 年）10 月和 1003 年 8 月兩次請求宋朝在邊境屯兵以制衡契丹。但宋朝由於在和契丹的交戰中屢吃敗仗，1004 年與契丹訂下屈辱的「澶淵之盟」，每年向其繳納銀十萬兩、絹二十萬匹，以充歲幣。

高麗在與契丹議和之後開始向東北擴張，穆宗年間具體的築城情況如下：1000 年（高麗穆宗 3 年）在德州（平安道安州牧德川郡）築城；1001 年在永豐鎮（安邊）築城；1003 年在嘉州、威化（雲山）、光化（平安北道泰川郡）築城；1005 年在鎮溟縣（宜州）、金壤縣（江原道通川）築城；1006 年在龍津鎮（咸鏡南道定平）、龜州、登州（安邊）築城；1007 年在興化鎮、翼嶺縣（江原道襄陽）築城；1008 年在通州、登州築城。

西北界作為與契丹接壤的交通要道，向來是高麗不敢怠慢防禦的重要區域；但從上述築城記錄中不難看出，高麗穆宗年間在東北方向上也傾注了大量心血。尤其是 1010 年（高麗顯宗元年）制服東北女真之時，高麗大將河拱辰、柳宗等人大舉進攻並殺害了女真人。對於此事，不僅是當事人女真，契丹應當也從中感受到了威脅。當時女真將此事訴於契丹，契丹方面則以康兆弒君為藉口，趁高麗君主易位之際發動侵略。高麗雖然為了平息事態而暫時將河拱辰和柳宗流放[5]，但此舉未能阻擋契丹入侵的腳步。

5 《高麗史》卷 4，〈世家〉，顯宗元年 5 月甲申：「流尚書左司郎中河拱辰、和州防禦郎中柳宗于遠島。拱辰嘗擊東女真，見敗，宗恨之，會女真九十五人來朝，至和州館，宗盡殺之，故並坐流。女真訴于契丹，契丹主謂群臣曰：『高麗康兆弒君，大逆也，宜發兵問罪。』」

3. 顯宗年間與契丹的戰爭

高麗在顯宗即位年（1009 年）2 月遣王日敬赴契丹告穆宗之喪及顯宗之承嗣；同年 4 月，又遣使賀契丹太后生辰，借此強調兩國友好關係依然奏效。但遼聖宗以康兆弒君為由，直接率 40 萬大軍來襲。關於此次舉兵的理由，契丹方面聲稱是因為康兆廢穆宗並擁立顯宗之事屬大逆之罪；但其實真正原因在於契丹擔心高麗與宋朝結盟並發動聯攻，以及對於高麗向東北方向擴張領土並征服東女真一事感到不安。這一點在契丹入侵之前發給高麗的問罪書中體現得淋漓盡致：「東結構於女真，西往來於宋國，是欲何謀？」[6]

廢黜穆宗的顯宗上位時間不長，亟需穩定王權，於是在 1010 年 8 月和 9 月又連續遣使前往契丹以求維持兩國友好關係。但是，當意識到契丹征高麗之意已無迴旋餘地時，高麗方面也開始調整軍事體制以為應對之策。是年 10 月初，「以參知政事康兆為行營都統使，吏部侍郎李鉉雲、兵部侍郎張延佑副之；檢校尚書右僕射上將軍安紹光為行營都兵馬使，御史中丞盧頲副之；少府監崔賢敏為左軍兵馬使，刑部侍郎李昉為右軍兵馬使，禮賓卿朴忠淑為中軍兵馬使，刑部尚書崔士威為統軍使」[7]，率兵 30 萬屯於通州（平安北道宣川）以應對契丹的入侵。

遼聖宗於 1010 年（高麗顯宗元年）11 月越過鴨綠江直指興化鎮，遭遇高麗巡檢使楊規、鎮使戶部郎中鄭成等人的鐵桶防陣，只得繼續南下。到了通州城，契丹軍大破康兆所率的部隊並將其生擒，此後一鼓作氣，一路南下打到了開城。彼時顯宗經由公州、參禮驛一路逃至羅州，同時以國王親朝為條件，向契丹提出和戰請求。

6　校者注：《高麗史》卷 8，〈世家〉，文宗 12 年 8 月。

7　校者注：《高麗史節要》卷 3，顯宗元年 10 月。

遼聖宗雖然殺掉康兆後攻陷了開京，但是由於高麗方面的頑強抵抗，未能拿下興化鎮、龜州、西京等地。此時若貿然南下，稍有不慎就將失去退路。意識到這一點後，遼聖宗接受了高麗方面通過河拱振等人所傳達的停戰請求，在確認顯宗將親朝後隨即撤兵。彼時契丹軍在撤回鴨綠江途中，於龜州等地遭遇高麗軍隊的反擊，損失慘重。即便如此，舉兵目標之一的康兆已被斬殺，同時也得到了高麗國王親朝的承諾，對契丹而言依然是取得了一定戰果的。

在契丹撤兵之後，高麗於 1011 年（高麗顯宗 2 年）4 月遣使致謝，之後分別於 10 月、11 月向契丹派遣冬至使和生辰使，努力維持兩國的友好關係。但另一方面，高麗不顧契丹的反覆督促，在親朝一事上磨蹭拖延，終於在 1012 年 6 月「且告王病，不能親朝」。

借此機會，遼聖宗處決了人質河拱振，並詔取興化鎮、通州、龍州、鐵州、郭州、龜州等六城。在契丹看來，高麗顯宗拒絕親朝一事即意味着之前高麗成宗年間雙方議和結果的破裂。結果，高麗對鴨綠江以東流域即江東六州的主權 —— 這曾是當時議和的前提 —— 也被契丹一併否決。

彼時契丹方面方才意識到江東六州的價值所在：它既是北方各個民族的貿易中心地，又是在地緣上可以連通位於契丹勢力範圍以外的女真及高麗的交通要道。當然，這兩點對高麗而言亦如是，所以高麗在江東六州問題上絕不會讓步。而且從高麗立場來看，江東六州本非由契丹相讓而來，所以此時契丹的索要不過是作為上國的強詞奪理罷了。即便如此，契丹依然不停遣使索要江東六州，想必這是因為契丹知曉了第一次入侵時高麗內部出現過的割地主張。

兩國第二次戰爭結束後，契丹以高麗國王拒絕親朝為由，索要江東六州的同時不斷侵擾高麗。雖然契丹方面的持續侵略源於高麗違背親朝承諾以及契丹對江東六州的覬覦，但事實上契丹在澶淵之盟後國際地位的改變也是一大要因。契丹和宋朝雖然都被稱作「上國」，但事實上前者比後者的地位更高，因此其對高麗的外交要求也並非是形式上的「事大」或朝貢，而是徹底的臣服。

高麗也於 1011 年（高麗顯宗 2 年）8 月增修松岳城並新築西京，同時任兵部尚書庾方為西京留守兼西北面行營都兵馬使以防禦契丹的入侵。

契丹在索要江東六州之後持續派遣使節，同時舉兵進行了數次小規模的進攻並佔領了保州，由此建起橋頭堡以便從鴨綠江以內進攻高麗。此事引發高麗不滿，致使高麗再度與宋朝眉來眼去，並從 1017 年開始行宋朝年號。而這一親宋舉動，再次招致了契丹的大規模入侵。

表 2　高麗顯宗年間與契丹的攻防展開過程

1013 年（顯宗 4 年）	3 月，契丹使耶律行平來責取六城。
	5 月壬寅，女真引契丹兵將渡鴨綠江 —— 高麗退之。
	7 月，契丹使耶律行平復來索六城。
1014 年（顯宗 5 年）	8 月，遣使如宋，請恢復通交。
	9 月，契丹遣將軍李松茂，又索六城。
	10 月，契丹遣蕭敵烈侵通州 —— 高麗退之。契丹佔保、定二州，並歸入東京統軍司。
1015 年（顯宗 6 年）	正月，契丹作橋於鴨綠江，夾橋築東、西城；兵圍通州與興化鎮 —— 高麗退之。
	4 月，契丹使耶律行平來，又索六城 —— 高麗拘留不遣。
	9 月，契丹攻通州、寧州城。
	11 月，契丹取宣化、定遠二鎮，城之。
1016 年（顯宗 7 年）	正月，契丹侵郭州；甲寅，契丹使十人到鴨綠江，高麗不納。
	是年再行宋大中祥符年號。
1017 年（顯宗 8 年）	5 月，蕭合卓圍攻興化鎮，不克。

1018 年（高麗顯宗 9 年）12 月，遼聖宗以東平郡王蕭排押為都統，以蕭虛烈為副統，以東京留守耶律八哥為都監，再次率十萬大軍征討高麗。高麗則以姜邯贊為上元帥，以大將軍姜民瞻為副元帥，率二十萬八千軍兵屯守寧州（安州）。

從動員的兵力規模來看，高麗在此次戰爭中以二十萬兵力防禦十萬契丹兵的進攻，是比以往更有勝算的。一般而言，進攻反而比防禦需要更多人力。若考慮到這一點，此次戰爭只要不出現變數，高麗幾乎是勝券在握的。

1018 年 12 月戊戌日，高麗至興化鎮後，選出了一萬兩千名騎兵埋伏山中，又「以大繩貫牛皮，塞城東大川」，嚴陣以待。待契丹兵至，高麗「決塞發伏」，大敗之。蕭排押又引兵直指開京，但姜邯贊、金宗鉉等將所率領的高麗軍兵驍勇善戰，再度退之。契丹軍在開京附近連續受挫，決定撤退，但在途中又遇到高麗追擊，尤其是在 1019 年 2 月的「龜州大捷」中，契丹軍遭遇潰敗，傷亡慘重，被繳獲的馬匹、駱駝、鎧甲和兵器以及被抓獲的俘虜不計其數，只有數千名契丹兵死裏逃生。

在姜邯贊等人所率高麗軍兵的誓死防禦下，蕭排押率領的十萬契丹兵無功而返。遼聖宗聞之大怒，曰：「汝輕敵深入，以至於此，何面目見我乎？朕當皮面，然後戮之。」[8]

之後，兩國簽訂和約，結束了這場戰爭。契丹認識到無法用武力使高麗屈服，故退而求其次，恢復與高麗之間的朝貢冊封關係，也不再索要江東六州。而高麗在打破契丹的征討野心後信心倍增，在整個東亞當中佔據了有利位置的同時，也確保了鴨綠江沿岸流域的領土。不過，高麗因久經戰火而身心俱疲，亟需休養生息，所以暫時也默認了保州被契丹所佔據這一事實。

8 校者注：《高麗史》卷 94，〈姜邯贊傳〉。

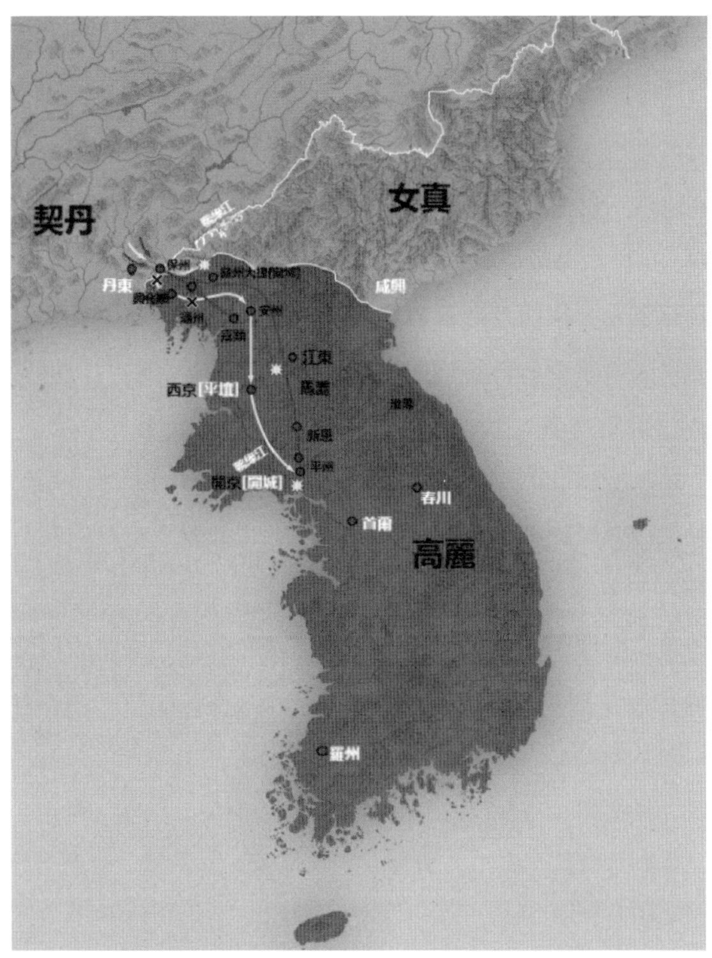

圖 2　契丹軍隊入侵路線與保州、興化鎮、通州

契丹通過三次入侵高麗所獲得的軍事戰果，便是確保了來遠（黔同島）、保州（又稱抱州）兩個地區。該地區是契丹在高麗領土內所建立的橋頭堡，所以即便高麗在停戰後數番索要，契丹都不予回應。高麗德宗年間修建長城的主要原因之一，也是為了應對駐屯在來遠、保州的契丹軍所帶來的威脅。

兩國戰爭之後，高麗承認契丹已成為國際上的主要勢力，於是堅持與其共存的外交路線。也因此，1029 年（高麗顯宗 20 年），當契丹的東京舍利軍詳穩大延琳（本是渤海國遺民）建立興遼國與契丹對峙並向高麗請求援兵時，高麗當局沒有應允，反而趁此機會聽從刑部尚書郭元的建議發兵欲取鴨綠江東畔，不過以失敗告終。當時侍中崔士威與平章事蔡忠順一道反對支援興遼國。他指出：「兵者危事，不可不慎，彼之相攻，安知非我利耶？」[9] 並主張要靜觀其變，國王與大部分官員都表示贊同。此處全然不見高麗太祖時期將渤海國視為姻戚之國並積極擁護的態度，反而能看到高麗注重實際利益的外交策略：與其選擇積極攻打契丹，不如選擇坐收漁利。

高麗從建立初期開始，為了防止北方民族的南下入侵而選擇在北方各重地設鎮築城。到了 1033 年（高麗德宗 2 年），高麗當局命平章事柳韶開始修築長城，並於 1044 年（高麗靖宗 10 年）竣工。千里長城始於原國內城境鴨綠江入海口，向東途經威遠、興化、靜州、寧海、寧德、寧朔、雲州、安水、清塞、平虜、寧遠、定戎、孟州、朔州等十幾座城，至耀德、靜邊、和州三城。

以徐熙議和時所獲得的土地為基礎，高麗德宗年間修建了千里長城。這說明，高麗滿足於朝鮮半島內部的土地。長城原本只在彰顯國境時才具備意義，在阻擋其他民族入侵時作用甚微。中國很早就修建了萬里長城，但它在阻擋其他民族侵略的腳步上沒有發揮半點效果，這一點高麗也不例外。高麗的長

9 校者注：《高麗史》卷 94，〈崔士威傳〉。

城反而令高麗與其他民族的區分變得更加明顯。換言之，高麗長城成為了區分高麗人與其他國家或者其他種族的人的分界線。

三、兩國之間圍繞保州與榷場的衝突

1. 保州在地理上的重要性

來遠城是鴨綠江江岸的一座島，即今天的黔同島，當時屬於保州。保州即今日平安北道的義州一帶，在高句麗政權時期已被編為縣，是一處交通要道。

> 義州，本高麗龍灣縣，又名和義。初契丹置城于鴨綠江東岸，稱保州。文宗朝，契丹又設弓口門，稱抱州〔一云把州〕。睿宗十二年，遼刺史常孝孫與都統耶律寧等避金兵，泛海而遁，移文于我寧德城，以來遠城及抱州歸我，我兵入其城，收拾兵仗、錢穀。王悅，改為義州防禦使，推刷南界人戶以實之。於是，復以鴨綠江為界，置關防。
>
> 《高麗史》卷 58，〈地理志三・義州〉。

> 保州，宣義軍，節度。高麗置州，故縣一，曰來遠。聖宗以高麗王詢擅立，問罪不服，統和末，高麗降。開泰三年取其保、定二州，於此置榷場。隸東京統軍司。統州、軍二，縣一。
>
> 《遼史》卷 38，〈地理志二・東京道〉。

保州的地理特徵在於，鴨綠江自東面流入該地區後被分為數個支流，因此流速減緩，水深變淺，該地遂成為橫渡鴨綠江的主要渡口。高麗早在 994 年（高麗成宗 13 年）為應對契丹入侵時便在此地設鴨江渡勾當使加以管理；此後契丹也在此地設置過榷場。

此外，保州也是連接朝鮮半島和大陸的通道。所以從高麗角度來看，只要控制保州就能有效防禦北方大陸的各個勢力。相反，保州如果落入北方大陸勢力之手，那麼高麗不僅難以向北擴張，就連守住朝鮮半島領域都會變得艱難。

高麗顯宗初年，契丹以康兆弒君為由，於 1010 年 11 月舉兵 40 萬征高麗。遼聖宗擺出上國之權威，對朝貢國高麗的政變加以問責。雖然契丹以高麗國王親朝為條件撤兵，但隨着高麗拒絕親朝，契丹以此為由於 1012 年 6 月向高麗索要江東六州。在此過程中，契丹於 1014 年（高麗顯宗 5 年）5 月在位於鴨綠江下游東部的保州設置宣義軍並置節度使，在事實上控制了該地區。

契丹對保州的佔領令高麗和女真在地理上的聯繫變得困難，此舉亦源於契丹不願放棄對高麗和女真的羈縻之策。因此，契丹索要江東六州一事，與其說是為了將其收為己有，不如說這是針對保州爭端的應對之策。換言之，契丹故意將外交紛爭的焦點引到索要江東六州一事上，欲借此讓佔領保州一事看起來像既成事實。

此後高麗雖然在與契丹的戰爭中贏得勝利並簽下和約，但保州依然隸屬於契丹。儘管與契丹簽下和約，且契丹也不再索要江東六州，高麗還是不斷宣示自己對於保州的主權，並試圖將這一主張灌輸給契丹。

2. 高麗德宗、靖宗年間的保州爭端

高麗德宗年間再次就領土問題與契丹發生齟齬。即德宗年間至靖宗初期，兩國之間矛盾再起，其原因在於契丹拘押高麗使節並在高麗領土內築

城。這二起事件原本發生於高麗顯宗初年。前者是指 1010 年（高麗顯宗元年）契丹舉兵征高麗後，高麗遣李禮鈞、王同穎等八人前往契丹議和而遭到拘留一事[10]；後者是指 1015 年正月，契丹開始東征高麗後在鴨綠江以東築東西二城一事。

在高麗顯宗升遐、德宗即位的 1031 年，遼聖宗駕崩，興宗登基。遼聖宗駙馬匹梯對此不滿，叛據東京，而當時契丹正與北方遊牧民族阻卜處於交戰狀態。是年 10 月，高麗遣使赴契丹弔唁兼進賀，趁機「請毀鴨綠城橋，歸所留我行人」。

契丹方面不從高麗所奏，於是高麗朝廷上開始討論與契丹斷交一事。對此，王可道、徐訥等 29 人贊成斷交，皇甫俞等 33 人則表示反對。高麗德宗聽從前者議，停賀正使，仍行遼聖宗太平年號。此乃高麗的消極抗議，以此來否定遼興宗作為皇帝的權威，但並未否定兩國的外交關係本身。高麗在雙方的外交秩序所允許的範圍內，在不使雙方矛盾激化成戰爭的前提下展現出自身的強硬態度。

高麗德宗升遐後，其弟靖宗於 1034 年即位。此後，契丹來遠城奉皇帝宣旨，指責高麗德宗年間的強硬態度；高麗則通過寧德鎮移牒契丹，對該指責進行強硬反駁。[11] 不過，在契丹重啟外交的要求下，高麗最終在 1037 年 12 月遣使契丹，承諾來年 4 月會行遼興宗年號。因為高麗靖宗也認識到，為了國內政局的穩定，有必要改善雙方關係。

另外，高麗於 1039 年（高麗靖宗 5 年）2 月遣庾先赴契丹請罷鴨綠江以東城堡，理由是其城壁有礙農事。但是契丹方面聲稱該城乃先帝為了日常防禦

---

10 《高麗史》卷 4，〈世家〉，顯宗元年 10 月癸丑。
11 《高麗史》卷 6，〈世家〉，靖宗 3 年 9 月。

而建，無法隨意撤回。[12] 由是推斷，高麗方面最後默認契丹在此處築城，而契丹也允許高麗民衆在此處進行耕作，雙方達成妥協。

儘管高麗靖宗年間與契丹穩定下來的關係一直持續到高麗文宗初期，鴨綠江流域卻依然紛爭不斷。1054 年（高麗文宗 8 年）7 月，隨着契丹設弓口門欄 [13] 於抱州城東野，兩國關係再度陷入緊張局面。次年 7 月，高麗遣使要求將該設施撤回：

> 當國襲箕子之國，以鴨江為疆。矧前太后皇帝玉冊頒恩，賜茅裂壤，亦限其江。頃者，上國入我封界，排置橋壘⋯⋯又被近日來遠城軍夫逼邇我城，移設弓口門，又欲創亭舍。材石既峙，邊民騷駭，未知何意。伏冀大王親隣軫念，懷遠宣慈，善奏黈聰，還前賜地，其城橋弓欄亭舍，悉令毀罷。
>
> 《高麗史》卷 7，文宗 9 年 7 月 1 日丁巳。

可以說，高麗當局所反對的並不只是單純的新建門欄一事，而是對契丹的戰略意圖 ——即增強保州內的基礎設施並在保州東部加強軍備來擴大自己在鴨綠江以東的影響力 ——提出抗議。

然而，契丹方面不僅沒有撤毀這些設施，反而「漸加墾田，或置庵子」。1057 年 4 月，高麗當局再次就此提出抗議，但並未奏效。為了牽制契丹，高麗再次將目光投向了宋朝，而後者恰好在 1068 年（高麗文宗 22 年）7 月提出恢復兩國國交，於是高麗順勢從 1071 年開始恢復與宋通交。宋朝之所以先提

12 《高麗史》卷 6，〈世家〉，靖宗 5 年 4 月 1 日辛酉：「省所告鴨江東城壁似妨耕鑿事具悉，乃睠聯城，置從先廟，蓋邊隅之常備，在疆土以何傷？朕務守成規，時難改作⋯⋯」

13 弓口門欄是一種像關隘一樣的限制出入的設施，上有窗口可用於射弓，內部有欄杆用以觀察外部。

出通交，是因為其同樣希望聯合高麗來牽制契丹。

契丹亦擔心高麗與宋朝拉近關係，因此作為應對之策，提議與高麗重新調整領土邊界。契丹因為長久以來持續佔據鴨綠江以東流域而與高麗摩擦不斷，於是就此與高麗進行談判，企圖朝着對己有利的方向調整邊界，但最後並沒有取得令人滿意的結果，相關談判最終不了了之。

3. 高麗宣宗年間的榷場設置問題

1083 年，高麗文宗升遐，順宗即位。不過順宗即位三個月後便英年早逝，之後由文宗次子宣宗即位。宣宗年間契丹的榷場設置是最重要的外交紛爭。據《高麗史》，1086 年（高麗宣宗 3 年）5 月，「遣告奏使尚書右丞韓瑩，時遼欲於鴨綠江將起榷場，故請罷之」。可見在此之前，契丹就已經決定設置榷場了。此後高麗分別於 1087 年正月以秘書監林昌槩為告奏使，15 日後又以閤門引進使金漢忠為密進使，10 月以禮賓少卿柳申為告奏使前往契丹。1088 年，高麗又遣李顏至龜州以防備可能發生的軍事衝突，結果契丹停止了榷場的設置。

兩國之間最早的榷場是契丹於 1005 年（高麗穆宗 8 年）在保州設置的。契丹設置榷場的最主要原因在於和高麗進行物資交換的必要性，但似乎也有持續在政治外交方面向高麗、女真施壓的目的。當時設置的榷場在五年後因為雙方的第二次戰爭而遭到撤廢。因此，兩國之間的榷場貿易並不活躍。高麗宣宗初年，契丹又再度試圖在鴨綠江沿岸開設榷場。

當時高麗與居住在江東地區的女真部落保持着羈縻關係，所以高麗懷疑契丹重開榷場的目的在於要給高麗和女真增加威脅，切斷二者之間在經濟、軍事上的紐帶關係。所以，高麗方面不斷遣使赴契丹要求停開榷場，最終得到了契丹方面的承諾。保州榷場被撤廢之後，兩國間的貿易主要有兩種：依靠使節往來的使行貿易，以及在國境一帶的走私貿易。

此外，到契丹歸還保州的 1117 年為止，高麗在這百餘年間一直主張對該地區的領土主權。這雖然沒有即刻產生效果，但從結果來看，高麗通過不斷宣示自己對鴨綠江下游一帶的領土主權，也令契丹在潛移默化間接受了這一主張。結果，1117 年（高麗睿宗 12 年），契丹因國力衰退而遭金朝驅逐後，將包括保州一帶在內的鴨綠江下游地區歸還給了高麗。高麗直到建國二百餘年後才得以控制整個鴨綠江下游地區。

四、兩國外交的特徵

在高麗時代，東亞地區並不處於一國獨大且要求周邊國家朝貢的狀態，而是多方勢力共存、群雄割據的多元局面。所以，高麗與契丹外交最大的特徵，便是沒有一個國家能夠單方面佔據絕對優勢。但是不可否認的是，兩國從 995 年開始確實締結了朝貢冊封關係。

高麗與契丹的外交關係大體可分為三個階段。從 942 年（高麗太祖 25 年）至 993 年（高麗成宗 12 年）是雙方互不往來的時期，從 993 年至 1019 年（高麗顯宗 10 年）是戰爭時期，第三階段則是從 1020 年（高麗顯宗 11 年）締結和約之後到 1125 年（高麗仁宗 3 年）契丹滅亡為止。

兩國關係始於高麗太祖時期。太祖因渤海國為契丹所滅，流放契丹使節並餓死契丹所贈之駱駝，借此表示雙方絕不結交。在高麗太祖明確表示斷交後的約五十餘年時間裏，兩國一直沒有交流，直到高麗成宗年間，隨着契丹舉兵東征高麗，領土和外交問題開始浮出水面。不過，從 993 年契丹開始征討高麗之後，兩國在 30 年間一直保持戰時狀態，直到 1020 年才締結了和約。

在兩國第一次戰爭中，雖然是契丹征高麗，但並非是高麗單方面的敗退。當時契丹將領蕭遜寧意識到高麗並不是軟柿子後，承認了高麗對江東六州的主權，同時又提出與宋朝斷交以及與契丹通交等條件。經過各自的讓步，雙方最終議和。藉此，高麗得以確保江東六州的主權，但同時也劃定了與契丹的邊界，致使原本的北進政策受挫。從契丹的角度來看，同樣達到了自身目的，即提前阻斷了高麗的北擴，將其限制在鴨綠江。通過這次議和，高麗與宋朝斷交的同時，與契丹建立起友好關係。此後兩國關係一直保持和平，但這只不過是表面現象而已。

之後契丹與宋朝交火，契丹在大敗宋朝後與之訂下澶淵之盟，每年從宋朝獲取大量歲幣。契丹在制約宋朝後，希望將高麗也徹底變成朝貢國，於是遼聖宗以康兆弒君為由，舉兵 40 萬征討高麗。兩國第二次戰爭中，遼聖宗雖然斬殺了康兆並攻陷開京，但在沒有拿下興化鎮、龜州、西京等重地的情況下便直接南下，所以稍有不慎便會失去退路。因此，遼聖宗最後接受高麗的停戰請求，在確認以高麗顯宗親朝為條件後迅速撤兵。

不過，高麗以國王身體有恙為由拒絕親朝，此舉致使契丹向高麗索要江東六州，並數番侵擾高麗邊界。在一這過程中保州被契丹所佔據。

但是高麗方面不為契丹所動，於是後者再度派出蕭排押征討高麗。在姜邯贊所率領的高麗軍兵的誓死抵抗下，蕭排押率領的十萬契丹軍遭遇潰敗，兩國最後締結和約，戰爭終止。因為雙方在經歷漫長戰火後都意識到，戰爭已不再是解決矛盾的最佳方案。

雖然兩國簽下和約，但是保州依然歸屬契丹。儘管契丹在和約之後不再索要江東六州，但是高麗依然不斷主張自己對於保州的主權。在此過程中，高麗恢復與宋往來，並向契丹暗示，後者的態度將決定高麗是否與其斷交並與宋通交。另一方面，高麗也繕甲厲兵，勇敢地抵禦了契丹的入侵。對契丹而言，30 年的戰爭所帶來的戰果是，最終控制了保州等鴨綠江流域，並且將高麗的外交方向從宋朝轉到了自己身上。高麗雖然將「事大」的對象轉向契丹，但雙方戰爭不能說是契丹單方面的勝利。反而在兩國第三次戰爭中，高麗在大破契丹軍後提升了自己的國際地位。在兩國戰爭結束後，東北女真部落開始自發地向高麗朝貢，正好說明了這一點。

高麗德宗時期與契丹之間再度爆發領土紛爭。在德宗即位的 1031 年，遼聖宗駕崩，遼興宗即位。遼聖宗駙馬匹梯對此心生不滿，叛據東京，而當時契丹正與阻卜處於交戰狀態。是年 10 月，高麗遣使契丹弔唁兼進賀，趁機「請毀鴨綠城橋，歸所留我行人」。契丹方面不從高麗所奏，高麗便停賀正使，仍行遼聖宗「太平」年號。

高麗靖宗於德宗之後即位，此後在契丹重啟外交的要求下，高麗於 1037 年 12 月遣使契丹，承諾來年 4 月會行遼興宗年號。因為高麗靖宗也認識到，為了國內政局的穩定，有必要改善雙方關係。

雖然高麗靖宗年間與契丹穩定下來的關係，一直持續到高麗文宗初期，但是鴨綠江流域依然紛爭不斷。1054 年（高麗文宗 8 年）7 月，隨着契丹設弓口門欄於抱州城東野，兩國關係再度陷入緊張局面。高麗於次年 7 月遣使契丹要求將該設施撤回，但是契丹反而「漸加墾田，或置庵子」。對此，高麗選擇與宋朝恢復通交來牽制契丹。

契丹同樣擔心高麗與宋朝拉近關係，因此作為應對之策，提議與高麗重新調整領土邊界。契丹因為長久以來持續佔據鴨綠江以東流域而與高麗之間摩擦不斷，於是就此與高麗展開談判，企圖朝着對己有利的方向調整邊界，但最後並沒有取得令人滿意的結果，相關談判最終不了了之。

高麗直到 1117 年（高麗睿宗 12 年）契丹衰落之後，才控制了保州。彼時逐漸崛起的女真征伐契丹，契丹刺史常孝孫和都統耶律寧移文寧德城，稱來遠城和抱州歸高麗，之後泛海而遁，高麗這才得以佔據二城。

交戰以後，高麗和契丹都認識到，雙方均未具備獲得壓倒性勝利的力量，所以兩國都在不引發戰爭的前提下尋求問題的解決方法。直到 1125 年（高麗仁宗 3 年）契丹滅亡時為止，兩國大體上維持了較為和平的關係。

可以說，高麗雖然表面上與契丹建立了朝貢關係，但這種關係不是從屬性質，高麗實際上擁有相當的自主性，可以與契丹保持同等地位。這一點，從高麗同時與宋朝保持往來，以及 1026 年高麗拒絕契丹為征女真而提出的假道請求等事實中亦可窺得一二。

兩國戰爭之後，高麗承認契丹已成為東亞的中心勢力，於是堅持與其共存的外交路線。但是彼時的東亞秩序並非是一國獨大和一元化的上下關係，而是高麗、契丹、宋朝、西夏等諸方勢力相對平等共存的局面。這一局面也得益於高麗在與契丹的戰爭中沒有一面倒地潰敗，而是奮力退敵。如此這般的兩國關係一直持續到契丹滅亡為止。

參考文獻

1. 著作

李美智，《邊防太平：高麗的對契丹外交及其產物（태평한 변방 - 고려의 對거란 외교와 그 소산）》，景仁文化社，2018。

李貞信，《高麗時代的政治變動與對外政策（고려시대의 정치변동과 대외정책）》，景仁文化社，2004。

金在滿，《契丹、高麗關係史研究》，國學資料院，2004。

金渭顯，《契丹東方經略史研究》，明知大學出版部，2004。

高句麗研究會，《徐熙與高麗的高句麗繼承意識（徐熙와 高麗의 高句麗 繼承意識）》，學研文化社，1999。

2. 論文

方東仁，〈高麗前期北進政策的發展（高麗前期 北進政策의 推移）〉，《領土問題研究》，總第 2 輯（1985）。

朴宗基，〈11 世紀高麗的對外關係與政局運營論的發展（11 세기 고려의 대외관계와 정국운영론의 추이）〉，《歷史與現實（역사와 현실）》，總第 30 輯（1998）。

朴宗基，〈高麗時代的對外關係（고려시대의 대외관계）〉，《韓國史》，第 6 卷，大路社（한길사），1994。

朴英海（音），〈契丹入侵之前高麗的對外政策（거란 침입이전 시기 고려의 대외정책）〉，《歷史科學（력사과학）》，1986 年第 1 期。

朴漢男，〈10–12 世紀的東亞局勢（10~12 세기 동아시아 정세）〉，《韓國史》第 15 卷，國史編纂委員會，1995。

朴漢男，〈與契丹和金的通交（거란 및 금과의 통교）〉，《韓國史》，第 15 卷，國史編纂委員會，1995。

朴賢緒，〈與北方民族的抗爭（北方民族과의 抗爭）〉，《韓國史》，第 4 卷，國史編纂委員會，1981。

李美智，〈高麗時代對契丹外交的開展及其特徵（고려시기 對거란 외교의 전개와 특징）〉，高麗大學韓國史學科博士學位論文，2012。

李貞信，〈高麗太祖建國理念的形成及國內外局勢（고려태조의 건국이념의 형성과 국내외 정세）〉，《韓國史研究》，總第 118 輯（2002）。

李貞信，〈從江東六州和尹瓘九城看高麗的對外政策（강동 6 주와 윤관의 9 성을 통해 본 고려의 대외정책）〉，《軍史》，總第 48 輯（2003）。

李龍範，〈10–12 世紀的國際局勢（10–12 世紀의 國際情勢）〉，《韓國史》，第 4 卷，國史編纂委員會，1981。

李龍範，〈高麗與契丹的關係（高麗와 契丹과의 關係）〉，《東洋學》，總第 7 輯（1977）。

具山祐，〈高麗成宗時期鄉村支配體制的強化及其政治、社會衝突（高麗 成宗代의 鄉村支配體制 강화와 그 정치·사회적 갈등）〉，《韓國文化研究》，總第 29 輯（1993）。

具山祐，〈高麗成宗時期對外關係的展開及其政治性質（고려성종대 대외관계의 전개와 그 정치적 성격）〉，《韓國史研究》，總第 78 輯（1992）。

金在滿，〈契丹、高麗國交前史〉，《人文科學》，總第 15 輯（1986）。

金佑澤，〈11 世紀與契丹間的領土紛爭及高麗的應對之策（11 세기 대거란 영역 분쟁과 고려의 대응책）〉，《韓國史論》，總第 55 輯（2009）。

金庠基，〈與丹寇的抗爭（단구와의 항쟁）〉，《國史上的諸問題（국사상의 제

문제）》，總第 2 輯（1959）。

金順子，〈10–11 世紀高麗與遼的領土政策（10–11 세기 고려와 요의 영토정책）〉，《東北亞歷史論叢》，總第 11 輯（2006）。

金塘澤，〈高麗顯宗、德宗年間圍繞對契丹（遼）關係與官吏所發生的衝突（고려 현종 덕종대 대거란（요）관계를 둘러싼 관리들과의 갈등）〉，《歷史學研究》，總第 29 輯（2007）。

姜大良，〈高麗初期與契丹的關係（高麗初期의 對契丹關係）〉，《史海》，第 1 輯，朝鮮史研究會，1948。

徐日範，〈徐熙所築城郭與清川江以北的防禦體系（서희가 축성한 성곽과 청천강 이북 방어체계）〉，《歷史科學》，1982 年第 4 期。

徐聖鎬，〈高麗太祖時期對契丹政策的發展及其性質（고려 태조대 對契丹政策의 추이와 성격）〉，《歷史與現實》，總第 34 輯（1999）。

崔圭成，〈與契丹和女真的戰爭（거란 및 여진과의 전쟁）〉，《韓國史》，第 15 卷，國史編纂委員會，1995。

崔德煥，〈993 年高麗與契丹之間的衝突和女真問題（993 년 고려 - 거란간 갈등 및 여진 문제）〉，《歷史與現實》，總第 85 輯（2012）。

陸貞任，〈高麗、契丹 30 年戰爭與東亞的國際秩序（고려 · 거란 30 년 전쟁과 동아시아 국제질서）〉，《東北亞歷史論叢》，總第 34 輯（2011）。

蔡雄錫，〈11 世紀後葉至 12 世紀前葉東北亞的國際局勢與高麗（11 세기 후반 ～ 12 세기 전반 동북아시아의 국제정세와 고려）〉，《戰爭與東北亞的國際秩序（전쟁과 동북아의 국제질서）》，一潮閣（2006）。

鄭東勳，〈10 世紀的東亞國際秩序與外交文書的格式（10 세기의 동아시아 국제질서와 외교문서의 서식）〉，《韓國中世史研究》，總第 49 輯（2017）。

Peter I. Yun，〈蒙元之前東亞的多元國際關係（몽골 이전 동아시아의 다원적 국제관계）〉，《滿洲研究》，總第 3 輯（2005）。

第四章

高麗與宋朝的外交

李鎮漢

一、對宋外交的特徵與敘述方向

宋朝（960–1278 年）是中國歷代王朝中與高麗維持了最長時間外交關係的朝代。宋麗兩國之間並無國境接壤，所以雙方沒有發生諸如戰爭這樣的大規模衝突。也因此，先學們在敘述兩國關係的特徵時，着重指出兩國之間始終維持友好關係，且高麗通過對宋外交獲得了經濟、文化上的現實利益。但是，如若再仔細剖析雙方關係，就能發現它並沒有這麼簡單。兩國之間既存在冊封關係的時期，也存在非冊封關係的時期；既存在非冊封關係下使節往來的時期，也存在完全斷交的時期。另外，如果說宋朝曾經積極要求與高麗通交，那麼高麗也曾極力防止與宋朝斷交的發生。

為了能在如此多樣的情況下準確理解兩國之間的外交關係，我們在敘述兩國外交之時，需要兼顧當時包括契丹、金朝在內的整個東亞的局勢。而且，宋麗兩國在為了本國利益而展開外交的過程中，會出現冊封與否所導致的差異，每個統治者所追求的外交策略也不盡相同，外交目標又隨着時期的不同而千變萬化。所以，本章將在考慮這些問題的基礎上編排章節，對兩國關係作深入考察。

二、宋朝冊封高麗以及兩國外交的發軔

1. 宋朝建立與光宗的冊封

高麗受後周冊封，為了強化王權而維持與後周的友好關係，包括起用後周的歸化人等。960 年，趙匡胤建宋，此消息傳入高麗後，後者隨即於 962 年遣廣平侍郎李興祐等如宋獻方物。對此，由於宋朝需要在軍事上牽制契丹，於是從繼承後周及其外交政策的意義出發，允許高麗光宗繼續沿用後周所冊封的開府儀同三司、檢校太師、玄菟州都督、充大義軍使、高麗國王號，並於 972 年加賜功臣號及食邑。值得注意的是，宋朝冊封光宗的名號中包含了玄菟州都督和大義軍使這兩個具有軍事性質的官職，之後歷代高麗國王均受此職。彼時宋朝正在準備北伐，或許希望高麗能在契丹背後發揮軍事上的牽制作用。

然而，成為宋朝冊封國的高麗，卻因宋朝年號「建隆」而左右為難。其原因或許在於，年號「建隆」包含了高麗太祖王建之名「建」字和太祖生父世祖之名「隆」字。也許出於避諱，高麗無法行用，而繼續使用自己的年號「峻豊」。宋朝不久後即改元「乾德」，停用了只行三年的年號「建隆」，高麗這才得以從 963 年 12 月開始行宋朝年號。有研究認為，這可能加深了高麗對宋朝的好感。即，因為宋朝此舉幫自己解決了棘手難題，所以高麗方面可能會認為宋朝此次改元是超越朝貢冊封關係範疇的舉動，為讓高麗有感其恩，進而在外交上更加向宋朝靠攏。同時，宋朝皇帝向高麗使節除授宋朝官職，因為後者需要經由海上險程方能如宋。此舉彰顯皇帝恩德，目的是通過提高這些使節的名譽來使他們今後在言行上更加「親宋」。

2. 景宗年間的對宋外交

975 年 5 月，高麗景宗即位。次年 9 月，高麗遣趙遵禮如宋以告承襲並求冊封。11 月，高麗再度遣使賀宋太宗登基，宋朝亦遣使冊封景宗。此後高麗分三次遣使如宋，所呈貢品中除了方物以外，還包括馬匹、兵器等與契丹的戰爭中所必需的軍資。宋朝則為了追封景宗以及告知征伐契丹事宜而遣使赴麗。景宗年間，宋朝在七年時間裏五次遣使赴麗，在第一次冊封景宗後又另遣了兩次冊封使。與光宗年間相比，景宗年間宋麗兩國的使節往來明顯更為活躍，這意味着雙方在此期間對外交合作方面有很大需求。

另外，高麗遣金行成如宋入學國子監，金行成次年在宋朝科舉及第。高麗之所以讓本國人才在宋朝最高的教育機構接受教育，是因為要培養其撰寫兩國間外交文書的能力。

3. 與繼承五代政權的宋朝之間的使節往來方式

在元旦或皇帝生日等特殊日子裏不再定期向宋遣使，這是光宗時期以來高麗對宋外交的一大特徵。一般而言，冊封國行宗主國正朔後，會在各種節日慶典時遣使祝賀。但是光宗和景宗年間如宋的使節，除了一開始以慶祝宋朝建立和稟告景宗即位為目的以外只剩下「朝貢使」，而且並非年年派遣。如此這般不定期的遣使，意味着宋朝非常遷就高麗的需求。換言之，如果遣使是「定期」的，那麼作為冊封國就必須履行這一義務。相反，「不定期」這一條件，可以讓高麗根據具體情況自由決定遣使與否，故對高麗而言是十分有利的。

這種遣使方式，是高麗自 933 年受後唐冊封以來，在與後晉、後周的外交往來中一直沿用的原則。就彼時中國的情況而言，雖然中原地區的五代政權看似繼承了唐朝正統，但因地方政權的割據以及軍事強國契丹的威脅，五代政權的勢力相對薄弱，所以無力要求高麗義務性地遣使。反而由於高麗位於契丹的背後，高麗的朝貢應當是可以彰顯五代政權的權威。宋朝建立以來，東亞國際局勢並未發生巨變，所以竊認為宋朝也大致繼承了五代以來的這種與高麗的使節往來方式。

三、宋麗外交關係的興衰

1. 宋朝對高麗成宗的五次冊封與對麗政策

成宗於 981 年 7 月即位後，次年遣使如宋，獻服飾、良馬、藥材，告嗣位並求冊封。於是，983 年（高麗成宗 2 年）3 月，宋朝在高麗開京南郊冊封成宗為高麗國王，並囑咐道：「長為外屏，肅奉中區，斯謂永圖，勿忘丕訓。」[1] 宋朝皇帝遣使冊封諸侯一事，在成宗眼裏不僅是自身的榮譽，更是令百姓歡呼雀躍之事。故宋使前後五次前來冊封，每次成宗都會實施大赦。對宋外交就此被活用到高麗內政之上。自光宗時期以來，雖然強化王權的政策取得一定成效，豪族勢力有所削弱，但在成宗即位之際，王權依然不夠穩定。如此情況下，宋朝皇帝的冊封使得王權的承襲合法化，且能提高國王的威望。高麗國王在受到宋朝冊封的瞬間，其嗣位合法性便得到認可，同時擁有了重要的政治資源以防止豪族勢力覬覦王位。為了將此廣而告之，國王會在宮殿外的南郊舉行冊封儀式，並頒佈赦免令。

而宋朝五次冊封高麗國王，這一點同樣令人玩味。一般而言，高麗國王的冊封只在新王即位時進行一次。高麗新王自降為權知國事並獻方物，同時請求宋朝皇帝的冊封；宋朝則尊重高麗的王位承襲，在斟酌前任國王謚號後遣使對新國王進行冊封。然而成宗年間，宋朝除了在 983 年第一次冊封以外，之後分別於 985 年、988 年、990 年、992 年另外進行了四次加封。其中，988 年 10 月宋朝遣使赴麗是為了告知改元，但主要任務仍是「冊王」。當然，宋朝在冊

1　校者注：《高麗史》卷 3，〈世家〉，成宗 2 年 3 月。

封光宗與景宗之後，均有加食邑和功臣號。但對成宗進行四次加封一事，分明不同尋常。儘管宋使冊封成宗為檢校太尉、檢校太師，並加食邑、食實封和功臣號，但這並不代表成宗擁有了相應的權力或利益，只不過是其名譽得到了提升而已。所以，宋朝數番遣使加封成宗的背後，是想要借此探查高麗情勢，確保後者依然效忠宋朝。

不僅如此，宋朝還希望高麗能扮演對本國有利的軍事角色。因此，985 年 5 月，宋將征伐契丹並收復燕薊之際，遣監察御史韓國華齎詔赴麗。詔書中提到，希望能與高麗聯手蕩平敵軍，以收復後晉割讓給契丹的幽州等地。宋朝希望高麗能挺身而出，作為回報，「應虜獲生口、牛羊、財物、器械，並給賜本國將士」[2]。但是成宗並未按宋朝之所願行動，而是致力於解釋女真對自己的誣告，女真曾貢馬於宋時聲稱「高麗與契丹倚為勢援，摽掠生口」[3]。從成宗的態度來看，韓國華赴麗的目的，除了要求高麗出兵以外，還要確認高麗沒有站隊契丹。次年，宋朝大舉征伐契丹，高麗未出兵相助，宋朝最終以慘敗收場。

宋朝將與契丹東部國境接壤的女真和高麗皆視為友軍，期待二者能為自己的北伐行動助一臂之力。雖然高麗在 985 年並未接受宋朝的援兵請求，但只要宋朝沒有放棄收復被契丹所佔領的燕雲十六州等領土，那麼就需要與高麗保持親密關係，至少要防止高麗與契丹走得太近。所以，宋朝在成宗在位的 17 年時間裏，平均每 3.5 年便要派遣一次冊封使前往高麗加封。

---

2 校者注：《高麗史》卷 3，〈世家〉，成宗 4 年 5 月。
3 校者注：《高麗史》卷 3，〈世家〉，成宗 4 年 5 月。

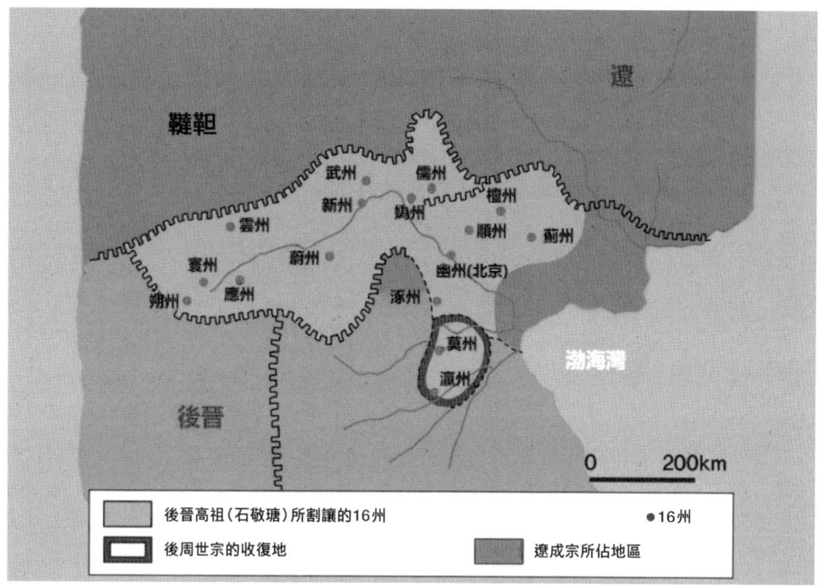

圖 3　燕雲十六州

2. 高麗的制度整備和對宋外交

宋朝為了征伐契丹，希望作為冊封國的高麗能在契丹的後方形成牽制，所以宋麗兩國的外交關係自然能夠朝着有利於高麗的方向發展。成宗即位之初，引入以內史門下省和六部為基礎的中國政治制度。992 年 12 月，又採納曾出使宋朝的韓彥恭的建議，設置了中樞院。三省六部制是高麗官制的範本，《唐六典》中有詳細規定，但高麗在最初施行的過程中應該還是遇到過一些問題的。這種情況下，崔罕[4]等人基於自身對中國制度的深刻理解，很可能為新制度在高麗的施行作出過貢獻。而且，此間高麗使節往來於宋，其見聞和

4　崔罕曾於 986 年 10 月入宋國子監留學，992 年賓貢科及第並除授官職，後歸國。

經歷應當也有所助益。

其次，高麗通過對宋外交，引入了中國的宗廟、社稷壇等儒家禮儀制度。983 年 5 月，博士任老成便從宋朝帶回了《太廟堂圖》、《社稷堂圖》、《文宣王廟圖》、《太廟堂記》、《社稷堂記》、《祭器圖》、《七十二賢贊記》等圖籍。任老成身為深諳禮制的儒學者，應是受成宗之命向宋求得了各種必要的文獻。這些文獻大體分為「圖」類和對圖加以說明的「記」類，前者在太廟、社稷、文宣王廟的建造過程中扮演了重要角色，後者則在如何使用方面發揮了指導作用。

最終，宗廟於 992 年 12 月竣工，成宗下教旨、定宗廟祭禮位次，其中提到：「邦家之本，宗廟為先。」成宗深知太廟的功能，即通過將儒家祭禮作用於王室來尊崇太祖以來的歷代國王，同時借助這一過程來暗示，作為主祭者的國王之地位是不同於臣僚的。而高麗得以如此完整接受中國制度並加以消化，乃得益於答應高麗請求的宋朝的幫助。

與此同時，以佛教立國的高麗最希望得到的是《大藏經》，而求得的途徑依然是通過宋朝。990 年 6 月，高麗遣韓彥恭如宋求佛經，宋廷賜《大藏經》以及御製《祕藏詮》、《逍遙詠》、《蓮華心輪》等書。使節歸國後，成宗大為欣喜，於內殿受書。因從宋朝求得心儀已久的經籍，高麗於 991 年 10 月遣翰林學士白思柔如宋謝恩。

3. 契丹入侵和宋麗冊封關係的中斷

高麗太祖的外交政策是疏遠契丹，與軍事實力相對薄弱的中原王朝建立外交關係以獲取現實的經濟利益。成宗忠實地履行這一政策，並實現了預期目標。然而，遼聖宗登基後，以東征高麗——因後者與宋結交而不與契丹往來——的名義開始進攻介於契丹和高麗之間的女真。當時宋朝亟需軍馬，於是女真經由鴨綠江渡過渤海灣後前往位於山東半島的登州進行馬匹貿易並從中獲利，而斡旋其中的國家則是由曾生活在鴨綠江中游一帶的渤海遺民所建立的定安國。結果，契丹舉兵滅定安國，並於 991 年在鴨綠江下游築城屯兵，封鎖女真進出海路的通道以阻止其與宋朝的聯繫。

此外，制約高麗成為契丹對宋軍事戰略的一環。為此，契丹兵逐漸南下，僅隔着鴨綠江和清川江，與高麗近相對望。然而，高麗只專注於對宋外交，並不關心契丹的一舉一動。986 年正月，契丹遣厥烈入麗以「請和」，卻遭後者無視。993 年 5 月，西北女真來報，契丹將領蕭恒德[5]將舉兵來侵，但高麗方面並未採信，沒有採取防禦措施。8 月，契丹入侵的消息再度傳來，高麗這才開始向各道派遣兵馬齊正使予以應對。993 年 10 月，高麗以門下侍中朴良柔等人為軍使，置於北界以抵禦契丹。

此後，契丹軍大舉入侵，高麗當局驚慌失措，朝廷上出現立即投降或割讓北界的聲音。然而，契丹雖然舉兵東征高麗，但並未計劃與高麗打持久戰，其目的只在於切斷宋麗之間的外交聯繫，所以契丹軍越過高麗國境後並未繼續南下，而蕭遜寧則向高麗提出投降和協商的要求。被遣往與之談判的徐熙曾出使過宋朝，對契丹的居心和局限性瞭若指掌。他將「朝聘之不通」歸咎為橫亙在高麗與契丹之間的「女真之故」，當場展現出放棄事宋並與契丹建交的可能性。結果，以高麗臣屬契丹為前提，雙方達成和約，同時高麗還意外收穫了江東六州——該地此前被女真所佔據，是鴨綠江與清川江之間的戰略要地。

戰爭結束後的次年（994 年）2 月，契丹按照約定，告知高麗將協助其在鴨綠江以南修建五城，高麗則行契丹「統和」年號。4 月，朴良柔出使契丹並告行契丹正朔，同時請求契丹送還俘虜，兩國之間的外交關係就此正式確

5　蕭恒德，字遜寧，以下按學界慣例記為蕭遜寧。

立。即便如此，高麗並未全然放棄宋朝。994 年 6 月，高麗遣元郁如宋乞師，控訴契丹侵犯本國邊境。但宋朝以「北鄙甫寧，不宜輕動」為由，只是將元郁「優禮遣還」。996 年 3 月，契丹冊封成宗為開府儀同三司、尚書令、高麗國王，兩國之間開啟了冊封關係。

契丹為了阻斷宋麗關係，從 980 年開始為侵略高麗做了十餘年的準備。然而，高麗成宗沉浸於對宋外交中所獲得的經濟文化利益以及宋朝對高麗的積極懷柔政策，結果導致契丹入侵、國家面臨存亡危機。成宗雖然通過對宋外交引入中國的政治制度和儒家儀禮，並成功鞏固了王權，但其全然不顧契丹這一軍事強國的存在，奉行單方面的親宋外交政策，招致國祚瀕危。結果，成宗儘管受到過宋朝的五次冊封，但卻在受契丹冊封之時薨逝，其死訊也只報告給了契丹。

四、與契丹衝突下的高麗對宋外交

1. 穆宗的雙邊外交

997 年 10 月，穆宗即位。是年 11 月，高麗遣閤門使王同穎前往契丹告嗣位。契丹於 998 年 11 月冊封穆宗為高麗國王，又於 1007 年 2 月加封為政事令，並加食邑和食實封。對此，高麗採取和對宋外交相同的策略，即根據具體情況向契丹獻方物或慶祝節日，但並不定期遣使。儘管如此，穆宗仍然同時保持着對宋外交。

999 年 10 月，高麗遣吏部侍郎朱仁紹如宋，自陳「國人思慕華風，為契丹劫制之狀」，表達了繼續與宋交流的意願。1003 年 8 月，又遣戶部郎中李宣古如宋，稱「晉割燕薊以屬契丹，遂有路趨玄菟，屢來攻伐，求取不已」[6]，請求宋朝屯兵境上為之牽制。即，高麗請求宋朝出兵至宋朝與契丹邊境，以分散高麗與契丹邊境的契丹軍力量。像這樣，高麗希望利用對宋外交來削弱契丹的軍事威脅，宋朝也期待高麗在契丹背後能為自己提供軍事支援，雙方在這一點上頗具共識。但是，由於橫亙中間的契丹軍事力量過於強大，宋麗兩國從未實現過同時出兵。

另外，1004 年契丹大軍南下深入宋境。為了化解危機，宋朝不得不和契丹訂下「澶淵之盟」，與之結為兄弟之國，且每年要向其繳納歲幣。然而，宋朝在此盟約下需要提供的歲幣事實上與朝貢並無二致，所以對宋朝而言，為了重建國家形象，很有必要重啟與高麗的外交。1008 年正月，宋朝聽聞有高麗使節到來，隨即制定「入見儀」，足見其對高麗遣使的重視。

2. 顯宗初年高麗與契丹關係的惡化以及對宋外交的恢復

1009 年，康兆發動政變，廢黜穆宗，擁立顯宗。契丹以討伐康兆肆意廢黜本國冊封的穆宗為藉口，於 1010 年入侵高麗。顯宗逃至羅州，並遣河拱辰前往契丹求和。契丹意識到宋朝在其背後蠢蠢欲動，希望與高麗速戰速決，所以越過高麗北部的主要邑城直取開京，但在高麗軍隊的反擊下遭遇潰敗，鎩羽而歸。高麗致力於實現與契丹之間外交關係的正常化，不過契丹方面要求高麗國王親朝，且不斷小規模地侵擾江東六州，故高麗在意識到與契丹的和平協商難以達成後轉而開始接近宋朝。1014 年 8 月，高麗遣尹徵古如宋，稱與契丹斷交，「請歸附如舊」，並請宋朝皇帝賜號以及允許高麗行宋朝年號。宋廷對

6　校者注：《宋史》卷 487，〈高麗傳〉。

於久違的高麗使節甚是歡迎，置館於登州海次以待，同時下賜七封詔書和衣帶等以示親近。

契丹方面則繼續攻打江東六州，1015 年正月作橋於鴨綠江，夾橋築東、西城。如此一來，滿足了隨時進攻高麗的條件。面對新的威脅，高麗於 1015 年 4 月扣留了前來索要六城的契丹使節。11 月又遣民官侍郎（戶部侍郎別稱）郭元如宋，「告契丹連歲來侵」，乞求相助。宋朝只對高麗所面臨的情況表示遺憾，稱「睠彼鄰封，亦久從於盟好，所期輯睦，用泰黎蒸」[7]，不過仍下賜服飾、經典、四書、曆日以及醫書《聖惠方》等物以示優待，且允許謄抄郭元所請《國朝登科記》以及皇帝所賜御詩等以歸。

雖然宋朝的答覆令高麗大失所望，但高麗從 1016 年開始仍行宋「大中祥符」年號。顯宗即位七年以來未能受契丹冊封，如今起用宋朝年號，即表明其不再臣服於契丹的意志。1017 年 7 月，高麗遣徐訥如宋獻方物並賀封建春郡王壽。此處值得注意的是，徐訥此行帶上了女真，後者因契丹阻斷鴨綠江而無法與宋朝開展獨立交流。可見，高麗做好了不惜與契丹一戰的心理準備。換言之，契丹要求高麗歸還江東六州，而這是高麗絕對不會接受的，顯宗由此感受到雙方的外交已陷入僵局，於是不惜以戰爭為代價與宋朝重啟外交，並由此確保經濟、文化上的現實利益。

3. 契丹的第三次入侵與高麗對宋外交

高麗意識到與契丹一戰不可避免後，於 1018 年 10 月命姜邯贊為西北面行營都統使以抵禦侵略。另一方面，高麗於同月遣使前往契丹求和，但仍行宋

7 校者注：《高麗史》卷 4，〈世家〉，顯宗 7 年 1 月。

「天禧」年號。最終，契丹舉十萬大兵入侵高麗。但次年 2 月，高麗在龜州取得大捷，生還的契丹軍不過數千人。

1019 年 8 月，高麗遣崔元信如宋賀正，然途中遭遇風浪以致貢物丟失大半，最終於是年 11 月見到宋真宗後獻上餘下方物，並求佛經。宋真宗下賜佛經並歸還部分貢物，又念其船隻遭風漂失日常用品，另賜衣服與繒綵等物。即，宋朝聽聞在與契丹一戰中取得大勝的高麗在赴宋朝貢途中遭遇漂流後，極盡款待，並對其請求欣然應允。1020 年和 1021 年，高麗接連遣使如宋。1022 年歸國的韓祚帶回了《陰陽二宅書》、《乾興曆》等書。此間宋朝在與契丹的戰爭中屢戰屢敗，而高麗卻取得大勝。對宋朝而言，在牽制契丹方面要與高麗聯繫更加緊密，這一點已經不言自明，所以高麗能夠利用這一有利條件與宋朝開展外交，在貢物的回賜品以外還能求得自己想要的各種文物[8]。

4. 高麗與契丹冊封關係的恢復以及對宋外交的中斷

在與契丹之戰獲勝後的三年裏，顯宗雖然連續遣使如宋開展實利外交，但他認為契丹和高麗國境接壤，與契丹之間的正常關係對高麗而言更為有利。於是，1020 年 4 月，顯宗不顧宰臣庾方等人的反對，遣梁積等前往契丹告封王子，又遣崔齊顏前去賀千齡節。隨着高麗接連遣使以示親好，曾敗於高麗的契丹也難以輕易開口提出歸還江東六州、顯宗親朝等高麗方面無法接受的要求。因此，雙方選擇各讓一步。1022 年 4 月，契丹冊封顯宗為高麗國王。作為回應，高麗重新起用契丹年號。同時，契丹要求高麗每年定期遣使而非隨意派遣，由此將朝貢與賀禮變成高麗的一種義務。

8　校者注：本書中的「文物」一詞並非現今所指歷史上遺留的有價值的東西，而是禮樂制度、文化藝術、文獻物產等的總稱。

此後顯宗一直忠於這一與契丹的新冊封關係，但仍在 1030 年遣元穎等 293 人如宋，貢金器、香油、人參、細布、銅器、硫磺、青鼠皮等物。顯宗深知宋朝的回賜品會多於貢物，所以在貢物中除了高麗方物以外，還加入了硫磺、青鼠皮等來自日本、女真的物品，借此開展外交貿易。1036 年 7 月，又遣進奉兼告奏使金元冲如宋，不過船至瓮津時致敗而還。從此以後直到文宗年間重新遣使為止，宋麗兩國的外交暫時中斷。

5. 穆宗至靖宗年間的對宋關係與民間貿易的盛行

自從與契丹的第一次戰爭爆發，成宗受契丹冊封以後，高麗與宋朝的關係就成了非官方的關係。由此，高麗遣使如宋的次數減少，宋使則不再赴麗。穆宗、顯宗等國王雖然在接受契丹冊封後仍通過對宋外交獲得了重要文物，但是相應地也要受到契丹的牽制。

隨着通過與宋朝之間「朝貢—回賜」的形式輸入先進文物變得愈發不易，高麗開始探索新的方法。過去成宗禁止高麗商人在未獲得國家允許的情況下私自渡海前往中國進行貿易，只允許使節兼行貿易活動，但是並不反對宋商前來高麗。成宗末年以來，高麗雖然受契丹冊封，但同時也允許「敵國」宋朝海商的到來。

不僅如此，顯宗為了防止因宋麗兩國使節往來減少所導致的先進文物輸入通道的變窄，更加鼓勵宋商的往來。宋商往來高麗的同時，帶來了書籍、絲綢等中國文物，以及在與西域和東南亞商人貿易中所獲得的商品。他們來到高麗後謁見國王並獻上珍品，獲得一定的回賜後再展開貿易活動，因此令高麗能夠通過民間貿易「常時性」地輸入宋朝的先進文物。高麗當局也得以不用執着於對宋外交，而是能夠較為彈性地選擇與契丹的冊封關係。

另外，由於宋商的到來，無法前往宋朝的女真人，以及曾和往來日本的宋商進行貿易的日本商人，也來到高麗開展貿易活動。這些人固然有與高麗開展「私獻貿易」的意圖，但真正的目的在於，能夠在開京和禮成港滯留的同時與宋商開展貿易。隨着宋商、東西女真、黑水靺鞨、日本、耽羅等周邊國家地區的人往來高麗頻率的增加，高麗靖宗從 1034 年 11 月開始正式將外國商人和使節向高麗國王進獻的儀禮納入了八關會。當時的高麗正處於危急時刻：不僅是宋朝，高麗與契丹的關係也處於中斷的狀態。但是借助八關會，高麗也成功地給人們留下了「接受周邊國家地區朝貢的東北亞中心國家」這樣的印象。

五、文宗與宋通交之嘗試及其效果

1. 宋朝的政治改革以及「聯麗制遼」政策的再現

1030 年代，高麗與契丹兩國因邊境紛爭中斷了使節往來。而從那時開始，宋朝與西北地區崛起的西夏政權之間爆發宋夏戰爭，宋朝屢遭敗仗，結果以許以歲幣的方式與之議和。趁此機會，契丹於 1042 年向宋朝提出增加歲幣的要求，以較之「澶淵之盟」更為優厚的條件簽訂盟約。如此外患之下，宋朝為了維持和平穩定從而增大財政支出，導致民心渙散。對此，宋仁宗起用范仲淹等人，實施改革來改變局面。

這一改革史稱「慶曆新政」，意在實現富國強兵，所以高麗又再度受到宋朝的關注。1042 年，權御史中丞賈昌朝提出，為了壓制契丹與西夏，「宜度」

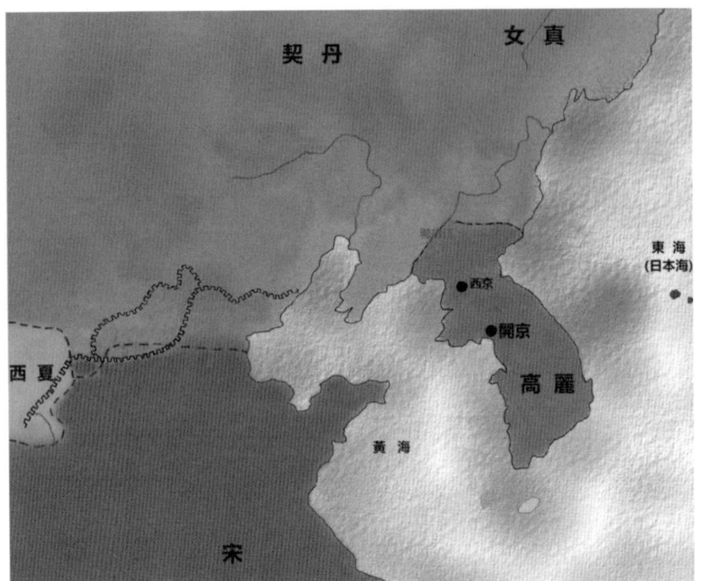

圖 4　11 世紀前期的東亞

高麗等周邊諸國，「誘之使歸我，則勢分而釁生，體解而瓦裂」[9]。1044 年，宋朝傑出的戰略家富弼提出河北地區——包括燕雲十六州在內——的防禦策略，其中展現了宋朝對東亞局勢的認識以及宋朝意欲與高麗結交的理由。富弼的主張大致如下：

> 契丹用兵，力制高麗；高麗亦力戰，後不得已而臣之。契丹知其非本意，頗常勞其制禦。高麗亦終有歸順朝廷之心。臣伏見淳化中，其國主王治以契丹兵入境，遣使元郁來朝納款，太宗不從，但婉順回答。……前後高麗四次遣使修貢，每表必稱不願附契丹而願附朝廷，朝廷終不允納。

9　校者注：《宋史》卷 285，〈賈昌朝傳〉。

> 雖然，觀高麗款附之切，如渴者望飲，饑者望食，無一日而忘也。但略遣人翹發，則其來必矣。來即善遇之，許其歲朝京師，賜予差厚於前，使回其心；優為詔命之辭，以悅其意。他時契丹復欲犯順，以逞凶志，我遣人使高麗激之，…… 高麗素怨契丹侵其地，又斂取過重，向者恨無大國之助以絕之，聞今之說，則欣然從命，然則契丹不足破也…… 天聖三年，契丹常伐高麗，是年，朝廷遣李維奉使，高麗殺契丹兵二十萬，匹馬隻輪無回者。自是契丹常畏之，而不敢加兵。朝廷若得高麗，不必俟契丹動而求助，臣料契丹必疑高麗為後患，卒未敢盡衆而南，只此已為中國大利也。[10]

上引文中出現的「聯麗制遼策」源於中國傳統外交方式之一的「以夷制夷」。高麗在宋朝的制遼戰略中具有重要地位，這一點並不是富弼新發現的。在他的主張當中，事實上也提到了宋朝數番冊封高麗並給予後者所求文物的原因所在。不過他認為，高麗在契丹的監視下仍遣使如宋表達往來意願，而宋朝因顧及契丹而選擇消極應對，這是雙方斷交的原因。可見，宋朝為了牽制契丹而亟需與高麗通交，而對高麗而言，則更希望能和優待自己並提供先進文物的宋朝而非契丹建立外交關係。由是觀之，兩國關係存在互惠的一面。但由於契丹在宋麗關係中作梗，兩國外交無法只依靠其中一方的單方面努力而獲得成功。從這一點出發，宋麗兩國外交的重啟，除了雙方積極促成的意願之外，客觀上也需要契丹國力的衰弱。

在此情況下，1046 年宋仁宗指出，高麗貢船自登州海岸往還，而「女真、三韓已為契丹所併」[11]，故要加強京東諸郡的控禦之策。樞密院則提到，近年高麗不來進貢，所以「欲遣德州軍事推官高師說詣登州，與知州劉渙密切

10　校者注：《續資治通鑒長編》卷 150，慶曆 4 年。

11　校者注：《續資治通鑒長編》卷 158，慶曆 6 年。

商議」[12]，通過高麗商客來實現交涉，宋帝從之。即，宋廷內部開始漸生與高麗重啟外交之意。

2. 文宗時期對宋通交的重啟以及契丹的牽制

文宗作為顯宗的第三子，在其兄德宗、靖宗之後即位，彼時正值宋麗兩國外交逐漸恢復之際。文宗即位之初便試圖複製顯宗的外交政策：向契丹「事大」的同時遣使如宋以獲取實利。對此，契丹在文宗在位二十餘年時間裏共進行了五次冊封，其封號高於其他任何一位高麗國王。契丹的目的在於借此對文宗加以懷柔，使其只對契丹效忠。也因此，當文宗的對宋通交已成既定事實後，契丹的加封也戛然而止。此外，1056 年，契丹在兩國邊境的弓口門外設立郵亭，又於松嶺東北漸加墾田，「或置庵子，屯畜人物」，由此引發紛爭。從下列記載能夠看出，契丹一方面加封文宗以示恩德，一方面又在鴨綠江邊境引發紛爭，這看似矛盾的行為實際上是「軟硬兼施」的策略，旨在阻止宋麗兩國變得親近。

> 王欲於耽羅及靈巖伐材造大船，將通於宋。內史門下省言：「國家結好北朝，邊無警急，民樂其生，以此保邦，上策也。昔庚戌之歲，契丹問罪書云：『東結構於女真，西往來於宋國，是欲何謀？』又尚書柳參奉使之日，東京留守問南朝通使之事，似有嫌猜。若泄此事，必生釁隙。且耽羅地瘠民貧，惟以海產乘木道，經紀謀生。往年秋，伐材過海，新創佛寺，勞弊已多。今又重困，恐生他變。況我國文物禮樂興行已久，商舶絡繹，

12 校者注：《宋會要輯稿》，〈蕃夷七・歷代朝貢〉，康定 6 年 9 月。

珍寶日至，其於中國，實無所資。如非永絕契丹，不宜通使宋朝。」從之。

《高麗史節要》卷 5，文宗 12 年 8 月。

上引文中，雖然內史門下省反對文宗對宋通交計劃的時間是 1058 年 8 月，但是文宗應是在更早之前便開始計劃通交一事。內史門下省反對的理由之一，便是擔心由此引發與契丹關係的惡化。文宗即位以來，比任何時期都要積極籌備遣使如宋一事。顯然，得知此事的契丹一方面通過數次加封文宗來展現契丹皇帝對高麗的信賴，以此令文宗難以輕易「背信棄義」，一方面在鴨綠江地區引發紛爭，以此來阻止文宗對宋通交的嘗試。

文宗考慮到內史門下省提出的國內諸般問題以及與契丹關係惡化等因素，暫時停止了對宋通交的嘗試。儘管如此，促進對宋通交一事，實則源於高麗對振興本國禮樂文物的渴望。高麗希望能輸入最先進的文物，在這一點上宋商的作用有限。而如果能像成宗和顯宗年間那樣派遣特使，這一限制便不復存在，所以文宗試圖重現雙邊外交的局面。

3. 文宗時期對宋外交的再度推進

1060 年代以來，契丹和宋朝兩國內部都出現了政治上的變化。契丹內部出現保守派與革新派的對立，1063 年皇室親族引發叛亂以致皇太子遇害，這些均導致統治階層內部矛盾激化，其對周邊國家的影響力也隨之減弱。相反，宋朝與西夏的關係逐漸穩定，宋神宗實行富國強兵的改革政策的同時也試圖恢復與高麗的關係。

高麗對宋通交的推進，因契丹的阻止和來自內部的反對而受阻，於是高麗當局選擇先忠實於對契丹的「事大」外交以安撫之。與此同時，文宗意識到重啟對宋外交的最壞情況便是引發戰爭，因此設置了總管軍事及國防政策的都兵馬使作為應對，同時通過增加軍人數量、加大褒獎力度等手段來提升士氣，整體上使得國防力量上了一個台階。對此，1063 年 3 月，契丹賜予高麗《大藏經》，而此前高麗數次求請卻均遭拒絕。這可以視作是契丹的一種懷柔策略。

正是在這種情況下，宋麗兩國開始了有關重啟外交的交涉。有一說認為，前往契丹的宋使張誠一，從同樣出使契丹的高麗使節處得知文宗的通交意願後稟告宋神宗，通交一事就此展開。重要的是，宋神宗令泉州海商羅拯前來探聽高麗有無遣使如宋的意願，而黃慎受羅拯之令後於 1068 年 7 月赴麗謁見文宗，並告訴後者宋朝對於高麗使節的到來正翹首以盼。像這樣，宋朝首先遣使赴麗以求重啟外交，這與一般意義上追求「萬國來朝」的傳統中華主義外交方式相去甚遠。由是觀之，宋朝對於與高麗的外交關係更為渴望。

文宗從黃慎處獲悉宋神宗的提議後亦表示出通交意願，稱與契丹親近則成友鄰，與之疏遠則成勁敵。所以為了防止邊境之亂而增強國力，此間因受契丹牽制而無法遣使如宋。正好宋朝內部也出現類似聲音，認為要與高麗修好以抵禦契丹。1070 年 8 月，黃慎再次赴麗，向高麗傳達了此間宋朝的情況以及宋神宗的意思，文宗則表示將會遣使。

最終，1071 年 3 月，高麗遣金悌如宋奉表獻方物。1073 年 8 月，遣太僕卿金良鑑如宋謝恩並乞奏稱，高麗使節往返皆自登州，使船所經海域危險，故「欲遠契丹，乞改塗由明州詣闕」[13]，宋帝從之。由此，顯宗時期以來客觀上已經斷交的宋麗兩國得以重啟外交。

13 校者注：《宋史》卷 487，〈高麗傳〉。

4. 對宋通交的重啟和高麗的實利外交

高麗遣金悌如宋時，帶去了御衣、金腰帶等服飾和用貴金屬製成的、價值數百兩的盆盞、細弓、哮子箭、長刀等物，還有香油 20 缸、松子 2,200 斤、人參 1,000 斤等大量貢物。其後金良鑑和 1076 年 8 月崔思諒的使行應當也是同樣情況。高麗進奉宋朝的貢物之數量遠超進奉契丹的數量。這是因為宋神宗承諾，若高麗使節前來將給予更多優待，所以高麗期待宋朝會給予比貢物數量更多的回賜品。相反，宋朝每年給予契丹、西夏的歲幣多達數十萬匹絹和數十萬兩銀，與之相比，給予高麗的回賜品並不算太大的財政負擔。所以只要能達成預期目標，這種回賜對宋朝而言亦不失為一種得益行為。

金悌如宋之時，宋朝所給予的待遇和給西夏使節的待遇是同等的。因為高麗原本並未受宋朝冊封，所以雙方的關係屬於「國信」這一平等外交的關係，高麗所貢方物事實上也不屬於朝貢，而應記作「國信物」。高麗的遣使，其名分亦非朝貢，更多的是感謝宋帝恩德的「謝恩使」；外交文書中的紀年也只用干支來標識，並無宋朝年號。從這一點來看，高麗對宋外交的姿態更高，宋朝較之於契丹似乎低人一等。但是，宋朝將高麗使臣視為朝貢使臣，在文書中使用「貢物、朝貢、進奉」等語。而且，雖然宋朝在與高麗通交時也無法忽視契丹的存在，但是高麗所面臨的來自契丹的外交壓力顯然更大。所以對高麗而言，既然冒着如此風險與宋朝重啟外交，自然要得到後者相應的補償。

高麗利用對宋外交來提升本國的科學技術和文化水準。金良鑑向宋朝求請醫師、藥師、畫師、塑匠等四種技工時，宋神宗隨即招募願行者；又令國子監備置九經、子、史等書相贈，並令十餘名演奏樂器的伶官一同赴麗。可見，先進文化的輸入僅靠宋商的民間貿易是無法達成的，必須要有高麗使節往來宋朝。

5. 契丹對宋麗重啟外交的牽制以及宋朝國信使的派遣

見到冊封國高麗在 1071 年遣使如宋，作為宗主國的契丹立馬出面阻撓。契丹入侵宋朝邊境，又於 1074 年在定戎城北設探守庵，由此引發領土紛爭。之後的 1075 年 7 月，契丹遣使要求調整鴨綠江東面的邊境線。1078 年，高麗遣使契丹要求收回鴨綠江以東土地，後者不予承認。不過，在高麗恢復對宋通交後的 12 月，契丹遣使賀文宗生辰，並送佛經一部，事實上默認了高麗的雙邊外交。結果，雙方之間只是出現了之前就有過的領土摩擦，但未上升到戰爭高度，所以高麗得以繼續與宋朝往來。

另一方面，宋朝內部有人認為，與高麗的通交容易使契丹產生疑心，這一點於宋無益。另有報告稱，高麗使節每到宋朝的一個郡縣便索要地圖以觀山川道路之形勢，而到揚州索要時，反而被奪走了之前已搜集到的地圖。此外還有主張認為，高麗使節往來的郡縣以及百姓在迎送方面深感壓力，這導致財政支出的增大，應當停止其遣使。

但是，高麗為了回應宋朝的外交戰略，不顧契丹的外交威脅而三次遣使如宋。與之相比，上述問題就顯得微不足道了。所以，宋朝為了酬答高麗的誠意，重新派遣官方使節 —— 992 年以來一直處於中斷狀態 —— 赴麗。宋朝特別建造了兩艘大型船隻以供使節攜帶皇命與詔書赴麗，船隻被命名為「神舟」。建造神舟的目的有二：現實意義上，如此多的使團人數與皇帝下賜的物品需要有大船來運載；象徵意義上，皇帝官方使節的地位必然要有別於之前的海商黃慎或者為了替文宗治病而赴麗的徐先等人。除此之外，這一以最新技術製造的大型船隻，也能向高麗百姓展現宋帝的權威和宋朝的國家實力。

高麗得知宋朝派遣國信使之後，立馬着手準備迎接。1077 年 8 月，於洪州設安興亭以迎送往來黃海的宋使。又令尚書級官員親赴禮成港迎送，命去過宋朝的金悌、金良鑑等人前去開京客館順天館進行接待。甚至，高麗太子親自在順天館內為宋使引導，行動不便的文宗也直接在正殿會慶殿內接受詔書。在接待宋使的儀禮過程中有國王親自參與，這表示高麗十分重視對宋外交。1071年高麗恢復對宋通交以後，來自契丹方面的壓力和阻礙意外地沒有想像當中的大，所以高麗為了使宋麗兩國關係更進一步，選擇了這種盛情款待式的儀禮。

宋朝國信使稱讚文宗「慕義向風」、「方舟入貢」，並賜大量的國信物。具體來看，其中包括了國王服飾及其裝飾物、馬四匹、金花銀器二千兩、各色高級綢緞數千匹等，另贈珍貴的龍鳳燭和龍鳳茶。高麗方面則除了例贈衣帶鞍馬以外，還送上金銀寶貨、米穀雜物等。國信使將還時，「舟不勝載，請以所得物件貿銀」。國信使一行結束長達一個多月的行程並返回後，宋神宗對參與迎送者、直接往來者、中道身亡者等均給予了大規模的褒賞。無論是文宗以厚禮答謝宋使，還是宋神宗褒賞本國使臣，都說明雙方對這次國信使行是十分滿意的。

6. 宋朝國信使訪問高麗之後的兩國關係

國信使行之後，文宗遣使如宋答謝，並告自身患風痺，求賜醫官和藥材。1079 年 7 月，宋朝遣醫官赴麗治療文宗，同時送去包括在宋朝國內都難以購得的百餘種外國藥材。這不僅因為宋神宗對文宗敢於重啟外交的勇氣表示感謝，也因為宋朝懇切希望能與高麗維持外交關係。而且，宋朝將 1078 年的國信使行視為真正意義上的重啟國交，於是次年令明州定貿易法，放寬對前往高麗的海商的限制。6 月，又賜銀和綢緞給高麗入貢儀式的改修者。

另外，1080 年 3 月，高麗遣戶部尚書柳洪如宋謝賜藥材並獻方物。然而，船隻在長江附近流域遭遇風浪，獻給皇帝、太皇太后、皇太后等的貢物遺失大半。使團到達之後，宋神宗在給文宗的敕書中強調高麗忠誠於宋的重要性，並希望高麗當局不對柳洪等人問罪。此外，雖然貢物失亡殆半，但宋朝仍當作已經收到物目名單上所列貢物並給予相應回賜，同時制定如下規定：「自今（高麗）國王貢物，不估直回賜（浙絹萬匹），以為定數。」[14] 宋朝指出，之前的回賜方式「有傷事體」。而作出這一規定的背後，除了因為高麗使團為獲巨利而攜大量貢物前往時遭遇了船難以外，還因為宋朝認為之前的回賜方式對自身財政而言是不小的負擔。

儘管如此，上述規定出台以後，高麗就算攜帶貢物不多，也能夠得到一定量的回賜品，所以並不吃虧。無論如何，從這起事件可以看到，高麗遣使如宋的同時獲得了不小的經濟利益，成功實現了對宋通交中的一項重要目標。

7. 對於文宗外交的評價

高麗在文宗升遐、其長子順宗即位後，立即遣使契丹以告嗣位。契丹於 1084 年 4 月遣使赴麗祭祀文宗，在祭文中隻字未提高麗不顧其反對而遣使如宋一事，只稱頌文宗「躬懷忠款以力行，職述貢儀而歲至」[15]。相反，雖然高麗並未遣使告知，但是通過往來高麗的海商，文宗的死訊依然傳到了宋朝。宋神宗在明州定海縣寺廟內集合 37 名僧人為文宗設道場，並設水陸法會為其祈福。像這樣，重啟了對宋通交的文宗逝後，契丹、宋朝兩國的皇帝都鄭重弔慰，這說明文宗的雙邊外交政策——一方面忠實於對契丹的冊封關係，另一方面遣使如宋以獲取經濟文化利益——是取得成功了的。

由於文宗時期適當利用了契丹、宋朝兩國間的對立，不僅在獲取實利方面，在外交方面也維持住了兩國與高麗之間更為親近的關係，所以該時期高麗在東亞的地位大幅提高。對於這一外交上的成功，當時的官人朴寅亮在文宗悼

---

14 校者注：《續資治通鑑長編》卷 302，元豐 3 年。
15 校者注：《高麗史》卷 10，〈世家〉，宣宗元年 4 月。

文中提到：「帝札丁寧，使華絡繹。聲名烜赫，文物芬葩。比盛上國，稱小中華。」[16] 另外，「元干涉期」的李齊賢提到：「宋朝每錫褒賞之命，遼氏歲講慶壽之禮，東倭浮海而獻琛，北貊扣關而受廛。」[17] 文宗在內治、外交方面均取得成功，恩澤遍及百姓，這一點也得到了時人和後世的認可。

六、宣宗、肅宗為延續對宋外交而作出的努力

1. 宋朝在文宗逝後的弔唁外交

順宗於 1083 年 7 月即位，但是不到百天便薨逝，隨後由其弟宣宗即位。對此，契丹遣使赴麗，為順宗撰寫祭文，對於高麗國王接連離世一事表現出宗主國之恩澤，以期宣宗能忠於「事大」契丹並中斷對宋通交。

相反，得知文宗噩耗的宋朝為了表達哀悼，分別命楊景略、錢勰為祭奠使、弔慰使。宋神宗命令使團不要過分在意名分，不必拘泥於形式，一切按照高麗指示行動。如此命令的原因在於，此次遣使表面上雖是弔唁文宗並慰問宣宗，然真實目的在於宣揚宋神宗的莫大恩澤，借此維持與高麗的外交關係。

1084 年 8 月，抵達高麗的宋使一行考慮到高麗篤信佛教，聚僧徒設道場於魂殿並另行祭祀，之後弔慰使慰問了宣宗。宣宗則回以三次宴請，並在宋使回程時呈上謝書。

如上所見，在文宗逝後，契丹和宋朝使節分別前來弔唁，但雙方存在不

16　校者注：《東人之文四六》卷 5，〈文王哀冊〉。
17　校者注：《高麗史》卷 9，〈世家〉，文宗 37 年。

小差異。高麗當局在文宗逝後迅速報告給宗主國契丹，後者則依照慣例遣使弔唁。與之相比，宋朝在得知噩耗後自發遣使赴麗。儘管情況各異，但契丹、宋朝兩國猶如互相競爭一般，都向高麗派遣了弔慰使。其理由與其說是為了給文宗祭祀，不如說是為了撫慰宣宗，以此穩固本國與高麗的外交關係。

宣宗本人早前是親宋一派，正如他曾向文宗建議：「既通上國，宜以禮革故習。」[18] 但是待他坐上王位後，開始猶豫是否維持雙邊外交，最終選擇了先忠於「事大」契丹，並未向宋朝派遣謝恩使。宣宗還未上位之時，對宋朝文物甚是仰慕，但不曾想在其上位後，想要不顧契丹威脅遣使如宋反而成了難事。加之宣宗未能受契丹冊封，故當時也不得不時刻關注契丹的動向。

2. 義天入宋求法與對宋外交的持續

宣宗即位後的第三年（1085 年）3 月，從宋朝密州傳來宋神宗駕崩、宋哲宗登基的消息。考慮到這期間宋神宗對高麗的施恩以及在文宗逝後派遣祭奠使、弔慰使所展現出的情義，此時高麗本該遣使如宋。但是宣宗擔心此舉會造成與契丹關係的惡化，故遣使一事一直未能成行。

在這種情況下，同年 4 月發生了如下事件：文宗第四子、宣宗之弟義天，悄悄攜門徒二人一道，從貞州搭乘宋商林寧的船隻赴宋。義天從文宗時期開始便與宋朝高僧有書信和禮物往來，一直計劃着直接赴宋，當面向高僧學習佛法並求佛經，也曾求請文宗同意自己赴宋求法。但是，文宗顧及與契丹的關係，沒有答應。宣宗即位後，義天提出同樣的請求，但依然遭到拒絕。

得知義天入宋後，宋哲宗在垂拱殿引見並禮遇之。當義天提出希望遊歷

18 校者注：《宋史》卷 487，〈高麗傳〉。

各地以求法時，宋哲宗詔主客員外郎楊傑為館伴陪同。雖然義天並非奉王命而來的使節，但是宋廷考慮到其特殊地位，依然予以盛情款待，從外部看來與招待使節已無二致。

在此之前，得知義天赴宋的宣宗則顯得無可奈何：儘管義天違背王意非法渡海，仍然遣禮賓丞鄭僅等人如宋，問過海安否。此後 8 月，高麗決定遣使如宋：戶部尚書金上琦等奉命弔唁宋神宗，工部尚書林槩等奉命賀宋哲宗登基。當時高麗使團向宋哲宗求請《大藏經》和《華嚴經》各一部，以及刑法之書、《太平御覽》、《開寶通禮》、《文苑英華》等，而宋哲宗惟賜《文苑英華》一書。《文苑英華》收錄了自南朝梁至唐五代約 2,200 餘名作者所作近 20,000 篇詩文，共 1,000 卷，而高麗對這部鴻篇巨著垂涎已久。此外，宋哲宗還下賜馬 3 匹、金帶 2 腰、絹 10,000 匹以及銀器 5,300 兩等。前文已述，1080 年以高麗使節的船難事件為契機，宋朝規定了「不估直回賜（浙絹萬匹），以為定數」。而這回，宋哲宗親自打破該規定，多賜了銀器、金帶等物。這是因為，宋朝希望以「厚往薄來」的原則厚待高麗使節，以此鞏固兩國之間的外交關係。

宣宗借遣使之便求請宋朝送還義天，結果義天在和館伴一同遊歷中國各地求法後，於 1086 年 6 月隨高麗使節一道返回。回國後，義天獻釋典及經書 1,000 卷，又於興王寺奏置教藏都監。而在此前後，義天從契丹、宋朝、日本等處所購經書多達 4,000 卷，這些也成為了《新編諸宗教藏總錄》一書得以成冊的重要基礎。

3. 契丹設置榷場，高麗向宋求典

契丹雖然於 1085 年 11 月冊封宣宗為高麗國王，但其封號和食邑卻不及文宗。之後 1088 年 2 月，契丹提議在鴨綠江邊境設置榷場。對高麗而言，此處涉及邊境紛爭，斷然無應諾之理。由是觀之，無論是對宣宗的封號降級，還是提議在邊境設置榷場，這些多半都是契丹為了阻止宋麗兩國往來而實施的策略。

此後在高麗方面的外交努力下，榷場問題得到了解決，於是高麗於 1090 年 7 月遣戶部尚書李資義等如宋謝恩並獻方物。使節一行最終帶着此前 1085 年獲賜的《文苑英華》以及宋特賜的銀五千兩歸國。宋朝特賜五千兩銀，一方面是對這五年來高麗遣使的褒賞，一方面也希望借此鞏固雙方的友好關係。

彼時，宰相李子威因在國書中誤書年號而於 1092 年 8 月遭到貶職。宋朝與契丹原本有各自年號，而高麗受契丹冊封，故在正式文書中使用契丹年號。但是，為了顧及宋朝顏面，高麗在入宋表奏時只用干支紀年而非年號。然而 1090 年入宋表奏時，國書撰寫者誤書契丹年號，李子威作為監校亦未發現，結果「宋朝卻其表」。在入宋表奏時書寫干支紀年是文宗年間重啟對宋通交時所使用的方式，而宋朝方面為了維持與高麗的外交關係，也不得不忍受這一「略帶侮辱」的紀年方法。

1093 年 7 月，高麗遣兵部尚書黃宗慤如宋，獻上宋朝索要的《黃帝針經》的同時求購歷代史、《冊府元龜》、《太學敕式》、《鄭衛曲譜》等書以及金箔。宋朝禮部尚書蘇軾認為高麗的朝貢「並無絲毫之利，而有五害」，不可從其請。因此，宋哲宗只准許了金箔的交易，但高麗使團最終返回時仍購得了《冊府元龜》。

另外，1093 年 8 月，宣宗下制曰：「我國舊制，生辰、元正、冬至，百官賀禮，唯宰相入直者一人押班，其餘並不就班。近聞宋朝儀制，凡放賀之日，其禮與坐殿日不殊。自今一依宋朝儀式。」[19] 高麗的新儀式能以宋朝制度為參考，這只有在雙方外交關係存續的情況下才成為可能。

---

19 校者注：《高麗史》卷 67，〈禮九・嘉禮〉。

宣宗年間，宋朝政局動盪，掌權的舊黨對於宋麗外交持消極態度，蘇軾等人也主張取消對高麗的優待，但宋哲宗並未全部聽取。這是因為，維持與高麗的外交有利於宋朝的國家利益，而且對恢復皇帝權威而言 —— 因與契丹和西夏的盟約，宋朝失去了部分國土 —— 亦有助益。高麗則很好地利用了這一點。宣宗儘管受契丹牽制而只向宋朝派遣了三次使節，但每次都求請宋朝下賜或允許購買重要典籍，最終也如願得到了一些翹首以盼的書籍。而宋朝特賜給高麗的銀器五千三百兩和銀五千兩，也可謂是對高麗艱難決定遣使一事的額外褒賞。

4. 肅宗年間的對宋外交和宋朝國信使的派遣

獻宗於 1094 年 5 月即位後不過七個月，契丹便罕見地遣使冊封。獻宗自此之後在位不到一年，便禪位給了叔父雞林公王熙（後改名王顒）。王熙因鎮壓了「李資義之亂」而手握重權。對此，契丹在遣使賀獻宗生日時並未冊封肅宗。直到 1097 年，高麗遣使告獻宗噩耗之後，肅宗才受冊封。

肅宗受契丹牽制，在即位三年後才終於受封，自然欣喜不已，不僅對參與受封儀式和接待契丹使節的官員大加行賞，還施行大赦。此後直到 1098 年 7 月，才遣尹瓘如宋以告嗣位。面對五年來第一次到來的高麗使節，宋朝按「元豐令」—— 其中有許多優待高麗的條目 —— 標準來予以接待。尹瓘歸國時帶回宋帝敕書，其曰：「詳披奏封，申味詞意，敘傳嗣之緩告，述奉慰之後時。眷惟勤誠，茲已具亮。方新纘紹，宜厚撫循，善布寬條，以綏雅俗，輔我中國，永為東藩。」[20]

---

20 校者注：《高麗史》卷 11，〈世家〉，肅宗 4 年 6 月。

當時尹瓘向宋朝求請《太平御覽》一書，宋朝則承諾在校閱《太平御覽》和《神醫補救方》之後於高麗下次遣使時賜予。高麗自文宗以來數番求請醫師和藥材，意欲提升本國醫術，因此《神醫補救方》的到來正遂其願。而《太平御覽》凡 55 部，廣徵博引 1,690 餘種古書，共 1,000 卷，是當時最完美的百科全書，因此在其問世後，高麗也曾數番求書。宋朝為了令高麗再度遣使，承諾在其下次遣使時賜予其所求的書籍，這也暗示了宋朝對高麗的外交政策開始轉向積極的方向。

但是，面對宋麗兩國關係的拉近，契丹自然不會袖手旁觀。1099 年 4 月，契丹贈高麗《大藏經》；1104 年，加封肅宗；1100 年 10 月和 1104 年 4 月，契丹又特封高麗王太子為「三韓國公」。無論是再贈《大藏經》，還是冊封王太子 —— 此舉正好呼應了肅宗想要傳位給嫡長子的想法，都是契丹懷柔策略的表現。而高麗則忠實地履行着冊封國的義務：1101 年 3 月，契丹皇帝駕崩的消息傳來，高麗於次月遣使弔慰並參加了葬禮。

可見，高麗的對宋外交只能在顧及契丹的情況下進行，無論何時都只能排在與契丹關係之後。1100 年 5 月，明州牒報宋哲宗駕崩，肅宗欲薦福於大安寺，但諫官稱不可而中止，其原因也正在於此。然而同年 6 月，高麗遣尚書任懿如宋弔慰，7 月又遣尚書王嘏如宋賀宋徽宗登基，二人最後分別帶回了《神醫補救方》和《太平御覽》。宋朝履行了此前尹瓘之行時的承諾，但每次使行時只下賜一件，某種程度上暗示了其希望高麗在新皇帝在位期間能派遣更多使節。

此後，宋朝於 1102 年在明州、杭州 —— 前往高麗的海商正由此出發 —— 重置市舶司，向高麗傳遞友好信息。宋朝為了與高麗形成軍事聯盟，決定時隔 25 年再度派遣國信使，除了要打探高麗內政之外，也為了向高麗施以恩澤，以誇示與宋通交對高麗而言有諸般好處。於是，1103 年 6 月，宋戶部侍郎劉逵等人抵達高麗，肅宗在正殿會慶殿接受詔書。當時宋使帶來的國信物有為高麗國王準備的服飾、器皿、儀仗、鞍馬等物，並依高麗之請帶來四名醫官，在興盛宮教授高麗醫師。與宋使一同前來的王運和孫穆二人在回國後分別編纂了《雞林志》和《雞林類事》獻於皇帝。這兩本書記錄了關於高麗的各種內容，其目的在於事先瞭解將來「聯麗攻遼」時所需要的一些情報。

以上回顧了順宗至肅宗年間的宋麗關係，可以看到宣宗和肅宗為了維持文宗年間的雙邊外交所作出的努力。只不過，由於契丹通過引發領土紛爭或降低封號的方式阻礙宋麗兩國之間的正常外交，高麗無法憑藉自由意志往來於宋。因此，從 1083 年至 1105 年約 22 年間，高麗只向宋朝派遣了九次使節。而且，其中除去因弔慰宋神宗和祝賀宋哲宗登基而派遣的使節以外，只以謝恩或進奉名義派遣的使節僅有五次。儘管要維持對宋外交困難重重，但是宣宗和肅宗依然克服契丹的牽制遣使如宋，並充分運用外交手段，求得了《大藏經》、《文苑英華》、《太平御覽》等貴重典籍。

七、遼、金更替時期的宋麗外交

1. 契丹的衰落以及宋朝對麗外交的強化

1105 年 10 月，睿宗即位，遂遣中書舍人金緣（後改名仁存）前往契丹以告嗣位。和肅宗當時一樣，契丹直到三年以後的 1108 年 2 月才冊封睿宗。由於當時契丹的國力逐漸衰落，其威懾力也大不如前。睿宗在契丹的冊封使到來之前遣戶部侍郎王維如宋，7 月又遣刑部尚書金商祐如宋獻方物。彼時所謂的「獻方物」即表明高麗不再借用謝恩使之類的名義，而是要堂堂正正地與宋朝展開外交。

同樣地，在感覺到契丹的衰落之後，宋朝也決定加強與高麗的外交。1110 年 6 月，宋朝遣兵部尚書王襄等人為國信使赴麗。睿宗則對此表現出極大的關心：他親自前往宋使留駐的順天館監督迎接準備工作，並命參知政事李瑋為館伴。這些都是因為高麗將宋朝國信使的派遣視為重大事件。

而宋朝遣兵部尚書這一高位官員作為正使，也說明其十分重視這次使行。宋使來到高麗後傳宋徽宗密諭曰：「皇帝明見萬里，諒王忠恪之誠，欲加恩數，聞王已受北朝冊命。南北兩朝，通好百年，義同兄弟。故不復冊王，但令賜詔。已去權字，即是寵王以真王之禮。」[21] 文宗、肅宗年間的「權高麗國王」到了睿宗年間改為了「高麗國王」，這一特別優待正傳遞出宋朝希望高麗更加忠誠於宋之意。

1111 年 7 月，高麗遣樞密院副使金緣如宋，宋帝有諭：「來歲又當禋祀，申覆國王，遣使入朝，以觀大禮。」[22] 當時睿宗大興道教，因此高麗官吏赴宋學習道教，宋朝則遣道士赴麗並修建道觀福源宮。像這樣，高麗在吸收儀禮、道教並改變社會風貌方面利用了對宋外交。

2. 宋朝的儀式規定和高麗的國際地位

宋徽宗登基後，為了展現高麗在其對外政策中地位的提升，調整了接待高麗使節的規定。從 1108 年高麗遣使之後，宋朝開始命比之前官職更高的翰林學士作為館伴，這些調整的內容應當也包含在「高麗入貢法」—— 其中規定了高麗使團的出入準則以及接待的規模等 —— 當中。1111 年，因高麗在戰略上的重要性，宋朝決定按 1077 年宋神宗的「熙寧之例」來優待高麗使節；

21 校者注：《高麗史》卷 13，〈世家〉，睿宗 5 年 6 月。
22 校者注：《高麗史》卷 13，〈世家〉，睿宗 8 年 9 月。

1112 年甚至在睿謨殿宴請高麗使節，在將高麗使團升級為國信使後，其迎接事宜交由客省負責。也因此，成書於 1113 年的《政和五禮新儀》中，記錄宋帝接見外國使臣的順序為西夏、高麗、交趾、海外蕃客、諸蠻。1115 年 2 月，當高麗遣使的消息傳到時，宋廷命相關接待按契丹的同等標準進行，並將接待事宜交由樞密院負責。1118 年 12 月，宋樞密院制定《高麗敕令格式例》並呈宋徽宗，這一制度的整備正是考慮到了與高麗外交關係的改善和發展。

宋朝在政和年間（1111–1117 年）提升迎送高麗使節的規格，使之與契丹同等標準。這固然有眼下無法像以往那樣接待國力漸衰的契丹的因素，但更多的是因為高麗在宋朝收復燕雲十六州的夙願中所扮演的角色愈發重要。另外，高麗使節地位的提升，也意味着高麗有機會從宋朝處獲得更多的實利。

3. 金麗兄弟關係的形成以及宋朝對高麗的施惠性文物贈予

這一時期，東亞局勢也發生了巨變。1115 年正月，生女真的完顏阿骨打稱帝，建號大金。1116 年 4 月，金朝攻打契丹，後者陷入危機，彼時高麗立即停止行契丹年號，只用干支紀年標示。1117 年 3 月，在金朝的支持與默認下，高麗奪回了來遠城和抱州 —— 二者曾在與契丹的邊境紛爭中成為高麗的心頭大患。如此氛圍下，金朝與高麗稱兄道弟，要求結成兄弟國關係，高麗沒有拒絕。但是由於雙方關係某種程度上是平行的，所以也可以說，高麗當時在無冊封狀態下是保持中立的。

1110 年代開始，隨着女真加強對契丹的攻勢，宋朝判斷再度北伐的時機已經成熟，於是開始賜予高麗更多重要物品以求得後者的軍事協助。高麗自然不會錯過這樣的機會。1114 年 6 月，安稷崇還自宋，帶回了大晟樂和演奏時所必需的琵琶等樂器、卓子、槌子、曲譜等。此後還帶回了籩豆、簠簋等祭祀用具。當時宋徽宗詔睿宗曰：「卿保有外服，慕義來同。有使至止，願聞新聲。嘉乃誠心，是用有錫。」[23] 高麗得到新樂後，同年 10 月，睿宗祫祭於太廟，「兼用宋新樂」，提升了國王的權威。

1115 年 7 月，高麗遣吏部尚書王字之等人如宋，並有進士金端、權適等五人入宋朝太學。此事於肅宗年間求請過宋朝並獲准，1117 年 2 月宋徽宗試權適等四人，皆賜上舍及第並遣歸國。由此可見，宋徽宗為了鞏固與高麗的關係是何等煞費苦心。

當 1116 年高麗停止行契丹年號時，宋朝為了將高麗變為自己的冊封國而加倍示好。睿宗新建寺廟後，遣使如宋「求妙筆書匾額」，宋徽宗即御筆書佛殿匾額曰「能仁之殿」，又賜十六羅漢塑像。此後 1118 年 7 月，宋朝遣包括二名國醫在內的四名醫官赴麗 —— 此前高麗曾「書乞借差大方、脉、瘡瘇科等共三四許人，使存心醫療，式廣教習事」[24]。另外，此前王字之赴宋時，「宋帝以金函盛佛牙頭骨以賜」[25]；1120 年 5 月，麗廷迎佛骨於禁中。由於高麗以佛教立國，包括國王在內的整個高麗上下應該都對宋帝心懷感激。

宋朝目睹契丹的衰落後，對於高麗與新興國家金朝從女真時期開始的友好關係，以及高麗是曾擊退契丹的強國這兩點予以承認，將高麗視為友軍，欲攜其一同攻打契丹。所以，宋朝對於赴宋的高麗使節所提出的要求都儘可能地滿足。也正因此，宋朝將新制定的大晟樂等最先進的文物賜予高麗，也允許高麗使節帶走對高麗而言十分神聖的佛骨。睿宗也密切關注東亞局勢的變化，巧妙利用宋朝的親麗政策來輸入最先進文物，藉此完善國家運行體制並強化王權。

---

23 校者注：《高麗史》卷 70，〈樂・雅樂〉。
24 校者注：《高麗史》卷 14，〈世家〉，睿宗 13 年 7 月。
25 校者注：《高麗史》卷 14，〈世家〉，睿宗 15 年 5 月。

4. 宋朝為將高麗變為冊封國而行的弔慰外交

睿宗薨逝後，朝中圍繞王位繼承問題出現過論辯，最後李資謙作為當時的權貴，擁護自己的外孫仁宗上位。由於當時的高麗與中國任何一個政權都未形成冊封關係，所以高麗並未向中國告知新王即位的消息。宋朝認為把與高麗的外交關係變成冊封關係的時機已經成熟，於是決定向高麗遣使。而恰好當時宋商帶回了睿宗的死訊，於是宋朝將使行的目的改為祭奠睿宗和慰問仁宗。

1123 年 6 月，宋使路允迪和傅墨卿等人完成祭奠和弔慰任務後，告仁宗曰：「大觀年間所降詔書內，特去權字，以示真王之禮。今此御劄，亦示殊恩。⋯⋯今遼命已絕，可以請命朝廷。」[26] 仁宗則表示，雖然受過宋朝殊恩與禮遇一事為實，但「今憂制未終，而遽求大典，於義未安，實增惶愧」[27]，委婉拒絕了宋朝的請求。以守喪為由委婉謝絕實為明智之策，其實是高麗在考慮到金朝日益強大的情況下，希望能觀望中國情勢後再做決定。此番宋使雖然無功而返，但使團成員之一的徐兢為了提前做好征伐契丹的準備，以圖文形式詳細記載了有關高麗的大量情報並呈給宋徽宗，是為《宣和奉使高麗圖經》。另一方面，高麗亦擔心自己的態度會令宋朝失望從而導致兩國斷交，於是在 1123 年 7 月宋使歸國三天後，遣樞密院副使李資德如宋謝弔唁之恩的同時，對於自己拒絕宋帝勸諭一事也進行了解釋。

這一時期，宋朝內部也出現對高麗使團的消極態度。1125 年，中書舍人孫傅和給事中許翰等人認為「使者所過，騷然煩費」[28]，不過宋徽宗指出其言「同蘇軾」，將二人統統貶職。1126 年，高麗遣使賀宋欽宗登基。使節到達明

26 校者注：《高麗史》卷 15，〈世家〉，仁宗元年 6 月。
27 校者注：《高麗史》卷 15，〈世家〉，仁宗元年 6 月。
28 校者注：《宋史》卷 353，〈孫傅傳〉。

州時，宋御史胡舜陟有言：「高麗靡敝國家五十年……彼昔臣事契丹，今必事金國。」[29] 建議不讓高麗使節往來首都，防止其「窺我虛實以報」。結果高麗使團獻完方物後不得不從明州客館返回。反對與高麗外交的聲音之所以此起彼伏，是因為高麗以金朝取代契丹與之結成兄弟關係，又拒絕宋朝的冊封請求，對宋朝展現出不合作的態度。

八、東亞政局之變換和宋麗間的外交戰

1.1126 年宋朝的軍事援請

面對高麗在軍事協助上的消極態度，宋朝於 1118 年決定遣使赴金以求聯合攻打契丹。此後，雖然宋朝歷經波折收復燕雲十六州並成功滅掉契丹，但由於在其過程中未能遵守與金朝的約定，導致金朝撕毀盟約並開始南下伐宋。在金朝的攻勢下，宋朝首都汴京岌岌可危。如此情況下，宋朝轉而向高麗求助。當時高麗在「李資謙之亂」平息後並未過去多久，仁宗儘管感謝宋朝歷代皇帝所施恩澤，但依然完全不插手宋朝的緊急事態，表明自身為了本國利益將不會干預宋金二國戰爭的態度。這一判斷較之名分更注重現實，是非常明智的外交決策。

在宋使離開約兩個月後的 1126 年 9 月，高麗遣樞密院副使金富軾等人如宋賀宋欽宗登基。此行還包含了其他目的，即希望能修復因自己拒絕援兵之

29 校者注：《宋史》卷 487，〈高麗傳〉。

請而瀕臨斷交的兩國關係。不過，由於汴京被金軍所包圍，高麗使節半途折返，未能見到宋帝。

2. 北宋的滅亡與南宋的「假道」之請

金朝在攻陷汴京之後，於 1127 年 3 月擄走宋朝徽、欽二帝，導致北宋滅亡，是謂「靖康之難」。此後，北宋殘存勢力在南京擁立康王趙構為帝，再建宋朝（除與「北宋」區分時以外，以下均記為「宋」）。由於這一時期邊境線大幅南移，首都也南遷，歷史上將其稱之為「南宋」。事實上，南宋政權無異於流亡政府。為了擺脫危機，有聲音認為其應當向高麗求援。浙西安撫使葉夢得建議遣宋商赴麗探聽金朝形勢；浙東路馬步軍都總管楊應誠則上言：「由高麗至女真路甚徑，請身使三韓，結雞林以圖迎二聖。」[30] 另外，東京留守宗澤亦主張，若要北伐則需要遣使高麗遊說，「俾出助兵」[31]。浙江地區與高麗交流頻繁，所以對於求助高麗一事都顯得非常積極。但是，瞿汝文上奏反對楊應誠的建議：「若高麗辭以大圖假道以至燕雲，金人卻請問津以窺吳越，將何辭以對？」[32]

結果，1128 年宋朝國信使楊應誠赴麗，請高麗相助，令宋軍能假道入金。他認為，此間宋朝對高麗惠澤甚厚，作為報答，高麗應助宋援救二帝。高麗仁宗則以書答曰：「至於太上道君皇帝，視同一家，其異恩厚禮，豈易名言？……然女真……此後漸致強盛，常為邊患，近者陷沒大遼，侵犯上國，自此兵威益大，抑令小國稱臣，仍約定禮數，一依事遼舊例，小國不得已而

---

30 校者注：《宋史》卷 487，〈高麗傳〉。
31 校者注：《宋史》卷 486，〈夏國傳〉。
32 校者注：《宋史》卷 472，〈瞿汝文傳〉。

從之⋯⋯如聞使節假道入境，必猜疑生事。非特如此，必以報聘為名，假道小邦遣使入朝，則我將何辭以拒？苟知海道之便，則小國之保全難矣。而淮南、兩浙，緣海之地，得不慮其窺覦耶？」[33] 仁宗稱自己的婉拒對宋朝亦是有利。此後在宋使歸程之時，高麗再附謝表，稱「方初平難兼講和鄰」，無法滿足宋朝請求，「但期睿聖曲亮忱誠，察臣方處於艱危。赦臣實非於逋慢，永加容德，俾遂曲全，則藝極其存，無失小邦之事大；文威所被，敢忘荒服之尊王？」[34]

即便如此，楊應誠依然再三要求假道。高麗仁宗遂指出：「上朝先是降詔，令小國往諭女真來朝。小國竊慮女真不可使窺中國富盛，不敢奉詔。朝廷不以為然，遂多方招諭，厚賜金帛。彼既知中國虛實，窺心一動，長驅深入，騷擾京師⋯⋯假令使節由此往彼，彼必由此復禮⋯⋯竊恐北苦陸戰，南苦水戰，首尾受敵，為患必鉅。」[35] 高麗給出自己的勸告，眼下徽、欽二帝在金朝手上，即便宋朝奉上全部國土亦難救回，只能訓練軍士，做好背水一戰的準備。

楊應誠對於高麗百般推諉不予協助的態度頗有微詞，「遂不受附表，例贈宴幣衣對禮物亦皆不納而去」[36]。在回國後，楊應誠將情況悉數上報，宋高宗認為高麗仁宗忘恩負義，大為光火。右僕射黃潛善提出「以巨艦載精兵數萬徑擣其國」[37]，但朱勝非表示反對，稱「彼鄰金人，與中國隔海，利害甚明」[38]。

---

33 校者注：《高麗史》卷 15，〈世家〉，仁宗 6 年 6 月。
34 校者注：《高麗史》卷 15，〈世家〉，仁宗 6 年 8 月。
35 校者注：《高麗史》卷 15，〈世家〉，仁宗 6 年 8 月。
36 校者注：《高麗史》卷 15，〈世家〉，仁宗 6 年 8 月。
37 校者注：《宋史》卷 487，〈高麗傳〉。
38 校者注：《宋史》卷 487，〈高麗傳〉。

3. 高麗在拒絕「假道」後的遣使入宋

楊應誠歸國之後，高麗遣禮部侍郎尹彥頤如宋，對拒絕假道一事再作解釋。表文中首先聲明，「聞兩聖之播遷，舉三韓而悲痛」，並對「既不能奔問官守，以申臣子之誠，又未得首倡義兵」一事表達歉意；但又指出，若高麗亡國，則「唇亡齒寒」，對宋朝而言亦非幸事，故「小國有保全之幸，上朝無藩屏之危」，同時又希望雙方能「不失青徐之舊儀」[39]。但是，面對不予協助的高麗，宋高宗態度冷淡，以國難為由不予接見使臣，只派職位低下的押班在殿門外接待後便遣其回國。

尹彥頤帶回的詔書中有言：「顧孝友之思，雖欲伸於己志，然幾微之慮，亦當盡於人情。既諒恭勤，無忘屏衛。」[40] 高麗擔心因拒絕宋朝假道之請而令後者中斷兩國關係，所以態度懇切，遣使以求諒解。可以說，正是通過這樣的態度，對宋通交才得以在高麗的國家利益中起到正面影響。

4. 宋麗兩國圍繞軍事、「假道」之請的外交姿態

宋朝陷入被金攻陷首都的危機後，於 1126 年遣使赴麗以求軍事援助，又為了解救被金朝擄去的徽、欽二帝而於 1128 年遣使赴麗請求假道。長久以來兩國維持外交的目的，在這一時期雙方的激烈論辯中展現得淋漓盡致。

遭遇了首都淪陷、皇帝被擄等建國以來的最大國難後，宋朝向高麗發出求助。宋朝認為，自高麗文宗年間雙方重啟通交後，從宋神宗到宋徽宗的歷代宋帝均對高麗不薄，所以高麗對於宋朝的求援應當予以積極回應。宋朝期待高

39 校者注：《高麗史》卷 15，〈世家〉，仁宗 6 年 8 月。
40 校者注：《高麗史》卷 15，〈世家〉，仁宗 6 年 12 月。

麗無論何時都對自己的惠澤心懷感恩，並願意為宋朝提供軍事、外交上的協助，所以會回賜高麗較之其貢物更多的物品，且毫不吝惜地賜予百科全書、大晟樂等當代最先進的文物。

相反，從高麗的角度而言，若協助宋朝則明顯會令本國陷入不利境地，但是又無法對文宗年間以來從宋朝處獲得的經濟、文化利益視而不見。高麗儘管感激宋朝的恩義與禮遇，但對於無法幫助處於危機下的宋朝一事也感到遺憾——這是高麗為拒絕宋朝請求尋找理由的前提。高麗首先說明，1126 年爆發的「李資謙之亂」剛剛平定不久，國內政局尚且不穩，其軍事實力尚且無法與金朝匹敵。之後又強調，高麗如果協助宋朝，金朝可能會攻打高麗或要求借高麗之道往宋，到時高麗會沒有理由拒絕。另外還指出，如果高麗臣服並讓出領土，那麼金朝水軍就可通過黃海直指宋朝首都以及就近的江浙、淮南等地區，這對後者而言十分不利。最後點明，位於半島的高麗能發揮宋朝與金朝之間的緩衝帶作用，高麗滅亡的嚴重性對宋朝來說無異於「唇亡齒寒」。

高麗希望能繼續在宋朝、金朝之間開展雙邊外交。為了不使宋麗斷交，高麗舉內亂、軍事力量薄弱等國內因素以及高麗在地理位置上對宋朝而言的益處這一地緣政治因素來進行說明。高麗的主張確有一定道理，尤其是就防止金朝水軍渡海直取江浙一帶以致南宋政權陷入危機這一點而言。所以，宋高宗儘管對於高麗的拒絕感到失望，但也只能以讓高麗往後更加效忠來予以答覆。

5. 探索與南宋間的新外交關係

1128 年 12 月，金朝遣使威脅高麗道：「惟宋太上皇趙佶、少帝桓，所以背恩而失信，與其致討以就俘。……命不于常，國必自伐。……敬爾有土，其聽朕言。」[41] 而且，為了防止宋麗兩國走得更近，金朝重新主張自己對於保州——金朝曾在攻打契丹的過程中將其讓與高麗——的主權，並拿進入高麗領土的金朝百姓來大做文章。

即便在這種情況下，高麗依然想要努力維持對宋外交。1130 年 4 月，宋遣使赴麗，詔曰：「惟王緬受基圖，夙同文軌，乃附乘桴之訊，願修貢篚之恭。惟忠順以無他，質神明而靡愧，屬關聞聽，良用嘆嘉。……茲移仗衛，暫住江湖。若信使之鼎來，恐有司之不戒，俟休邊警，當問聘期。」[42] 高麗在宋使即將返程時反省道：「恭惟皇帝陛下，靈承帝遷，紹撫皇統，時惟多故，乃艱難啟聖之期，命靡有常，保曆數在躬之慶。」但由於金朝的威脅，「既不能跋涉山海，致命於勤王，又未及奉遵典章，趁時而修貢」[43]。高麗之所以祈願宋之復興，是因為只有宋朝恢復國力並與金朝分庭抗禮，高麗才能借助對宋外交繼續獲得文化、經濟上的實利。高麗從歷史中得到的經驗是，比起只有一個政權的中國，群雄割據狀態下的中國在外交上對高麗更為有利。所以，高麗展現出的是相互矛盾的外交姿態：一方面向金朝承諾忠誠「事大」，一方面又祈願宋朝復興。

之後的 1130 年 9 月，高麗擬遣使如宋入貢，但後者令其等到國家穩定之後。此外，宋朝還規定，海商若載高麗等外國使節返回的話，處以三年徒刑並沒收財產。同時還降低了高麗使節的迎接規格：將高麗館伴的官職降為中書舍人，廢除國信使的名稱，等等。1131 年 11 月，傳來高麗使節前來的消息時，宋中書舍人程俱建議取消接伴以削減財政支出。這一系列措施背後，是宋朝逐漸反感高麗使節的到來、不希望在迎接上太過投入的心態，由此可見宋朝在與高麗外交一事上的熱情逐漸冷卻。

---

41 校者注：《高麗史》卷 15，〈世家〉，仁宗 6 年 12 月。
42 校者注：《高麗史》卷 16，〈世家〉，仁宗 8 年 4 月。
43 校者注：《高麗史》卷 16，〈世家〉，仁宗 8 年 7 月。

6. 高麗求請恢復對宋外交關係

1131 年 4 月，宋都綱來奏，宋朝大破金軍，「自兩浙至河北僅平安，皇帝駐蹕越州，改建炎五年為紹興元年」[44]。仁宗詢問宰相：「自念祖宗以來，與宋結好，蒙恩至厚，而再不從命，其如信義何？」[45] 崔弘宰則建議：「遣一介行李告奏便。」[46]

於是，1132 年 2 月，高麗遣禮部員外郎崔惟清等人如宋，對這段時間的事況作一解釋，並表達誠意，願重新歸附於宋。宋高宗則回詔曰：「載嘉享上之恭，……將效勤誠……而春潮舟穩，庶利涉以無虞。」[47] 從宋朝立場來說，儘管高麗「背信棄義」，對宋朝的求請不予滿足，但是位於金朝背後的高麗在地理上佔據重要位置，所以並沒有與高麗斷交的想法。

不過，當時高麗所獻貢物為金百兩、銀千兩、綾羅二百匹、人參五百斤，正使崔惟清以個人名義上呈的方物數量也達到了上述貢物的三分之一。高麗為了緩解宋朝對高麗的反感情緒，前所未有地準備了大量貢物；而另一個目的，則是期待有相應的回賜。宋高宗則於後殿引見，賜崔惟清、沈起二人金帶二副。

此後的 1133 年，宋撤銷了高麗使節的引接使；1134 年，宋高宗欲遣使赴麗，遭到權吏部侍郎廖剛的反對。引接使的取消，即意味着迎送高麗使者的規格有所降低。由於繼續保持對麗外交的必要性有所降低，反對高麗遣使的聲音和措施也開始登場。可以說，對希望維持對宋通交的高麗而言，這一外交狀況逐漸變得不再樂觀。

---

44 校者注：《高麗史》卷 16，〈世家〉，仁宗 9 年 4 月。
45 校者注：《高麗史》卷 16，〈世家〉，仁宗 9 年 4 月。
46 校者注：《高麗史》卷 16，〈世家〉，仁宗 9 年 4 月。
47 校者注：《高麗史》卷 16，〈世家〉，仁宗 10 年 5 月。

7. 宋朝對高麗的軍事援助提案

1135 年 2 月，「妙清之亂」爆發之際，吳敦禮接沿海制置使郭仲荀的指示，於同年 6 月赴麗探查情報，並提議道：「近聞西京作亂，倘或難擒，欲發十萬兵相助。」[48] 宋朝計劃借「妙清之亂」發兵高麗，助其平定叛亂後再一同伐金。高麗則表示，叛亂正逐漸平息，且宋朝遣兵士渡海並非易事，鄭重謝絕了宋朝的建議。

1136 年 9 月，高麗遣金稚規如宋呈牒。牒文中提到，與吳敦禮一同前來的宋商陳舒所持公文中有「今來夏國差到使人，欲同使臣前去高麗議事」[49] 之句。之後又再度強調，受宋朝深厚恩澤的高麗「欲一心守藩臣之度」，但因與金朝疆域相接，才「不得已請和」，而且「若微我為之藩屏，則淮浙之濱，與金為鄰，固非上國之利也」。[50] 宋朝則表示，發向高麗的牒文中有「引高麗一同伐金」的計劃，這個只是吳敦禮的個人理解，並非宋廷的指示。宋朝的這一解釋，也是為了及時熄滅紛爭的火苗。

---

48 校者注：《高麗史》卷 16，〈世家〉，仁宗 13 年 6 月。
49 校者注：《高麗史》卷 16，〈世家〉，仁宗 14 年 9 月。
50 校者注：《高麗史》卷 16，〈世家〉，仁宗 14 年 9 月。

九、宋麗使節外交的中斷

1. 金朝對高麗國王的冊封與高麗對宋關係

1141 年 11 月，宋金二國達成和議：雙方以淮河中游為界，宋朝每年向金朝納貢銀 25 萬兩、絹 25 萬匹。由此，兩國結束了戰爭狀態，東亞地區也迎來了久違的和平。隨着西夏和宋朝均已稱臣，金朝在東亞成為了名副其實的霸主。1142 年 5 月，金朝冊封仁宗為高麗國王，高麗於同年 7 月開始行金朝皇統年號，由此結束了自睿宗末年以來 25 年間的無冊封狀態。與此同時，高麗遣使如宋的雙邊外交也告一段落。而從宋朝立場來看，隨着與金朝達成和議並放棄北伐，高麗的戰略價值自然大幅下降，所以對於彼此間的外交也顯得態度冷淡。

在此期間，1148 年 10 月發生了一起與宋朝有關的陰謀事件：高麗人李深、智之用與宋人張喆合謀向宋朝太師秦檜獻策，表示宋朝若以征金名義向高麗假道，則將予以接應。秦檜本是主導宋金和議之人，此建議從一開始就屬於自投羅網，結果三人在宋商林大有的告發下均遭逮捕。

1162 年 3 月，宋商徐德榮至明州，稱高麗欲遣賀使。殿中侍御史吳芾奏曰：「高麗與金人接壤，…… 今兩國[51]交兵，德榮之請，得無可疑？使其果來，猶恐不測。」[52] 1163 年 7 月，徐德榮傳宋朝國信於高麗。次年返程時，高麗遣借內殿崇班趙冬曦等人如宋獻鍮銅器。這一次，也成為了高麗正式向宋遣使的絕唱。

---

51 譯者注：指宋、金。
52 校者注：《宋史》卷 487，〈高麗傳〉。

高麗雖然數番遣使如宋，有通交之意，但從宋朝立場來看，高麗幾乎已無戰略價值。加之高麗在宋朝面臨存亡危機之時的袖手旁觀，令後者大失所望，所以宋朝亦沒有回應高麗的通交請求，雙方就此斷交。

之後兩國間不再有官方層面正式的外交使節往來。每當出現漂流民或俘虜送還等民間問題時，都通過高麗禮賓省與宋明州之間的牒文往來予以解決。而這一方式之所以成為可能，是因為有像徐德榮這樣往來高麗的宋商存在。

2. 蒙古的登場與宋麗關係

1224 年，金朝在蒙古的攻勢下危在旦夕，隨着高麗棄用金朝年號恢復干支紀年，宋麗兩國的曆法又變得相同。1225 年，崔瑀（怡）向高麗國王奏請：「本朝文物禮樂一遵華制。其自宋國來者，許於臺省政曹隨材擢用。」[53] 高麗在結束近百餘年的對金「事大」之後，希望能積極地引入宋朝的文物和人才。之所以能有如此期盼，是因為即便在宋麗兩國斷交之後，宋商的往來依然如故，包括曆書在內的宋朝先進文物仍能傳入高麗，且得知高麗優待宋朝士人的消息後，也有很多宋人搭乘宋商船隻來投高麗。

13 世紀初，蒙古帝國建立並滅金後，中國形成了南宋和蒙古南北對峙的局面。宋朝雖然在蒙古的攻勢下岌岌可危，但得益於高麗的存在，能夠堅持抵抗較長時間。蒙古儘管從 1231 年開始屢次入侵高麗、蹂躪百姓，但並未讓高麗完全臣服，所以一直在入侵與撤退之間反反覆覆。這也成為蒙軍無法對以長江為中心形成對峙的宋朝發起總攻的原因之一。

事實上，1256 年宋沿海制置大使、判慶元府吳潛在海防奏文中即指出，

---

53 校者注：《高麗史》卷 129，〈崔怡傳〉。

高麗不會成為蒙古借由海道攻打南宋的嚮導，也不會對中國有所覬覦。而且由於有宋商定期往來高麗，也有投化高麗後出仕為官者，所以他還建議派遣熟知高麗情勢者前去掌握動向。

1259 年，高麗太子與蒙古的忽必烈達成和議。然而之後的 1260 年代，蒙古懷疑高麗與宋朝私下勾結。這是因為，蒙古深知宋麗聯合對自身的威脅有多大。高麗從江華遷都開京之後爆發了「三別抄之亂」，1237 年在蒙麗聯軍的鎮壓下，江華、珍島、濟州等地的戰火逐漸平息。而直到西南海域都納入蒙古的影響範圍後，蒙古才得以滅南宋。從這一點來看，1128 年高麗拒絕宋朝假道請求的同時，將自己若被金朝滅亡則金國水軍便可通過黃海直取宋朝一事比喻成「唇亡齒寒」，這顯然不只是單純的修辭手法而已。

十、高麗的實利外交與對和平的追求

以上概括性地回顧了宋麗兩國的外交狀況。大體上，高麗通過對宋外交獲得了經濟、文化上的實利，這一點是毋庸置疑的。這是因為宋朝期待着位於契丹、金朝背後的高麗能提供軍事與外交上的協助，所以一直對高麗給予優待。但是，儘管契丹為了阻止宋麗結交而一步一步實行入侵高麗的計劃，高麗成宗仍然不管不顧，專注於從宋朝獲取外交實利，結果導致高麗因契丹入侵而面臨亡國境地。

有了如此歷史教訓，高麗的外交開始優先關注起與自己邊境接壤的軍事強國契丹或金朝，而不是在經濟、文化上領先的宋朝。不論是曾經向高麗獻貢的女真建立金朝後向高麗要求建立兄弟關係和「事大」關係時，高麗不計名分地答應，還是宋朝在遭到金朝入侵後遣使向高麗請求軍事協助時，高麗斷然予以拒絕，二者都能放在相同的外交脈絡下加以理解。

對高麗而言，與金朝的外交關係如果出現惡化，那將不可避免發生交戰從而賭上國家命運；但是如果與宋朝斷交，其影響也只限於先進文物的輸入而已，況且還有宋商等的貿易往來存在，能將這種影響降到最低。此外，如果參考對契丹、宋朝雙邊外交的成功——一方面忠實於對宗主國契丹的外交，同時另一方面遣使如宋以獲取自己想要的重要文物——的話，只要宋、金二國局勢不發生大的變化，高麗的這種傳統外交方式就能發揮作用。如果宋、金之間的勢力均衡被打破，那麼對高麗來說也就不存在這種機會了。

通過重新審視宋麗關係的發展可知，我們應當關注的不僅僅是高麗在相對有利的國際環境下——宋朝與契丹、金朝之間的對峙關係——的地位之提升和經濟、文化上的獲益，還應關注高麗國王們克服了契丹的牽制與懷柔而堅持開展對宋外交這一事實。高麗顯宗、文宗、仁宗等歷代國王和統治階層，他們準確認識到高麗所面臨的外交局面，較之名分更加注重現實，守住和平的同時實現了國家利益。從這個意義上來說，我們對於他們的外交姿態和努力應當給予高度評價。

參考文獻

1. 著作

日野開三郎，《日野開三郎 東洋史学論集 - 北東アジア国際交流史の研究 -》，三一書房，1984。

申采植，《宋代對外關係史研究》，韓國學術情報，2008。

白南雲，《朝鮮封建社會經濟史（上）》，改造社，1937。

全海宗，《韓中關係史研究》，一潮閣，1970。

全海宗，《韓國與中國：東洋史論集（韓國과 中國 - 東亞史論集 -）》，知識產業社，1979。

朴龍雲，《高麗時代史（上、下）》，一志社，1985、1987。

李丙燾，《韓國史（中世編）》，震檀學會、乙酉文化社，1961。

李美智，《邊防太平：高麗的對契丹外交及其產物（태평한 변방 - 고려의 對거란 외교와 그 소산）》，景仁文化社，2018。

李貞信，《高麗時代的政治變動與對外政策（고려시대의 정치변동과 대외정책）》，景仁文化社，2004。

李鎮漢，《高麗時代宋商往來研究》，景仁文化社，2011。

李鎮漢，《高麗時代的貿易與海洋（고려시대 무역과 바다）》，景仁文化社，2014。

沈載錫，《高麗國王冊封研究》，慧眼，2002。

金庠基，《東方文化交流史論考》，乙酉文化社，1948。

金庠基，《東方史論叢》，首爾大學出版部，1974。

金庠基，《新編高麗時代史》，東國文化社，1961；首爾大學出版部再版，1985。

金渭顯，《高麗時代對外關係史研究》，景仁文化社，2004。

姜吉仲，《高麗與宋金外交經貿關係史論》，文津出版，2004。

高麗大學民族文化研究所編，《韓國文化史大系 VI（增補、索引編）》，1972。

張東翼，《宋代麗史資料集錄》，首爾大學出版部，2000。

張東翼，《高麗史研究的基礎（고려사 연구의 기초）》，景仁文化社，2015。

森克己，《続日宋貿易の研究》，国書刊行会，1975。

森克己，《日宋貿易の研究》，国書刊行会，1975。

楊渭生，《宋麗關係史研究》，杭州大學出版社，1997。

盧啟鉉，《高麗外交史》，甲寅出版社，1994。

豐島悠果，《高麗王朝の儀礼と中国》，汲古書院，2017。

魏志江，《中韓關係史研究》，中山大學出版社，2006。

2. 論文

丸龜金作，〈高麗と宋との通交問題（一）·（二）〉，《朝鮮學報》，總第 17、18 輯（1960、1961）。

白承鎬，〈高麗與宋的朝貢—回賜貿易（高麗와 宋의 朝貢 - 回賜貿易）〉，《海洋文化研究》，第 1 輯（2008）。

全海宗，〈高麗與宋的交流（高麗와 宋과의 交流）〉，《國史館論叢》，總第 8 輯（1989）。

全海宗，〈高麗與宋的關係（高麗와 宋과의 關係）〉，《東洋學》，總第 70 輯（1977）。

全海宗，〈對宋外交的性質（對宋外交의 性格）〉，《韓國史》，第 4 卷，國史編纂委員會，1974。

安秉佑，〈高麗與宋的相互認識和交涉：11 世紀後葉至 12 世紀前葉（고려와 송의 상호인식과 교섭 - 11 세기 후반 ~12 세기 전반 -）〉，《歷史與現實（역

사와 현실）》，總第 43 輯（2002）。

朴宗基，〈11 世紀高麗的對外關係與政局運營論的發展（11 세기 고려의 대외관계와 정국운영론의 추이）〉，《歷史與現實》，總第 30 輯（1998）。

朴漢男，〈10–12 世紀的東亞局勢（10~12 세기 동아시아 정세）〉，《韓國史》，第 15 卷，國史編纂委員會，1995。

朴龍雲，〈對宋麗交聘的目的及使節的考察（高麗 · 宋交聘의 목적과 使節에 대한 考察）〉，《韓國學報》，總第 81、82 輯（1995、1996）;《高麗社會的諸般歷史像（高麗 社會의 여러 歷史像）》，新書苑，2002。

李承民（音），〈契丹、金、宋對高麗國王的弔慰使行情況與多層次的國際關係（고려 국상에 대한 거란 · 금 · 송의 조문사행 양상과 다층적 국제관계）〉，《韓國中世史研究》，總第 48 輯（2017）。

李錫炫，〈宋、高麗的外交交涉與認識、應對：以北宋末南宋初為中心（宋 高麗의 外交交涉과 認識，對應 - 北宋末 南宋初를 중심으로 -）〉，《中國史研究》，總第 39 輯（2005）。

李龍範，〈10–12 世紀的國際局勢（10–12 세기 國際情勢）〉，《韓國史》，第 4 卷，國史編纂委員會，1981。

金甲童，〈東亞政治變動與高麗的對外關係（동아시아 정치변동과 고려의 대외정책）〉，《韓國海洋史Ⅲ：高麗時代》，韓國海洋財團，2013。

金甫桄，〈12 世紀初宋的冊封提議與高麗的應對（12 세기 초 송의 책봉 제의와 고려의 대응）〉，《東國史學》，總第 60 輯（2016）。

金星奎，〈高麗前期的麗宋關係：試論以宋朝賓禮為中心所見高麗的國際地位（高麗 前期의 麗宋關係 - 宋朝 賓禮를 중심으로 본高麗의 國際地位 試論 -）〉，《國史館論叢》，總第 92 輯（2000）。

金渭顯，〈宋麗關係及其航路考（麗宋關係와 그 航路考）〉，《關大論文集》，總第 6 輯（1978）;《遼金史研究》，裕豐出版社，1985。

金順子，〈高麗中期國際秩序的變化與高麗—女真戰爭（고려중기 국제질서의 변화와 고려 - 여진 전쟁）〉，《韓國中世史研究》，總第 32 輯（2012）。

姜大良，〈高麗初期對契丹的關係（高麗初期의 對契丹關係）〉，《史海》，總第 1 輯，朝鮮史研究會，1948。

姜吉仲，〈對南宋與高麗的政治外交和貿易關係的考察（南宋과 高麗의 政治外交와 貿易關係에 대한 考察）〉，《慶熙史學》，第 16、17 合輯（1990）。

許仁旭，〈高麗、契丹在鴨綠江地區的領土紛爭研究（高麗 · 契丹의 압록강 지역 영토분쟁 연구）〉，高麗大學韓國史學科博士學位論文，2012。

閔賢九，〈高麗前期的對外關係和國防政策：以文宗時期為中心（高麗前期의 對外關係와 國防政策 - 文宗代를 中心으로 -）〉，《亞細亞研究》，總第 99 輯（1998）。

黃時鑒，〈宋、高麗、蒙古關係史小考：以《收刺麗國送還人》為例（宋 - 高麗 - 蒙古關係史에 관한 일고찰 -「收刺麗國送還人」에 대하여 -）〉，《東方學志》，總第 95 輯（1997）。

黃純豔，〈南宋與金朝貢體系下的高麗（南宋과 金의 朝貢體系 속의 高麗）〉，《震檀學報》，總第 114 輯（2012）。

黃寬重，〈高麗與金、宋的關係〉，《亞細亞文化》創刊號，翰林大學，1986。

奧村周司，〈高麗の外交姿勢と国家意識〉，《歷史學研究》，別冊（1982）。

蔡雄錫，〈11 世紀後葉至 12 世紀前葉東北亞的國際局勢與高麗（11 세기 후반 ~12 세기 전반 동북아시아의 국제정세와 고려）〉，《戰爭與東北亞的國際秩序（전쟁과 동북아의 국제질서）》（歷史學會編），一潮閣，2006。

鄭東勳，〈高麗時代外交文書研究〉，首爾大學國史學科博士學位論文，2016。

鄭修芽，〈高麗中期對宋外交的重啟及其意義：以對北宋政治改革的接受為中心（高麗中期 對宋外交의 再開와 그 意義 - 北宋改革政治의 수용을 중심으로 -）〉，《國史館論叢》，總第 61 輯（1995）。

盧明鎬，〈高麗時代的多元天下觀與海東天子（高麗時代 多元的 天下觀과 海東天子）〉，《韓國史研究》，總第 105 輯（1999）。

韓政洙，〈10–12 世紀初的國際秩序與高麗的年號紀年（10~12 세기 초 국제 질서와 고려의 연호 기년）〉，《韓國中世史研究》，總第 49 輯（2017）。

羅鐘宇，〈與五代和宋的關係（5 대 및 송과의 관계）〉，《韓國史》，第 15 卷，國史編纂委員會，1995。

Peter Yun，〈蒙元之前東亞的多元國際關係（몽골 이전 동아시아의 다원적 국제관계）〉，《滿洲研究》，總第 3 輯（2005）。

Yun, Peter. "Rethinking the Tribute System: Korean States and Northeast Asian Interstate Relations, 600–1600." PhD. diss., University of California, Los Angeles, 1998.

第五章

高麗與金的外交

韓政洙

一、高麗：女真的父母之邦

1126 年（高麗仁宗 4 年）3 月辛卯日，高麗作出了在歷史上極為重要的決定。是否對金「事大」成為是日百官會議的議題。雖然在場的大部分官員都持反對意見，但李資謙和拓俊京力主贊成，其理由是金朝取代了遼宋，而「以小事大」是先王之道。最終，麗廷於乙未日（29 日）在太廟用占卜的方式作出了決定。

> 惟彼女真自稱尊號，南侵皇宋，北滅大遼，取人即多，拓境亦廣。顧惟小國與彼連疆，或將遣使講和。或欲養兵待變，稽疑大筮，神其決之。
>
> 《高麗史》卷 15，仁宗 4 年 3 月乙未。

確定對金「事大」，不僅僅意味着從「事遼」變為「事金」，一直以來高麗對女真的認識也不得不隨之轉變。高麗本來認為女真人面獸心，沒有將其視作教化的對象。在實行羈縻州制度之時，高麗也僅僅是將女真視為「外蕃」，並沒有將其當作「內地」。而且，「事金」也意味着肅宗和睿宗時期征討女真所獲戰果會被推翻。因此在高麗內部，對於「事金」決定的抵抗有可能以各種形式表現出來。實際上，妙清等人於 1135 年提出「金國征伐論」就是這種情況的集中體現。

雖然高麗在 1126 年已決定對金「事大」，但是兩國關係的進展比較緩慢。例如，在高麗決定「事金」以後，金朝並沒有馬上冊封高麗國王。高麗上呈金朝的表文在內容和格式上都與對方的立場存在差異，在使用金朝年號上也是如此。況且，雙方還有最尖銳的利害對立問題，即保州（即義州）的歸屬問題，及建國之前歸附高麗的女真人之遣返問題。

與之前高麗和契丹的情況有所不同，高麗和金朝沒有經過戰爭就輕易締結了外交關係，這是因為高麗為金朝的強盛所震撼，基於「形勢論」作出了「事大」的決定。另外金朝承認保州為高麗領土，並對高麗相對友好，這些原因也起到了作用。但是兩國之間畢竟存在着歷史性矛盾、利害關係的衝突等問題，解決這些問題就成了雙方關係取得進展的前提。

二、高麗此前對女真的認識與金麗外交關係的展開

1. 高麗與女真宗藩體制的形成

儘管高麗順利作出了對金「事大」的決定，但兩國關係的正常化卻並不順利。這裏有明確的原因。高麗對女真的認識始於太祖時期，太祖稱其為北蕃，認為他們「人面獸心，飢來飽去，見利忘恥」，所以只令其「所過州鎮築館城外待之」[1]。

但是後來他們逐漸形成部族並希望歸附高麗，因其有利於高麗穩定邊境、擴張領土、增加戶口，所以高麗決定接納他們。高麗將他們的部落居住地劃分為歸順州，即羈縻州。女真首領會被賜予姓名、將軍職位和爵位，以及象徵地方行政權的朱記。

1073 年（高麗文宗 27 年）2 月，衆多東女真首領「率衆內附，乞為郡縣」，高麗朝廷的措施如下：

1 校者注：《高麗史》卷 2，〈世家〉，太祖 14 年 11 月。

表 3　文宗 27 年 2 月乙未日東女真羈縻州人的內附請求及麗廷措施

州名	變更前	變更前後
歸順州	都領大常 古刀化	孫保塞 懷化大將軍
	副都領 古舍	文格民 大常
益昌州	都領歸德將軍 高舍	張誓忠 懷化大將軍
	都領 黔夫	康績 大常
氈城州	都領奉國將軍 耶好	邊最 奉國大將軍
	歸德將軍 吳沙弗	魏蕃 懷化將軍
恭州	都領奉國將軍 多老	劉咸賓 奉國大將軍
	番長 巴訶弗	盧守 大常
恩服州	都領元甫 阿忽	揚東茂 歸德將軍
	都領 那居首	張帶垣 大常
溫州	都領 三彬	韓方鎮 大常
	（都領）阿老大	高從化 大常
誠州	都領 尼多	趙長衛 大常

上述羈縻州的名稱和這些首領所獲賜的職銜、姓名等都有共同點。首先，在州名上使用了歸、順、益、昌、恩、服、恭、溫、誠等帶有歸附、忠誠、恩惠等含義的字。其次，作為首領的都領們獲賜的奉國、歸德、懷化等職銜，以及像孫保塞一樣的姓名，都體現了為高麗鎮守邊防和遵循教化的含義。

像這樣，東北邊 15 個州的外蕃人內附後，同年 9 月東女真的大蘭等 11 村亦內附乞為郡縣。高麗文宗將其分設為濱、利、福、恒、舒、濕、閩、戴、敬、付、宛等 11 個州，並各賜朱記，使其隸屬於歸順州。以高麗為宗主國的東蕃、西蕃體制由此形成。

2. 征伐女真和開拓九城

12 世紀初，高麗的羈縻州體制開始動搖。松花江支流的完顏部勢力逐漸形成並壯大，酋長烏吉（活羅）之子盈歌開始征討周邊各部。盈歌侄子烏雅束試圖讓作為高麗千里長城重要支點的定平附近的女真部落也歸屬於完顏部，由此與高麗發生了衝突。對此，1104 年（高麗肅宗 9 年）尹瓘和林幹第一次征伐女真，結果失敗。這表明隨着完顏部影響力的加強，千里長城附近的女真部落已逐漸納入其控制之下，這一變化對高麗而言無疑增添了一份沉重的負擔。

尹瓘失敗後，肅宗發憤誓告天地神明：「願借陰扶，掃蕩賊境，仍許其地創佛宇。」[2] 肅宗和尹瓘等人檢視失敗的原因，並摸索解決方案。他們認為國內已長期無大規模戰事導致軍紀渙散，無法組成精銳之師，在應敵方面也缺乏適當的軍制改編等。尹瓘還指出「賊騎我步，不可敵也」[3]，建議組建別武班。因此，高麗由神騎軍、神步軍、跳蕩軍、梗弓軍、精弩軍、發火軍、降魔軍等兵種組建成別武班，進行訓練。

最終，高麗在 1107 年（高麗睿宗 2 年）以尹瓘為元帥、吳延寵為副元帥，共動員 17 萬兵力，展開了第二次對女真的征伐。次年，高麗在宜州、通泰鎮、平戎鎮及咸州、英州、雄州、吉州、福州、公嶮鎮等地築起九城。

3. 歸還九城與「父母之邦」

但是一方面這些新拓的土地廣闊不易防守，饑荒和瘟疫猖獗，高麗飽受這些問題的困擾。另一方面，女真在間歇性反擊高麗的同時也懇切地要求歸還

2　校者注：《高麗史》卷 96，〈尹瓘傳〉。
3　校者注：《高麗史》卷 96，〈尹瓘傳〉。

九城。最終，高麗朝廷決定歸還九城。當時，女真使者褒弗和史顯等懇求睿宗歸還九城，稱女真根源於高麗，約定若高麗還地將對高麗永遠忠誠。

> 昔我太師盈歌嘗言：「我祖宗出自大邦，至于子孫，義合歸附。」今太師烏雅束亦以大邦為父母之國。⋯⋯若還許九城，使安生業，則我等告天為誓，至于世世子孫恪修世貢，亦不敢以瓦礫投於境上。
>
> 《高麗史》卷 13，睿宗 4 年 6 月庚子。

由於九城的防守與管理面臨諸多困難，加之女真方面軟硬兼施要求歸還九城，睿宗於 1109 年召集臣僚們在宣政殿共同商討歸還九城的事宜。儘管拓疆是肅宗的夙願，但在女真日益強大的形勢下，睿宗不得不考慮造成高麗軍民傷亡的九城在管轄上面臨困難的現實。於是，高麗朝廷在宣政殿南門召見褒弗等人，宣告歸還九城的決定。

女真人對高麗感激涕零，但當時身在邊境的行營兵馬別監承宣崔弘正和兵馬使吏部尚書文冠等人希望從女真那裏得到保證，便讓女真酋長居尉伊等人對天立誓。對方於是在咸州城門外設立祭壇，告天誓曰：

> 而今已後，至于九父之世，無有惡心，連連朝貢，有渝此盟，蕃土滅亡。
>
> 《高麗史》卷 13，睿宗 4 年 7 月辛酉。

女真酋長向上天立誓，承諾對高麗不懷惡意並每年朝貢。雖然隨後高麗將九城歸還給了女真，但崔弘正和文冠的這一舉措確認了此後高麗與女真仍為宗藩關係。

4. 金朝的建立與金麗的「國信」關係

五年後的 1114 年 10 月，遼向高麗派遣使節通報遼境的局勢。對方告知完顏阿骨打發動叛亂，所以需要對其進行征討，同時讓高麗儘全力做好防禦。從 1115 年正月的記載來看，阿骨打已經憑藉強大的軍力自稱皇帝，並改名為寓意天空的「旻」，定國號為「大金」。為了征討日益強盛的女真，遼曾要求高麗派遣援軍，但高麗只是進行了討論並未作出決定。

1116 年 4 月，完顏阿骨打派來使節阿只，謀求與高麗的關係，可能也是為了宣揚金的興盛、告知遼的衰敗。當月，高麗決定不再行遼正朔，在各種公私文書中刪除遼的「天慶」年號，改用甲子紀年。

高麗儘管對金心存疑慮，但並沒有援助遼，而是開始接近金。整體而言，這是因為高麗希望借着金的強盛收復被遼所佔領的來遠城和抱州。1117 年 3 月，高麗在抱州置義州防禦使，以鴨綠江為界，設立關防，百官上表祝賀高麗收復領土。

但當月，完顏阿骨打遣使高麗，試圖重新確定金朝與高麗的關係。當時他送來良馬一匹，並寄書曰：

> 兄大女真金國皇帝，致書于弟高麗國王。自我祖考，介在一方，謂契丹為大國，高麗為父母之邦，小心事之。契丹無道，陵轢我疆域、奴隸我人民，屢加無名之師。我不得已拒之，蒙天之右，獲殄滅之。惟王許我和親，結為兄弟，以成世世無窮之好。

《高麗史》卷 14，睿宗 12 年 3 月癸丑。

不過，大女真金國皇帝致於弟高麗國王的這封體現上下關係的文書，在內容上與《帝王韻紀》中所載的略有不同。李承休編撰的《帝王韻紀》在提及當時兩國的兄弟關係時，附有以下細注：

> 臣嘗為式目執事，閱都監文書，偶得金國詔書二通。其序皆云：「大金國皇帝寄書于高麗國皇帝云云。」此結兄弟之訂也。
>
> 《帝王韻紀》卷上

女真一直把高麗奉為父母之邦，在上天的幫助下強盛起來，並滅亡契丹，因此金朝提議與高麗「和親」並結為兄弟。但如果像《高麗史》中所載，金朝將雙方關係設定為皇帝和國王的關係，那麼當時高麗恐會難以接受這種君臣的上下關係。因此，《帝王韻紀》中的相關記載或許更可信。

當時高麗還沒有明確與金朝的關係，甚至有大臣主張將金使斬首。只有金富儀以漢朝對匈奴、唐朝對突厥或稱臣或下嫁公主以求和親為例，上疏表示高麗可以對金「事大」作為權宜之計。但宰臣們對此譏諷並表示反對。此疏未被上呈給睿宗，睿宗最後也沒有答覆金朝。

因此，高麗似乎只是希望將金朝與自己的關係定為國信關係。但 1119 年 2 月金朝征伐遼東前在告知高麗時明確使用了「高麗國王」這樣的稱謂。同年 8 月，高麗在給金朝的文書中有「況彼源發乎吾土」[4] 之句，後者以此為藉口拒收。這表明高麗的地位已被降格，金朝將雙方的關係從兄弟轉為君臣。1125 年 5 月，高麗派司宰少卿陳淑出使金朝，但對方又以「國書非表又不稱臣」[5] 為由不予接納。

---

4 校者注：《高麗史》卷 14，〈世家〉，睿宗 14 年 8 月。

5 校者注：《高麗史》卷 15，〈世家〉，仁宗 3 年 5 月。

5. 稱臣「事大」與獲取保州

在此情況下，1126 年 3 月，仁宗以國家多事為由，停止了本該舉行的科舉，並召集百官討論是否對金「事大」。面對滅了遼宋的金朝，李資謙和拓俊京提出的對金「事大」的主張最後被採納。同年 4 月，高麗派遣鄭應文和李侯赴金上表稱臣，兩國之間的「事大」關係正式確立。

稱臣「事大」意味着冊封、頒正朔、表文格式、定期朝貢等諸多事項的展開。但高麗決定對金「事大」後，一時之間上述事項的開展並不順利。金朝向高麗派遣宣諭使，要求兩國使節的往來遵循高麗與遼朝的先例，並讓高麗盡數遣返之前流入的「保州路及邊地人口」。金朝表示如果高麗對此一一聽從，就會將保州賜予高麗。

在此基礎上，高麗開始謀求開啟兩國的關係。但由於高麗與南宋的關係、遣返高麗境內女真人等問題，兩國關係的進展依然緩慢。高麗使節金子鏐赴金入朝時所帶隨行人員崇吉與金人爭執以致刺傷人命，又使兩國關係出現裂痕。更何況，高麗內部仍有觀念認為女真是需要討伐的北蕃。如此背景下，主張通過聯合宋朝或增強軍事力量來征討金朝的聲音從未消失。作為西京勢力的妙清等人主張遷都西京、討伐金朝、稱帝建元等即屬於此類，結果這引發了高麗內部的政治混亂，兩國關係的正常化又被推遲。

儘管如此，高麗開始定期向金朝遣使。從 1127 年 9 月開始定期遣使賀天清節等皇帝的節日；從 1129 年 11 月開始定期遣使賀正，當月又派遣盧令琚等前去進納誓表，表明高麗「謹當誓以君臣之義，世修藩屏之職，忠信之心，有如皦日，苟或渝變，神其殛之」[6]，再次確認了兩國之間的關係。

6　校者注：《高麗史》卷 16，〈世家〉，仁宗 7 年 11 月。

金麗外交的正式啟動始於正朔的頒佈和冊封的進行。金朝於 1141 年正月通報高麗改元「皇統」，高麗於 1142 年 7 月始行「皇統」年號。金朝對高麗國王的冊封於 1142 年 5 月進行，與之前遼使在開京南郊傳冊的慣例不同，此次是在宣慶殿進行的。當時金朝送來九旒冠與九章服，冊封仁宗為高麗國王，加授其為開府儀同三司、上柱國。

總之，金朝在建國前曾奉高麗為父母之邦，但隨着自己勢力的強盛尤其是在建元立國以後，要求改變雙方的關係。高麗以收復來遠城和抱州為條件，在一定程度上接受了與金朝的兄弟關係。此後，隨着遼宋的滅亡，金朝要求高麗與之建立君臣「事大」關係，而高麗最終也根據「形勢論」決定對金「事大」。隨着高麗定期遣使和金朝對高麗國王完成冊封，兩國的外交關係才得以正常化。除了國際形勢變化的因素以外，高麗渴望恢復領土、高麗對女真的傳統認識以及「金國征伐論」等因素雜糅一處，使得金麗兩國在尋求穩定的外交關係過程中困難重重。

三、保州的收復與女真人的遣返問題

1. 保州故土的收復

儘管宗主國遼為征伐女真向高麗提出了軍事支援的要求，但高麗並未積極回應。其背後雖然有憚於金之強盛的一面，但根本原因在於高麗試圖收復被遼奪走的保州地區。高麗收復保州的夙願在金朝登場後才得以實現。

1115 年 9 月，金太祖命令加古撒喝進攻保州，這成為高麗收復保州的契機。當時，金太祖佔領了遼朝黃龍府，在應對遼軍攻擊的情況下，無法直接進攻保州以及提供有力支援。因此，他命令加古撒喝「若保州未下，但守邊戍」[7]。在此過程中，加古撒喝於同年 11 月佔領鴨綠江西側的開州，成功孤立了位於鴨綠江東岸的保州。金太祖於 11 月擊敗遼軍後，支援了加古撒喝一千多名甲士。保州與遼東京失去了聯繫，加之次年正月遼東京發生了「高永昌之亂」，撤退無路，金佔領保州將成現實。

此時，高麗派使節到遼境內，打探從鴨綠江的保州到東京各地區情況的變化。此外，1116 年 3 月高麗還曾向遭受金軍攻擊的來遠、抱州（一云把州）兩城支援一千石大米，只是當時的來遠統軍沒有接受。到 8 月兩城即將淪陷時，統軍耶律寧試圖率衆而逃。就在 3 月到 8 月之間，關於兩城的歸屬，高麗試圖與遼統軍和金太祖進行協商。睿宗先派遣樞密院知奏事韓皦如對來遠統軍進行招諭，後又遣使赴金請求收回作為舊地的抱州。對此，金太祖讓高麗「自取之」。

遼統軍耶律寧在當時的危機局面下，一開始仍態度模糊。直到抱州即將淪陷時，耶律寧才和來遠城守將常孝孫等移牒高麗寧德城，將兩城歸於高麗。其牒文曰：

> 女真背亂，並東京渤海績有背叛，道路不通，統軍部內田禾未收，米穀踴貴，致有貧寒人等。為高麗國鄰近住坐，已曾借糧推進，不行擬借。為此部內人民赴裏面州城，趁逐米粟去。此至回來為相和事。在此州并地分交付去訖，仰行交受已後，准宣命施行。
>
> 《高麗史》卷 14，睿宗 12 年 3 月辛卯。

7　校者注：《金史》卷 135，〈外國下〉，收國元年 9 月。

如上所述，因遭受金的攻擊而面臨淪陷，加上東京叛亂、軍糧不足等因素，遼最終只能將來遠城和抱州城交付給高麗。雖然這與之前金太祖要求高麗自己奪取的情況有所不同，但結果高麗還是收復了故土。只不過，兩城並非都歸高麗所有。最終來遠城歸於金，只有抱州城被高麗收回。高麗在此地置義州防禦使，並以鴨綠江為界設置了關防。

對此，朝廷百官向睿宗上呈賀表，祝賀高麗收復了百年來未能拿回的領土。其表文曰：

> 鴨綠舊墟，雞林故壤。越自祖宗之世，本為襟帶之防。逮乎中世之陵夷，頗遘大遼之侵蝕。非惟人怒，實作神羞。⋯⋯比因兩敵之有爭，頗慮二城之所屬。鞬鞨之請獻，殆從天啟。[8]

2. 金朝承認高麗佔領保州的背景

但不同於上述高麗朝內的氛圍，金朝持有另一種立場。這預示着高麗完全收復保州地區一事將面臨重重困難。高麗遣女真人蒲馬前去「請保州」時，金朝表示：「保州，近爾邊境，聽爾自取。今乃勤我師徒，破敵城下。且蒲馬止是口陳，俟有表請，即當別議。」[9] 金朝認為高麗並非憑藉己力取得保州，而是借助了金的力量，所以這與原來約定的宗旨有所不同。

然而即便如此，金朝也難以宣佈高麗佔領保州無效。因為當時金朝正準備全面進攻遼，所以試圖避免與高麗發生衝突。事實上，高麗在經歷了與女真的衝突，尤其是肅宗 9 年及睿宗 2 年的兩次征伐後，非常瞭解女真人的軍事力

---

8 校者注：《高麗史》卷 14，〈世家〉，睿宗 12 年 3 月甲午。
9 校者注：《金史》卷 135，〈外國下〉，收國 2 年閏 1 月。

量及其戰術，反過來金朝也同樣無法忽視高麗的兵力。而且，金朝也擔心高麗與遼結成軍事同盟，乃至高麗對於宋金聯盟攻遼所可能產生的負面影響，因此暫時承認了高麗對於保州的佔有。金朝由此獲得了更大的實利，1120 年與宋朝簽訂了「海上之盟」，開始夾擊遼。

金朝一邊對高麗表現出強勢姿態，一邊又保持謹慎的立場，不願刺激高麗。例如，1117 年金朝稱高麗原為「父母之邦」，願結為兄弟關係，而在 1119 年又「詔諭高麗國王」欲興師伐遼。但即使同年 12 月高麗擴建長城，以及 1124 年 5 月高麗殺掉進入其國境內捕捉海狗和海東青的曷懶路女真人並奪其武器等事件發生後，金太祖和金太宗也都避免與高麗發生軍事摩擦。

1125 年遼天祚帝為金軍俘獲，次年金軍攻破宋朝都城，1127 年宋朝徽、欽二帝也被金擄走，金朝由此成為名副其實的大國。在此情況下，高麗也於 1126 年 4 月向金朝上表稱臣。基於這樣的自信，金太宗於 1126 年 9 月派遣宣諭使高伯淑和烏至忠至高麗，主動要求解決兩國領土問題及流入高麗的女真人問題。

> 高麗凡遣使往來，當盡循遼舊，仍取保州路及邊地人口在彼界者，須盡數發還。若一一聽從，即以保州地賜之。
>
> 《高麗史》卷 15，仁宗 4 年 9 月辛未。

金朝以保州的歸屬為條件，要求高麗將此前從保州路及邊地流入的女真人全部送還。因此，高麗與金朝之間的領土歸屬問題、流民遣返問題以及稱臣「事大」等問題交織在了一起。

對此，高麗於同年 12 月癸酉遣謝宣諭使金子鏐入金上呈〈謝不收復保州表〉。高麗在表文中一方面再次強調保州本為自己領土，說明睿宗收復保州的正當性；另一方面表示經過多年，之前流入高麗的女真人幾乎都已亡逝。是年

3 月金子鏐歸國帶回的詔書中，有金朝駁斥高麗上述說法的內容。其中最重要的是要求高麗進納宣誓效忠的誓表，而領土和流民問題反而似乎是次要的。但是，當時隨金子鏐入金的隨行人員與金人爭執刺傷人命，金朝對其處以杖刑，並要求高麗對金子鏐進行處罰，從而演變成兩國間的外交事件。高麗為了平息事態，免去了金子鏐的職務。

3. 金朝索要誓表及女真流民

1128 年 12 月，金朝派遣錦州管內觀察使司古德、衛尉少卿韓昉來向高麗通報已將宋朝徽宗和欽宗分別降封為昏德公和重昏侯，同時要求高麗遵守信義、正視名分。司古德等人還向仁宗傳達了金太宗的命令，要求儘快解決兩國懸而未決的問題。高麗獲知宋帝的境況後只能接受金的要求。

金太宗的要求有四點：第一，以保州的歸屬為條件，要求高麗進納誓表；第二，要求高麗對境內的女真流民進行調查並遣返；第三，以保州周邊一帶未劃定界為由，要求高麗不得阻止金人到昌州、朔州一帶進行耕作；第四，要求高麗支付金子鏐一行刺傷金人的賠金等。同時，金太宗也表示，數事均可通過進納誓表來解決。對於四點要求，高麗仁宗在逐條應對的同時，也明白金的最終要求在於高麗的誓表，所以表示將會執行。

1129 年 11 月，高麗終於進納了誓表。最核心的內容是表明，「謹當誓以君臣之義，世修藩屏之職，忠信之心，有如皦日。苟或渝變，神其殛之」[10]。但這並未消除金朝對高麗的疑慮，金朝在次年 3 月再次要求高麗對之前的女真流民進行調查並上呈表文。像這樣，高麗不得不反覆上表宣誓效忠。當然，之後

---

10 校者注：《高麗史》卷 16，〈世家〉，仁宗 7 年 11 月。

的誓表內容要比1129年11月進納的更加強烈地表達了「事大」之心，如表文中有「葵藿之志，向白日以長傾；江漢之流，朝滄海而不息，皇天后土，鑑臣此言」[11]云云。

在高麗反覆進納誓表後，金朝才息事寧人，表示高麗「稽首稱藩，務恊畏天之義；充庭祗貢，聿陳享上之儀」[12]。這是一個正面的回應。而且，金朝皇室內部也有人承認，要高麗送還全部女真戶口這一點在實際操作上存在困難。金宗室完顏勗就指出，流入高麗的女真人實際上或已死亡或被高麗同化，且高麗現搜索到的多是以前叛逃者的後裔。因此，他上疏建議與其一味徵索不如以一視同仁的大義引導高麗歸附。

完顏勗的上疏恰逢其時。金雖然滅了遼和北宋並生擒二帝進而成為強國，但無法忽視高麗在南宋建立後與後者秘密往來的情況。宋麗間的數次使節往來就證明了這一點。

如果任由這種事態繼續發展，使高麗、南宋乃至西夏形成對金軍事同盟的話，金朝將面臨巨大危機。因此，金朝不再持續刺激高麗，在領土歸屬和流民遣返問題上作出了讓步。領土、流民問題與複雜的金麗關係及金宋麗三國關係交織在一起，而高麗卻以最有利的方式解決了這些問題。當然，金朝在避免軍事衝突的同時，也從曾為「父母之邦」的高麗那裏獲得了輸忠的誓表，並確立了雙方君臣關係的名分。

11 校者注：《高麗史》卷16，〈世家〉，仁宗8年12月。
12 校者注：《高麗史》卷16，〈世家〉，仁宗8年12月。

四、擁立明宗引發的外交矛盾與高麗外交官的斡旋

1. 武臣政變與明宗即位

仁宗曾夢見自己獲得五升荏子和三升黃葵。對此，拓俊京解釋道，仁宗將納任姓後妃，並誕五子，其中有三子將御國。實際上，仁宗確實有任姓後妃即恭睿太后，其誕有五男四女，五子中確有三子先後登上了王位，即毅宗、明宗、神宗。上述讖語是毅宗與王弟們發生矛盾的因素之一。

毅宗相信該讖語而擔憂王位旁落，疏遠了王弟們。對此，有兩件事情值得注意。1162 年（高麗毅宗 16 年）9 月辛丑，某宮女為了獲得毅宗的寵愛，密置畫雞於御床褥中，事發後，便誣告是注簿同正金義輔和內侍尹至元通謀為祝詛而作，因此二人或被斬首或被流放，此即所謂「畫雞事件」。1167 年（高麗毅宗 21 年）正月癸丑，燃燈會結束後毅宗從奉恩寺回宮途中，金敦中的馬撞上騎兵的箭袋，使得箭落在了御駕旁，於是毅宗驚愕以為是流矢，將其視為謀反行為，查處了相關人員，此即所謂「流矢事件」。這兩起事件中，很多官員都受到了牽連，導致人心惶惶。

1170 年（高麗毅宗 24 年）8 月戊午，水州農民在耕田時得金一錠，狀如龜，地方官取以馳獻，毅宗以示左右，左右呼萬歲曰「天降金龜，聖德之應」[13]，群臣皆賀。這象徵性地體現出與當時民心不符的一面。當月發生了「武臣政變」，意味着武臣的不滿和民心的背離已達高潮。當時在民間流傳着不吉利的童謠，其歌詞中唱道：「何處是普賢刹，隨此畫同刀殺。」[14]

---

13 校者注：《高麗史》卷 19，〈世家〉，毅宗 24 年 8 月。
14 校者注：《高麗史》卷 128，〈鄭仲夫傳〉。

當月丁丑，毅宗在去普賢院途中，於五門前召侍臣行酒。酒酣之際，毅宗命武臣表演五兵手搏戲。至傍晚時分，毅宗在進入普賢院時，武臣們假傳王命調動軍隊虐殺衆多隨行文臣。主導這一事件的是李高、李義方。

普賢院事件發生後，武臣政權隨之建立，因此該事件被稱為「武臣政變」。此事發生於庚寅年，此後 1173 年（癸巳年）又發生了「金甫當之亂」[15]，故又被統稱為「庚癸之亂」。

主導普賢院事件的武臣們進一步廢黜了毅宗，並扶植明宗即位。從表面上看，這是由於文臣受寵所造成的，但更深層的原因在於毅宗的失政，尤其是其對王權旁落的戒心、對武臣的歧視和民心背離等。

2. 金朝對毅宗禪位與明宗即位的立場

毅宗以仁宗嫡長子兼太子即位，於 1148 年 5 月庚午被金朝冊封為開府儀同三司、上柱國、高麗國王。因為是被金朝認可的正統國王，所以金朝每年都會向毅宗派來賀生辰使。

伴隨着毅宗和明宗的廢立，高麗朝廷不得不採取一系列的措施來應對金朝。1170 年 10 月庚戌，鄭仲夫和李義方遣工部郎中庾應圭向金上呈二表。其中毅宗的表文中稱自己久纏疾恙，而長子王泓無慧且多愆，因此會遵從先王仁宗「苟有遞代，必先弟及」[16]的遺囑。與毅宗的表文相似，明宗的表文稱前王毅宗因感疾令自己權守軍國事務而自己避之無計。但不巧的是，金朝向毅宗派遣的賀生辰使於當年 11 月抵達邊境，高麗朝廷因王位更迭問題拒絕他們入境。

15　校者注：《高麗史》卷 19，〈世家〉，明宗 3 年 8 月庚辰：「東北面兵馬使、諫議大夫金甫當起兵於東界，欲討鄭仲夫、李義方，復立前王（毅宗）。東北面知兵馬事韓彥國舉兵應之，使張純錫等至巨濟奉前王，出居雞林。」

16　校者注：《高麗史》卷 19，〈世家〉，明宗即位年 10 月。

1171 年 5 月己丑，庾應圭從金歸來，金世宗回詔不允前王毅宗讓位，表示王位交替存在可疑之處，將派遣使節進行調查。7 月癸未，金遣完顏靖作為詢問使前來高麗向前王毅宗傳達皇帝詔書，以確認讓位的相關事實。8 月甲辰，明宗向準備歸國的完顏靖表示，「前王已避位，出居他所，病加無損，不能就位拜命。路又險遠，非使者所宜往」[17]，所以具前王表以附。1172 年 2 月己酉，使金歸來的高麗使節帶回金帝允許毅宗禪位的俞音，5 月壬午明宗在大觀殿接受金的冊封，自此明宗對外也具備了國王的地位。

3. 庾應圭積極促進明宗的冊封

若只看上述過程，可能會產生毅宗與明宗的廢立輕易得到金朝認可的假象。而實際上，工部郎中庾應圭的外交斡旋在整個事件的進展過程乃至當時兩國的關係中都起到了關鍵的作用。

庾應圭是毅宗時期以耿直著稱的庾弼五子中的長子。庾應圭為官也以剛直和清廉聞名。有鄉吏欲獻上野雞以助其夫人產後調理，其夫人說：「良人平生未嘗受人饋遺，豈宜以我口腹累清德耶？」[18] 明宗素聞庾應圭名，授其為工部郎中，派遣他賫表如金告奏即位。由於並非正常的王位交替，庾應圭此行非常危險。入金境後，金朝讓庾應圭停留在婆娑路，聲稱要查明原委，不許其再前行。

庾應圭辯解稱前王久病，昏耗不治，不得不讓位。金世宗又責問高麗為何沒有將讓位這樣的大事提前向金陳請，於是再詔有司詳問庾應圭。之後，庾應圭到達金朝首都，金朝皇帝表示君臣有義、長幼有序，王皓（明宗）廢兄

17 校者注：《高麗史》卷 19，〈世家〉，明宗元年 8 月。
18 校者注：《高麗史》卷 99，〈庾應圭傳〉。

篡位，造飾虛辭，欺罔上國，威脅要進行征討。庾應圭依然爭辯說，前王（毅宗）因不幸有疾，子亦不慧，遵先父王（仁宗）遺命，所以才讓位於弟，堅稱這並非欺罔，並表示即使有湯鑊鈇鉞之誅自己也不會屈服。

對於庾應圭的反應，金朝皇帝並未消除疑心，重新與宰相們進行了討論。關於這個問題，金廷內部的意見大致分為兩種：一種是丞相良弼主張的「不信任論」。良弼指出，前王毅宗往年生孫，嘗有表自陳生孫之喜；王晧（明宗）曾因作亂被毅宗囚禁；現今使節由王晧而非毅宗所遣；金廷向毅宗派遣生日使，王晧不轉達於毅宗「乃稱未敢奉受」，所以良弼認為王晧必定是篡兄並誣請於天子。而另一種意見是右丞孟浩主張的「士民詢問論」，即先詢問高麗士民後再作決定。對此，金朝皇帝決定遣使以詔書詳問前王毅宗，並下達了不允毅宗讓位的回詔交於庾應圭。

庾應圭表示，自己所獻為二表，而金廷只給前王回詔，新王卻無，這樣自己作為使節就有辱君命，所以寧願隕身上國也不生還本國。隨後，他具服立庭，絕食待詔。晝夜不移三日，金廷館伴上奏皇帝。雖然金朝皇帝屢使勸食，庾應圭也未動搖。隨從在夜間密進水漿，庾應圭卻斥責道：「汝亦人耳，何行詐之甚邪？」[19] 到了第五日，庾應圭已形容枯槁，氣息將絕。金朝皇帝憐其忠誠，表示將降詔依允，再勸其進食。儘管如此，庾應圭堅稱不受回詔，不敢進食，受詔之日，乃自己續命之時。到了第七日，金朝皇帝看到他的決絕，益加憐憫，終於授予回詔，並賜御饌幣帛，厚慰而送之。此後，凡到訪高麗的金使都會問候庾應圭，以表達對他的敬意。

庾應圭在此次冒着生命危險的出使中，面對金朝君臣絕食七日，達成了兩個目的。首先，作為外交官，庾應圭為了國家利益不畏犧牲，絕食七日，展

---

19 校者注：《高麗史》卷 99，〈庾應圭傳〉。

示了高麗人的氣節，使得金人不敢輕視高麗。其次，庾應圭通過這一行動，使明宗的即位獲得承認，並促成了金朝的冊封。以前康兆廢黜穆宗、擁立顯宗後，契丹以此為由發動了對高麗的侵略，而庾應圭的斡旋避免了這種局面的出現，守護了國家。因此，後來武臣們曾對庾應圭說：「庚寅之事，微公告奏，吾屬菹醢矣。」[20] 至此，毅宗和明宗的廢與立變成了禪讓與受禪。起初金朝曾就此提出過所謂「天討」，但後來只進行了形式上的「詢問」或「宣問」，就承認了明宗的合法性。這意味着金朝不會干涉冊封國內部王位繼承這樣的大事，只要高麗盡到了臣事上國的職責，金朝就會維持雙方的關係。當然，庾應圭絕食七日之舉在其中發揮了巨大的作用，並為此後兩國處理類似問題提供了先例。

4. 金朝對高麗王位繼承等內政的不干涉立場

對於武臣政權下國王廢立問題的處理，體現了金朝不干涉高麗王位繼承等內政的立場。高麗和金朝通過朝貢與冊封，使得兩國關係得以延續，高麗王室的正統性也因此得到了認可，但是金朝無法積極介入高麗的王位繼承等問題。因為如前所述，這是以征伐為前提的，所以金朝暗自採取了不干涉高麗內政的立場。武臣政權意識到了金朝這一局限性，在王位交替之際同時準備前王和新王的表文上奏，以此來應對對方。毅宗到明宗、明宗到神宗的廢立都是如此。

明宗讓位後，金朝派使節前來詰問事由。金使以帝命為由，要求前王明宗親授詔書。對此，高麗大臣趙永仁機智地表示前王去往南州養疾，計程三十

20 校者注：《高麗史》卷 99，〈庾應圭傳〉。

日乃至，若要親授詔書，需要留待二三月。對此，金使只能改變主意，進而讓新王神宗代為轉達。雖然這是因為趙永仁的機智所致，但另一方面的因素也不可忽視，即金朝雖然派遣了詢問使或宣問使，但他們積極調查前王遜位事由的意志並不強烈。因此，金朝最終承認了高麗王位更替的事實，並對新王神宗進行了冊封。

而到了熙宗與康宗的王位更替時，高麗僅僅上呈了新王的表文。當然，表文中自然也向金朝稟告了前王因病難以治國或履行「事大」之責的情況。按照慣例，金朝針對表文下達了回詔，並冊封了新王。

五、高麗與金朝外交往來的特徵

1. 高麗與金朝使節往來的特徵

高麗與金朝之間的使節往來有幾個特徵。關於高麗和遼朝之間的使節往來，1020 年到 1125 年，高麗共向遼朝派遣了 142 次使節，而遼朝則向高麗派遣了 180 次。高麗和金朝之間的遣使情況與此有所不同。1126 年至 1213 年，高麗共向金朝派遣了 339 次使節，而金朝只向高麗派遣了 137 次，可見高麗遣使的次數更多。

高麗和金朝都非常注重使節的資質。例如，1131 年 9 月，高麗諫官反對朝廷任命崔逢深為東京持禮使書狀官，理由是其本為武舉人，書狀非其任，又嘗大言「國家與我壯士千人，則可入金國虜其主來獻」[21]，狂妄自大，易生事端，不宜出使。高麗朝廷曾於明宗 12 年 6 月規定：「凡入金書狀，令國學、館翰儒官有才名者遣之。」[22] 但從後來也有武人出使的情況來看，這一點似乎並未被嚴格遵守。

高麗使節遵守禮儀、堅守節操的事例屢見於史籍，如上文提及的庾應圭事跡即為一例。另外，在 1209 年（高麗熙宗 5 年）正月的記載亦屬此列。當時金帝駕崩，高麗派遣奉慰使史洪紀、祭奠使李淳中如金，其向金廷請求祭器而對方不允，進行爭辯後如願獲得，並因奠具精腆而得到金人稱讚，被認為心意至誠。

金朝派往高麗的使節中，次數最多的是祝賀高麗國王生日的賀生辰使。從仁宗到熙宗，可以確認的有 70 餘次。仁宗時期為正月 20 次，毅宗時期為 11 月 20 次，明宗時期為正月 21 次、12 月 1 次，神宗時期為 11 月 3 次、12 月 1 次，熙宗時期為 11 月 2 次、5 月 1 次等。這幾代國王的準確生日分別為：仁宗 10 月 4 日（慶龍節）、毅宗 4 月 11 日（河清節）、明宗 10 月 17 日（乾興節）、神宗 7 月 11 日（咸成節）、熙宗 5 月 8 日（壽成節）、康宗 4 月 5 日（光天節）。既為賀生辰使，派遣的時間本應在生日期間。但金朝的賀生辰使卻大都集中在正月和 11 月派遣，這應當有特殊的背景。

為了感謝金朝派遣賀生辰使，高麗又向金朝回遣謝賀生辰使。仁宗到明宗時期的謝賀生辰使於 11 月派遣，神宗時期有 3 次是於 7 月派遣，熙宗 4 年間有 3 次是在 8 月，另外 6 月及 10 月各有 1 次。從這一點看，11 月派遣謝賀生辰使的次數遠多於其他月份。此外，11 月定期派往金朝的使臣除了謝賀生辰使外，還有賀正使、進方物使等。由於出發時間相近，往往會形成大規模的使團。例

21 校者注：《高麗史》卷 16，〈世家〉，仁宗 9 年 9 月。
22 校者注：《高麗史》卷 20，〈世家〉，明宗 12 年 6 月。

如，1157 年（高麗毅宗 11 年）11 月派往金朝的分別有謝賀生辰、謝橫賜、賀正、進方物、賀龍興節等名目的使節。可見，高麗在遣使的時間上也有所考慮。

如上所述，金朝於 11 月或正月集中派遣賀生辰使，高麗也主要在 11 月回遣謝賀生辰使，這種現象可以從不同方面尋找原因。首先，每年 11 月和正月，高麗會分別舉行仲冬八關會和上元燃燈會。屆時不僅「中外」官員會上表慶賀，國內外商人也會齊聚開京並進獻貢品，這一點值得我們關注。其次，女真早在建國之前就作為西蕃、東蕃或東北蕃參加過高麗這兩大盛會，對其盛況早已熟悉。金朝在上述時期集中派遣賀生辰使，這既是反映此前經驗的一種慣行，同時金朝使團也可以在此過程中謀求貿易利益。

反過來，高麗主要在 11 月集中派遣謝賀生辰使及賀正使、進方物使等，所看重的應該也是其時更有利於展開以貢賜為主要形式的「朝貢貿易」以及使行過程中私下進行的「使行貿易」。這與高麗唯獨頻繁向金遣使一事亦有關聯。以下史料正說明了這一點：

舊例，宰相奉使如金，其傔從有定 ，要市利者，賂使銀數斤，然後得行。內侍郎中崔貞為生日回謝使，有仁囑一奴令帶去，時貞以貨得者已滿數，不能補。奴恃主勢遂行，金人檢還之，貞還坐免。

《高麗史》卷 128，〈列傳四十一・叛逆二・鄭仲夫附宋有仁〉。

隨着與使行相關的弊端不斷出現，最終在 1183 年（高麗明宗 13 年)8 月，兩府宰樞提出了制定相關規定的必要性。

兩府宰樞奏：「每歲奉使如金者利於懋遷，多齎土物，轉輸之弊，驛吏苦之。夾帶私積，宜有定額，違者奪職。」詔可。

《高麗史》卷 20，〈世家二十〉，明宗 13 年 8 月。

儘管明宗批准了宰樞的奏議，但不久之後赴金使節恐失厚利，奏請恢復舊例，明宗復許之。另外，高麗使節還常向金廷私獻禮物，以獲取回賜。隨着這一風氣的氾濫，1165 年金世宗以「使者私進不應典禮」[23] 為由下詔對其加以禁止。但是從使節李公升 [24] 或崔貞的相關事例來看，私進現象並未完全消失。

2. 金麗之間橫宣使與謝橫宣使的往來

高麗與金朝的使節往來中，金朝以三年為週期派遣的橫宣使以及高麗回遣的謝橫宣使也值得關注。金朝向高麗共派遣了 20 次橫宣使，高麗則向對方回遣了 19 次謝橫宣使。橫宣使所帶來的物品主要是羊。1169 年 7 月，金遣橫賜（宣）使向高麗送來了二千多隻羊。儘管不同時期略有差異，但總體規模大致如此。從時間來看，金朝橫宣使在 6 月到達高麗的有 16 次、7 月有 3 次、11 月有 1 次；而高麗回遣謝橫宣使的時間在 11 月的有 7 次、閏 11 月有 2 次、12 月有 4 次、7 月有 4 次、8 月及 9 月各有 1 次。由此可見，兩國之間橫宣使、謝橫宣使的來往主要集中於 6 月和 11 月。

金朝首次向高麗派遣橫宣使是在高麗仁宗 23 年 6 月，可能因此 6 月派遣就成了慣例。在此之前，契丹並不集中在 6 月派遣，雖然當時於 11 月、12 月派遣的次數相對較多，但其他月份的也有不少。可見，契丹和金朝在遣使的安排上存在差異。6 月遣使可能還反映了之前女真與高麗之間的特殊關係。

6 月在高麗具有多重意義。女真建國之前，曾作為高麗的東蕃和西蕃入朝高麗，所以對此應該有所瞭解。首先，自高麗太祖王建於 5 月 29 日薨逝以來，歷代高麗國王均在 6 月 2 日前往設有太祖真殿的奉恩寺行香。其次，6 月

23 校者注：《金史》卷 135，〈外國下〉，大定 5 年正月。

24 校者注：《高麗史》卷 99，〈李公升傳〉：「時使金者例收管下軍銀人一斤，公升不取一錢，人服其清。」

15 日作為太祖登基的日子也具有重要意義。自高麗德宗元年 6 月甲寅以來，歷代國王多於當日（6 月 15 日）受持菩薩戒。第三，每年截至 5 月底，高麗全國各地會通過漕運向京倉運送稅糧和貢品。從以往高麗以粳米或糯米答謝契丹橫宣使的情況來看，高麗在獲得羊群後會用糧食作為回贈。

另外，謝橫宣使也與橫宣使一樣，以三年為週期。當時，高麗主要在 11 月或 12 月派遣謝橫宣使，這應該與上述謝賀生辰使的情況一致。

來自金朝的橫宣使中，有的曾因善行而被高麗史官特別加以記載。例如明宗 16 年 6 月，金橫宣使大理卿李磐從入境高麗開始，所至館舍必命撤去錦綺帳褥，並禁止屠宰，每有餘食又讓隨從人員施予窮餓者。

3. 冊封儀禮的變化和樣貌

高麗於 1126 年就決定對金稱臣「事大」，但對方直到 16 年後的 1142 年 5 月庚戌才冊封了高麗仁宗。這應當與金熙宗的政治謀略有關。金朝在 1140 年 5 月己卯冊封西夏仁宗為本國國王，以謀求西邊的穩定。接着，次年正月群臣給金熙宗上尊號，熙宗將年號從「天眷」改為「皇統」，並通告了高麗。同年 11 月，南宋向金稱臣，雙方簽訂了兩國以淮水及大散關為界、宋納歲幣的「紹興和議」。1142 年 4 月，南宋向中外佈告其對金稱臣。同年 5 月庚戌，對高麗仁宗的冊封儀式在宣慶殿舉行。

1126 年 9 月，金朝曾表示與高麗的外交往來將遵循契丹與高麗的舊例，但實際操作上卻有很多與「舊例」不同之處，如在冊封儀禮上就有所體現。契丹在 996 年（高麗成宗 15 年）3 月冊封成宗時，是在開京西郊築壇傳冊。此後的 1049 年（高麗文宗 3 年），改為南郊築壇傳冊。高麗仁宗 20 年 5 月金朝在冊封仁宗時，情況又有所不同。《高麗史》載：

> 故事，受冊命必於南郊，今宗禮等奉朝廷指揮，始於王宮頒詔。
>
> 《高麗史》卷 17，〈世家十七〉，仁宗 20 年 5 月戊午。

此處王宮具體是指宣慶殿。金朝並未遵循契丹在南郊築壇傳冊的舊例，而是在宣慶殿進行冊封。1206 年（高麗熙宗 2 年），金朝派遣冊封使來冊封熙宗，當時對行禮場所進行了討論。金使表示：「受冊宣慶殿，設宴大觀殿，行望詔拜於昇平門外。」[25] 這基本上表明，自仁宗以來，冊封儀禮是以宣慶殿受冊、大觀殿設宴、昇平門外望詔拜這樣的形式構成的。只不過，在宣慶殿被燒毀期間，受冊亦在大觀殿進行。

金朝遣使前來冊封高麗國王時，其隨行人員、物品的規模極為龐大，這或是為了展現金朝皇帝的權威。1199 年（高麗神宗 2 年）4 月從金朝前來的冊封使團總人數達到 261 人，比契丹時期的 133 人多得多。當時，被派來的人員有大理卿完顏愈、尚書兵部侍郎趙琢、上節 18 人、散上節 14 人、中節 27 人、下節 100 人、綱擔夫 100 人等，所用車 21 輛、馬 14 匹。1212 年（高麗康宗元年）冊封康宗時，金朝送來了高 19 尺的大型象輅。當時高麗的城門廣化門高才 15 尺，因此高麗人不得不挖掘廣化門門檻下面的土地並拆除象輅頂上的三輪，才將象輅挽入王宮內。

在此情況下，金朝對高麗歷代國王都只冊封了一次。與之相比，契丹對高麗歷代國王的平均冊封次數則超過兩次。此外，契丹還冊封過高麗文宗及肅宗的太子為「高麗國公」，而金朝則沒有冊封過高麗太子。

---

25 校者注：《高麗史》卷 21，〈世家〉，熙宗 2 年 4 月。

4. 高麗與金朝的特殊關係及同文院的設立

高麗與金朝之間並未發生過直接武力衝突，兩國外交中最主要的「懸案」是誓表問題。在對金稱臣「事大」之前的 1119 年 8 月，高麗在給金朝的國書中曾提及「況彼源發乎吾土」[26]，金主因此拒絕接收該書。除了這類語句以外，可能還有未遵守表文格式的原因。

但高麗繼續以「況彼源發乎吾土」這樣的論調或在這種認識下撰寫表文，這對於金朝而言是難以容忍的。因此，金朝一再要求高麗進納誓表，「累使要約」[27]，但高麗皆不得要領。為此，金使韓昉至高麗移督再三，最後高麗才如約進納了誓表。當時金太祖的庶長子國論忽勃克烈宗幹得知後大悅，說：「非卿誰能辨此？」[28] 可見，對金朝而言，高麗的誓表具有極為重要的意義。

隨着高麗赴金使團的種類與次數的增加，撰寫外交文書時避免失誤或失禮這一點便顯得愈發重要。此前，高麗的外交文書一般由禮部、禮賓省、誥院或直翰林院等處撰寫，而此時需要不同於以往的表文形式以及使節接待方式。因為高麗與金朝的關係從以高麗為中心 —— 高麗作為「金之根源及父母之邦」，轉變為了以金朝為中心 —— 高麗不得不稱臣「事大」，所以高麗只能迎合金朝的需求。

在金朝與高麗這種關係中，值得注意的官署是同文院。高麗對金稱臣「事大」以後，不僅需要向對方派遣大量使節，而且需要在接待金使方面投入精力。因此，高麗擴大了同文院這一機構來負責與金相關的表文、書狀撰寫以及使節接待等問題，而不是起用原先的禮部或禮賓省。禮賓省在高麗仁宗時期被

26 校者注：《高麗史》卷 14，〈世家〉，睿宗 14 年 8 月。
27 校者注：《金史》卷 125，〈韓昉傳〉。
28 校者注：《金史》卷 125，〈韓昉傳〉。

降格為禮賓寺，其大部分事務改由同文院負責。雖然同文院的設立時間尚不明確，但在高麗與宋朝或契丹的外交往來中，都未曾涉及到這一機構。1170 年（高麗毅宗 24 年）閏 5 月，高麗毅宗在王孫出生後，曾令同文院移牒金朝。可見，同文院至少在毅宗 24 年以前就已存在。而 1076 年（高麗文宗 30 年）所定的權務官祿中也有「同文院錄事」的相關條目，這一點值得留意。

不過，關於高麗同文院的設置以及運行，值得關注的還是 1126 年（高麗仁宗 4 年）—— 是年，金麗兩國正式建立外交關係 —— 之後的情況，尤其是 1129 年 11 月的誓表進納問題。之所以出現這種情況，是因為金麗兩國看待雙方關係的立場不一。高麗認為「事金」與「事宋」、「事遼」並無二致，但金朝認為自身在此「事大」關係中的地位高於宋遼，並要求高麗通過進納誓表的形式來體現這一點。因此，在撰寫誓表的過程中，高麗計劃起用類似於宋朝同文館的同文院，而不是既有的禮賓省。此後，同文院開始負責與金相關的外交文書撰寫以及使節接待等事務。

從表面上看，這只是讓同文院承擔對金相關事務；但從深層含義看，可以說這與宋朝讓同文館負責高麗相關事務的做法如出一轍。換言之，這是一種大國邏輯 —— 高麗讓同文院這一與宋朝同文館具有相同意義的機構負責對金事務，試圖區分徐兢對於高麗文化的「同文」意識。即，此乃高麗文化優越感的一種表現。

六、自主與「事大」之下的實利外交

高麗與金朝的外交基本上是以「朝貢—冊封」的形式來展開的。1129 年，高麗對金朝進納誓表的問題解決後，兩國的外交沒有發生大的變動。雖然期間金朝詢問過高麗的王位更替問題，但大體上都追認了高麗的決定，僅要求高麗按時納貢。當然，像庾應圭通過絕食謀求毅宗與明宗廢立正當化的壯舉發揮了重要作用。

1213 年（高麗高宗即位年）9 月，金朝遣使來傳達金宣宗即位與改元「貞祐」的消息，同年閏 9 月，高麗向金朝派遣告哀使稟告康宗的喪訊，此後高麗與金朝就中斷了使節往來。此後，雖然金朝曾致書高麗提議夾擊蒙古以及要求軍事援助，但是高麗並未配合。1234 年金朝的蔡州被宋蒙聯軍攻陷，金末帝昭宗死於亂軍之中，金朝歷經十代、延續 120 年的歷史至此結束。

即便是來自金朝使節的要求，高麗亦不為所動，依然堅持自身的原則。這說明高麗與金朝的關係只是順應形勢的「事大」關係，並不存在自降地位的一面。高麗通過與金朝的實利外交，收復了保州，獲得王位更替的許可，並以各種名義遣使以獲貿易利益。在艱難地決定向曾經視之為禽獸的女真稱臣「事大」後，高麗始終將國家利益置於首位，尤重實利。由此可見，高麗對金朝的外交只是為順應形勢而遵循「以小事大」之理念，只注重形式與儀禮規範而已。與此同時，在冊封關係下，高麗成功地將金朝對高麗的王位更替等政治干預控制在最低限度，成功收復了領土並通過貿易獲得了社會經濟方面的實利。

參考文獻

1. 著作

朴玉傑，《高麗時代歸化人研究（高麗時代의 歸化人 研究）》，國學資料院，1996。

李美智，《邊防太平：高麗的對契丹外交及其產物（태평한 변방 - 고려의 對거란 외교와 그 소산）》，景仁文化社，2018。

李貞信，《高麗時代的政治變動與對外政策（고려시대의 정치변동과 대외정책）》，景仁文化社，2004。

沈載錫，《高麗國王冊封研究》，慧眼，2002。

金渭顯，《高麗時代對外關係史研究》，景仁文化社，2004。

盧明鎬，《高麗國家與集團意識（고려국가와 집단의식）》，首爾大學出版文化院，2009。

羅永男，《遼金時代異民族支配與渤海人（요·금시대 이민족 지배와 발해인）》，新書苑，2017。

2. 論文

尹榮寅，〈10–13 世紀東北亞多元國際秩序下的冊封和盟約（10~13 세기 동북아시아 多元的 國際秩序에서의 冊封과 盟約）〉，《東洋史學研究》，總第 101 輯（2007）。

申安湜，〈高麗前期的北方政策與城郭體制（高麗前期의 北方政策과 城郭體制）〉，《歷史教育》，總第 89 輯（2004）。

申安湜，〈高麗前期的北方領土意識與異民族認識（고려전기의 북방 영토의식과 이민족 인식）〉，《軍史》，總第 105 輯（2017）。

申安湜，〈高麗前期的兩界制與邊境（高麗前期의 兩界制와 邊境）〉，《韓國中世史研究》，總第 18 輯（2005）。

朴漢男，〈10–12 世紀的東亞局勢（10~12 세기 동아시아 정세）〉，《韓國史》，第 15 卷，國史編纂委員會，1995。

朴漢男，〈高麗前期對金外交政策研究〉，成均館大學博士學位論文，1993。

朴漢男，〈高麗前期橫宣使小考〉，《阜村申延澈教授停年退任紀念史學論叢》，新書苑，1995。

朴漢男，〈與契丹和金的通交（거란 및 금과의 통교）〉，《新編韓國史》，第 15 卷，國史編纂委員會，2002。

朴潤美，〈12 世紀前半期的國際局勢與麗金關係的確立（12 세기 전반기의 국제정세와 고려 - 금 관계 정립）〉，《史學研究》，總第 104 輯（2011）。

朴潤美，〈高麗收復保州與麗金之間的外交交涉（고려의 保州 수복과 고려 · 금 간 외교교섭）〉，《韓國中世史研究》，總第 51 輯（2017）。

朴潤美，〈高麗使臣出使金朝的使行路線及使行旅程（金에 파견된 高麗使臣의 사행로와 사행여정）〉，《韓國中世史研究》，總第 33 輯（2012）。

朴潤美，〈高麗前期外交儀禮研究〉，淑明女子大學博士學位論文，2017。

宋容德，〈高麗一字名羈縻州的編制與尹瓘的築城（고려의 一字名羈縻州 편제와 尹瓘 축성）〉，《韓國中世史研究》，總第 32 輯（2012）。

李承珉，〈契丹、金、宋對高麗國喪的弔問使行樣貌與多層次國際關係（고려國喪에 대한 거란 금송의 弔問使行 양상과 다층적 국제관계）〉，《韓國中世史研究》，總第 48 輯（2017）。

李承珉，〈高麗時代國喪儀禮與弔問使行研究（고려시대 國喪儀禮와 弔問 使行 研究）〉，加圖立大學博士學位論文，2018。

李貞薰，〈高麗時代和金的對外關係與同文院（고려시대 금과의 대외관계와 同文院）〉，《史學研究》，總第 119 輯（2015）。

李錫炫，〈高麗與遼金的外交關係：以朝貢冊封關係為中心（高麗와 遼金의 外交관계 - 朝貢冊封關係를 중심으로 -）〉，《中韓外交關係與朝貢冊封（한중 외교관계와 조공책봉）》，高句麗研究財團，2005。

金甫桄，〈12 世紀初宋的冊封提議與高麗的應對（12 세기 초송의 책봉 제의와 고려의 대응〉，《東國史學》，總第 60 輯（2016）。

金星奎，〈宋、遼、金及高麗帝王生日考（宋 · 遼 · 金 및 高麗 帝王 生日考）〉，《歷史教育》，總第 126 輯（2013）。

金善雅，〈高麗收復保州及其意義（고려의 보주 확보와 그 의미）〉，《軍史》，總第 106 輯（2018）。

金順子，〈12 世紀高麗與女真、金朝的領土紛爭及其應對（12 세기 고려와 여진 금의 영토 분쟁과 대응）〉，《歷史與現實（역사와 현실）》，總第 83 輯（2012）。

金順子，〈高麗中期國際秩序的變化與高麗—女真戰爭（고려중기 국제질서의 변화와 고려 - 여진 전쟁）〉，《韓國中世史研究》，總第 32 輯（2012）。

秋明燁，〈高麗前期對於「蕃」的認識與「東西蕃」的形成（고려전기 '번' 인식과 '동 · 서번' 의 형성）〉，《歷史與現實》，總第 43 輯（2002）。

徐今錫，〈高麗仁宗時期圍繞制定「年號」所產生的矛盾（고려 인종대 '年號' 제정을 둘러싼 갈등）〉，《韓國史學報》，總第 68 輯（2017）。

崔圭成，〈與契丹和女真的戰爭（거란 및 여진과의 전쟁）〉，《韓國史》，第 15 卷，國史編纂委員會，1995。

曹福鉉，〈12 世紀初期金麗關係的發展與相互認識（12 세기 초기 고려 - 금 관계의 전개와 상호 인식）〉，《中國學報》，總第 61 輯（2010）。

蔡雄錫，〈11 世紀後葉至 12 世紀前葉東北亞的國際局勢與高麗（11 세기 후

반 ~12 세기 전반 동북아시아의 국제정세와 고려）〉，《戰爭與東北亞的國際秩序（전쟁과 동북아의 국제질서）》，一潮閣，2006。

鄭東勳，〈高麗時代外交文書研究〉，首爾大學博士學位論文，2016。

韓政洙，〈10–12 世紀初的國際秩序與高麗的年號紀年（10~12 세기 초 국제 질서와 고려의 연호 기년）〉，《韓國中世史研究》，總第 49 輯（2017）。

韓政洙，〈金麗使節往來所呈現出的週期性及其意義（고려 - 금 간 사절 왕래에 나타난 주기성과 의미）〉，《史學研究》，總第 91 輯（2008）。

韓政洙，〈高麗前期異邦人、歸化人的入境與海東天下（고려전기 異邦人·歸化人의 입국과 해동천하）〉，《韓國中世史研究》，總第 50 輯（2017）。

羅永男，〈高麗與東、西女真的關係（고려와 동·서여진의 관계）〉，《歷史學研究》，總第 67 輯（2017）。

第六章

高麗對蒙古的抗爭與外交

尹龍爀

一、概要與分期

本章整理了自 1218 年高麗首次接觸蒙古至 1281 年蒙麗聯軍第二次遠征日本這 64 年期間雙方外交關係的發展。蒙古入侵引發的蒙麗戰爭成為了該時期的外交背景，這是韓國史上最為漫長悲壯的戰爭時代。這場前所未有的戰爭起自 1231 年，訖於 1259 年，並存在如下特徵：它既是世界戰爭史的一部分，因其慘烈程度而引人關注，同時也是引發高麗國內政治變化的主要變數。

本章內容主要圍繞以下三個主題：第一，1219 年蒙麗兩國建立最初關係時的所謂「兄弟盟約」問題；第二，自 1231 年以來持續四十餘年的抗爭與戰時外交衝突問題；第三，1270 年「三別抄起義」發生後至蒙麗聯軍遠征日本為止期間的外交形勢走向問題。第一階段是蒙麗兩國避免相互衝突並暗中探索雙方關係的時期；第二階段是賭上國運的激烈戰火中的平行外交時期；第三階段是高麗在臣事蒙古期間進行另一場特殊外交戰的時期。簡而言之，就兩國關係而言，第一階段屬於「兄弟」關係，第二階段屬於敵對關係，第三階段屬於「駙馬」關係的確定期。

二、1219 年的「兄弟盟約」

1.「兄弟盟約」的訂立過程

韓國與蒙古國於 1995 年建交。蒙古人民共和國作為亞洲最早的社會主義國家，其歷史肇始於 1921 年。70 年後，在脫蘇開放化浪潮中，其社會主義政權受俄羅斯影響於 1990 年垮台，民主主義蒙古國隨之建立，並於 1995 年與韓國建交。但是從歷史來看，兩國直接建立外交關係的時期可以追溯至 800 年前的 1219 年。是年，蒙古軍踏入高麗，並與後者建立所謂「兄弟盟約」的關係。這作為往後蒙麗關係的起點，具有特殊意義。

蒙軍首次與高麗建立正式關係是在成吉思汗（1206–1227 年在位）在位時的 1218 年（高麗高宗 5 年）和 1219 年，契機則是 1216 年 8 月以來耶律金山等人所領導的契丹族對高麗的入侵。與金交戰的蒙軍追擊契丹人並隨之進入高麗，在與高麗成功完成聯合作戰後，雙方約定了「兄弟盟約」這一特殊的外交關係。往後兩國間屢次反轉、多災多難的外交關係於此發軔。當時的「兄弟盟約」不是征服與被征服的概念，而是基於平等的橫向關係。

契丹遺種趁金朝衰落之際建立「大遼收國」，在第一次遭到金朝攻擊後逃入高麗。1217 年（高麗高宗 4 年），契丹人不顧高麗軍的連番阻截，一路經原州、春川抵達堤川，但最終遭金就礪擊退，被暫時驅逐到國境之外。次年，契丹人捲土重來，當時在東真執行作戰任務的蒙軍以協助驅逐契丹人的名義率東真軍進入高麗。蒙軍攻破東北邊境地區的和州、猛州、順州、德州等地並追討契丹人，12 月到達位於平壤東北部的江東城（平安南道江東郡）。蒙軍一萬兵力與東真軍兩萬兵力在此集結。他們與高麗軍聯合鎮壓了契丹軍，此即所謂「江東城戰鬥」。借此機會，1219 年正月，蒙麗兩國的軍事指揮部以「兄弟盟約」形式建立了外交關係。

1219 年蒙麗兩國在「江東城戰鬥」後所達成的議和，是在蒙軍的積極要求下得以實現的。蒙古元帥哈真、札剌等人在戰鬥前傳牒高麗元帥府，稱「帝命破賊之後約為兄弟」[1]。這暗示蒙古從一開始就計劃在鎮壓契丹人後與高麗建

1　校者注：《高麗史》卷 103，〈趙冲傳〉。

立關係。蒙古方面積極要求與高麗訂下盟約，這源於蒙古的戰略需求，即希望以共同對抗契丹人為契機，將高麗置於自身影響力之下。因為蒙古若想要進攻金朝，戰略上就有必要控制高麗 —— 高麗與金朝保持着傳統關係且位於其背後。高麗雖然處於被動立場，但也確實沒有可以拒絕的冠冕理由。在蒙古施加壓力後，高麗試圖通過恢復與金斷絕的外交關係來予以制衡，但是金朝已然喪失這種動力，所以高麗別無選擇。

總而言之，蒙麗兩國借「江東城戰鬥」之機所達成的「兄弟盟約」，是基於高麗的現實立場和蒙古的戰略意圖而成立的：前者不願與展現強大軍事實力的蒙古發生不必要的摩擦，後者則希望在攻打金朝之前構築好自己的後方力量。

2.「兄弟盟約」的內容及走向

「兄弟盟約」要求高麗定期向蒙古納貢。有人推測當時蒙古還要求高麗國王親朝，當然這只是過度解讀。另外，有人將 1218 年哈真等蒙軍的入境視作侵略行為，認為這是「蒙古的初次入侵」，但這一說法難以服眾。因為 1218 年的入境與 1231 年之後的入侵在性質上截然不同。

「江東城戰鬥」後與蒙古達成盟約一事，於高麗而言，並非心甘情願。因為在高麗的一般認知中，比較抗拒與蒙古人相處，認為他們「人面獸心，人皆諱近」[2]。因此，就訂立盟約而言，前線指揮官的判斷作用甚巨。趙冲（1171–1220 年）與金就礪（1172–1234 年）是在蒙麗初期外交中扮演重要角色的人物。由於國內普遍對蒙古缺乏信任，高麗朝廷對於與蒙古交好一事基本上持批判態

2 〈崔義墓誌銘〉。

度。然而，在尚未獲得朝廷允諾的情況下，趙冲等人在蒙軍的催促中答應結盟。當然，這並不代表高麗朝廷或武人執政者一定反對結盟。因為朝廷和武人政權儘管處於被動立場，但仍接受了前線指揮官的判斷。

隨着盟約的簽訂，從 1219 年 9 月至 1225 年（高麗高宗 12 年）蒙古每年向高麗徵收貢品。以 1221 年為例，7 月之後蒙古使節共有六次赴麗，他們提出的歲貢於高麗而言似千鈞重負。當時蒙古歲貢使著古與向高麗徵求獺皮一萬領、細紬三千匹、細苧二千匹、綿子一萬觔、龍團墨一千丁、紙十萬張等諸物。面對蒙古的漫天索要，高麗只能遣使上表訴苦，表示「艱於準備」、「未堪應副」。甚至，不產於高麗的物品、年輕女性以及各種技術人員等也在蒙古的索要之列。

雙方的這種關係，因 1225 年歲貢使著古與在高麗遇害而最終面臨「七年之癢」。著古與攜高麗貢品返程時，在橫渡鴨綠江途中遭遇不測。蒙古方面遣使調查事件原委，卻在當地受到弓箭襲擊，終遭驅逐。高麗主張該事件是附近盜賊或是偽裝成高麗軍的東真軍所為，但蒙古斷定高麗須負全責。

著古與遇害事件使得蒙麗之間的「盟約」關係暫告破裂。六年後的 1231 年，蒙古軍跨過鴨綠江進攻高麗，正式發起入侵，而發動戰爭的理由便是追究六年前著古與遇害事件的「責任」。

3.「兄弟盟約」在外交史上的意義

1219 年的「兄弟盟約」是高麗在蒙古要求下被動接受的結果。高麗能夠在缺乏對蒙古的情報和信任感的情況下接受該盟約，趙冲、金就礪等前線指揮官的判斷起到了重要作用。按金就礪之言：「國之利害，正在今日。若違彼意，後悔何及？」[3] 他認為簽訂和約才是上策。他們在前線與蒙軍聯合作戰，掌握着對方的正確信息，在此基礎上積極回應並簽訂了和約。

結果，這一親蒙政策令高麗一度避免了與蒙古的衝突，另一方面也減少了「元干涉期」對方的無理要求。1231 年以來，高麗歷經 40 年漫長抵抗，最終臣服於蒙古（元）。在進入「元干涉期」後，「兄弟盟約」作為元麗關係的出發點再次受到關注。人們強調，該盟約基於成吉思汗的方針，且是在友好範圍下達成的。《高麗史．金就礪傳》中便有大量篇幅的描述：哈真、札剌與高麗的趙冲、金就礪等人稱兄道弟，同坐一席，約定「兩國永為兄弟，萬世子孫無忘今日」[4]。

可以說，「兄弟盟約」這一外交關係在以中國為中心的外交關係中，是等級差距最小的。然而，高麗對蒙古有歲貢義務，雙方遣使也以蒙古的歲貢使為主。由是觀之，這一關係與「兄弟」之稱相去甚遠，依然體現出不對等的一面。儘管如此，這一關係在一定程度上保證了兩國間的和平，且在 14 世紀高麗臣屬元朝的情況下成為前者確保本國利益的重要保障，故在外交史上具有重大意義。

在「元干涉期」，高麗一直受困於與元朝間的外交摩擦。為解決這一問題，反覆確認 1219 年蒙麗間的「兄弟盟約」在戰略上就顯得攸關緊要了。換言之，為應對元朝的過分壓迫，一項重要的邏輯依據便是強調蒙古在全面入侵之前與高麗所締結的「兄弟盟約」精神。隨着時間的流逝，明確認識到「兄弟盟約」在「元干涉期」尚存效力的人物是李齊賢（1287–1367 年）。

是時，在柳清臣、吳潛等人的主張下，否定高麗獨立性的「立省論」喧囂塵上，而李齊賢則舉 1219 年蒙麗間的「兄弟盟約」為據予以反駁。他指出：

3　校者注：《高麗史》卷 103，〈金就礪傳〉。
4　校者注：《高麗史》卷 103，〈金就礪傳〉。

「會天大雪，饋餉不通，我忠憲王命趙冲、金就礪供資糧、助器仗，擒戮狂賊，疾如破竹。於是，兩元帥與趙冲等誓為兄弟，萬世無忘。」[5] 即，元麗兩國的友好關係由來已久，雙方關係特殊。他提到，1260 年，即位前的高麗元宗入朝後與即位前的忽必烈有過會面。之後，在征討日本及面對哈丹侵擾時，高麗都與元軍展開過共同作戰。李齊賢以此來批評部分人主張的「立省論」，認為後者從根本上違背了元世祖忽必烈所闡明的準則。

1219 年的「兄弟盟約」作為一種歷史依據，在高麗應對「元干涉期」的過度壓迫方面起到了至關重要的作用。趙冲、金就礪身為簽訂「兄弟盟約」的當事人，其「業績」在「元干涉期」能夠受到高度評價，不妨說這是高麗外交環境變化所帶來的「反轉」。同時，趙冲、金就礪是在對蒙古的充分認識及情報搜集的基礎上才對政策作出判斷。由是觀之，正確且全面的情報乃是準確判斷政策的前提。

參考史料

> 蒙之帥問公年幾，許謂□曰兄，使之東坐。我元帥聞蒙古敬我公如是，舉軍□至，賊寇畏而出降。蒙古喜，與我軍□為兄弟。及其還也，公乃送□□于朝陽。

〈金就礪墓誌銘〉

5　校者注：《高麗史》卷 110，〈李齊賢傳〉。

三、抗爭與外交

1. 高麗的對蒙抗爭，還都與「入保」

從表面上看，1231 年蒙古入侵高麗的名義是 1225 年的使臣被害事件。但根本原因在於，拿下高麗是蒙古發動征服東亞各地區戰爭的其中一環。從這一點來看，對高麗而言，蒙古的入侵在所難免。包括戰爭在內的各種政治行為中，出現表裏不一的情況十分常見。在發動入侵鄰國的戰爭時，發動者也必定會用像樣的名分來強調其正當性。

儘管戰爭無法避免，但是當時武人政權面對即將到來的入侵是否應對得當，這一點是我們可以追問的。彼時正值北方金朝走向衰落，高麗久違地擺脫來自周邊國家的外交壓迫之際。從這一點來看，當時高麗的外交系統尚未快速運轉，對周邊國家的時局變化反應遲鈍。也因此，1231 年首次入侵的蒙軍越過鴨綠江發動攻擊時，高麗花費大量時間才確認入侵者的身分。

面對蒙古的入侵，高麗首先進行了堅決抗擊。第一次戰鬥主要發生在邊境及平安道地區。因為高麗的軍事防備本就集中在此。高麗從一開始就將現在的平安道或咸鏡道南部及江原道的沿海地帶劃為軍事區進行特殊管理，亦即所謂的北界（西北面）和東界（東北面）。這裏擁有可以迅速應對北方入侵的組織，且兵力部署集中，還構築有層層山城的軍事防線。

雖然高麗展開了激烈抵抗，但有一點自不必說，即以普通防禦戰的思維來抵禦蒙軍的武力壓迫只會讓高麗軍力不從心。次年，武人政權的崔瑀審時度勢，果斷決定遷都江華島。

蒙麗戰亂期的一大特徵，是當時對蒙戰略與外交的決定權完全落在崔氏武人政權手中。戰爭初期的相關應對方案都由掌權者崔瑀來拍板，而他所定下的戰略和對策幾乎貫穿了 30 年的交火期：一方面，遷都至島嶼和山城避難的同時開展軍事對抗；另一方面，向蒙古遣使尋求外交妥協。當時崔瑀手握對外關係的決定權，連國王對他也只能言聽計從。

1232 年遷都江華島一事最能體現崔氏政權在戰時政策上的獨斷專行。是年正月蒙軍撤出後，高麗於次月開始正式討論遷都，並於 6 月敲定，之後僅隔 20 天便付諸實施。遷都當天，「霖雨彌旬，泥濘沒脛」，加重了難以描述的混亂。在絕大多數人不看好的情況下，遷都卻以着實令人吃驚的速度推進。這之所以能夠完成，是因為崔氏政權的專權。倘若沒有崔氏政權，遷都江華島絕不可能實現。從尚存諸多變數這一點來看，當時武人政權決定不屈服於蒙古的入侵是可行的。但該決策是獨斷的產物，這是其問題所在。換言之，當時蒙麗兩國的外交交涉完全由武人政權來決定，這一點既是特徵，也是局限。

面對蒙古，高麗最重要的戰略是遷移到島嶼和山城的「入保策」。遷都江華島便體現了該戰略框架。江華島毗鄰開京，靠近內陸的同時可以利用潮汐漲落差來對付不善水戰的蒙軍。以江華島為中心，在維持沿岸水路管控的同時還可以統治供稅地區。可以說，高麗政府之所以能夠堅守江華對抗蒙古近 40 年，是因為以該島為中心的漕運制度仍能正常運轉。得益於漕運，當時高麗能從地方上持續獲得的不僅是稅糧，還包括青瓷在內的各種手工業品以及佐餐菜餚類的食物。

面對高麗政府的意外遷都，蒙軍對高麗多個島嶼實施打擊，並有計劃地逼近江華島。儘管如此，這些攻擊未能對高麗的「入保」策略產生有效影響。

一般認為，1231 年至 1259 年，蒙古總共 6 次入侵高麗。但從實際情況看，大大小小共有 11 次。曠日持久的戰爭所帶來的危害不言自喻，不僅是直接的戰鬥損耗，蒙軍的燒殺搶掠也造成巨大傷害。除了傷亡者之外，被擄者也不在少數。僅 1254 年（高麗高宗 41 年）一年之間，「蒙兵所虜男女無慮二十萬六千八百餘人，殺戮者不可勝計，所經州郡，皆為煨燼」[6]。而史料中留下記載的，只不過是歷史真相的九牛一毛而已。

隨着避難城池的淪陷，1231 年在平安北道鐵山、1253 年在江原道的鐵原和春川，均發生了屠城慘案。蒙古所造成的損失不僅僅是人員傷亡，諸如皇龍寺九層塔、《高麗大藏經》之類的文化瑰寶都蒙受了巨大損失。在如此艱難的情況下，戰爭仍然持續甚久。蒙麗交戰期間，農民、鄉所部曲民、奴婢等被統治群體積極禦敵，這一點令人印象深刻。在被蒙古征服的地區中，唯有高麗進行了長期抵抗。

2. 崔氏政權的外交應對

武人政權雖然自 1231 年以來堅持抗蒙，但較之軍事對抗，他們更希望通過外交方式解決問題。遷都之後，高麗並未試圖真正動員官軍進行反抗，取而代之的是持續遣使懇求對方撤軍。因此，實際上高麗本土的抗戰是以地區為單位的防禦戰形式所呈現。可以說這是「和戰並存」的戰略，但某種角度上又顯得十分詭異。

最初，高麗希望與金朝等周邊國家聯合對抗蒙古的壓迫。但是金朝已走向衰落，失去了應對事態的動力，同時新崛起的契丹族政權還未確立國家體制。換言之，當時缺乏聯合周邊國家共同應對的條件。加上金朝於 1234 年亦為蒙古所滅，如此情況下高麗不得不獨自面對蒙古。

蒙古第一次入侵後，次年（1232 年）正月，蒙麗雙方達成協議，蒙古撤軍。議和時高麗派遣王族淮安公來代替高宗。當時，蒙古在高麗北界的四十多

---

6 校者注：《高麗史》卷 24，〈世家〉，高宗 41 年 12 月。

座城中設置達魯花赤後撤軍，此舉旨在削弱高麗的防禦體系。但同年 6 月，高麗突然遷都江華島。這是高麗的新對策，即以島嶼為據點。遷都理所當然地被認為是對蒙古的抵抗，結果此後蒙古數番入侵高麗。

1238 年（高麗高宗 25 年）12 月，高麗再度向蒙古遣使，其原因在於始於 1235 年的蒙古第三次入侵走向了長期化。作為回應，蒙古於次年 4 月從高麗撤軍。1238 年至 1245 年，高麗向蒙古共遣使 12 次；相對地，蒙古向高麗共遣使 7 次。尤其是 1239 年至 1240 年期間，兩國使節往來頻繁。兩年之間，高麗遣使 5 次，蒙古遣使 4 次。從 1239 年的遣使規模上看，雙方使團人數龐大：蒙古派遣了 137 名，高麗派遣了 148 名。高麗於 1239 年派遣了王族新安公王佺，又於 1241 年派遣了永寧公王綧，尤其是後者，被人稱作「高麗王子」，並以「禿魯花」身分被派遣。在戰爭走向長期化的情況下，高麗希望蒙古停止軍事行動，蒙古也希望通過外交來緩和陷入僵局的戰況。不過 1241 年以後，蒙麗兩國間的使節往來只按慣例進行，並未取得實際成果。但總而言之，通過上述外交努力，高麗在一段時間內得以避免蒙古的入侵。

蒙麗兩國間的戰時外交中有一大特徵，即高麗政府對侵略軍的元帥府展開了積極的外交攻勢。例如，高麗為減弱蒙軍的軍事行動強度而向後者慷慨獻糧，又或向蒙古將軍饋贈厚禮並附外交文書試圖緩和並解決爭端。根據姜在光的調查，史料中可確認的供饋達到 9 次，方物及歲貢合計 23 次，向蒙古傳遞書信 18 次。

用文字來傳達高麗對蒙古的要求和期望，這在外交中是非常重要的。特別是對於根本無法接受蒙古要求的武人政權來說，為了撰寫能被蒙古接受的外交文書可謂煞費苦心。因此，李奎報、崔滋、金坵等外交文書「能手」開始嶄露頭角。另外，面對蒙古方面的要求，高麗必然要表現出最低限度的誠意和態度。因此，隨着戰爭的長期化，這種應對也令高麗倍感苦惱。

面對蒙古提出的國王「親朝」的要求，高麗承諾以派遣王族和太子「親朝」來代替。據此，高麗於 1239 年遣王族新安公王佺、於 1241 年遣永寧公王綧「親朝」。尤其是後者，被偽裝成「高麗王子」，以「禿魯花」身分被派遣。1253 年，高麗遣王子安慶公王淐「親朝」。雖然高麗承諾過太子「親朝」，但直到 1259 年為止不曾兌現。

儘管蒙麗兩國外交接觸頻繁，但並未給戰爭畫上終止符，因為兩國立場間的根本差異尚未消除。蒙古要求高麗完全臣屬並以實際行動證明，如國王「親朝」、遷離江華島、統計戶口並上報等。但是高麗希望通過維持與傳統中原王朝的「事大關係」來予以解決，希望在朝貢等象徵性服從的範圍內周旋。這一鴻溝是難以彌合的，故儘管兩國有使節往來，但戰爭仍在繼續。

表 4　蒙麗兩國在戰時的使節往來 *

年份	高麗→蒙古	蒙古→高麗	備註
高宗 18 年（1231 年）	3	4	第一次戰爭
高宗 19 年（1232 年）	1		第二次戰爭
高宗 21 年（1234 年）	1		
高宗 25 年（1238 年）	1		第三次戰爭
高宗 26 年（1239 年）	2	2	
高宗 27 年（1240 年）	3	2	
高宗 28 年（1241 年）	1	2	
高宗 29 年（1242 年）	1	2	
高宗 30 年（1243 年）	3	1	
高宗 31 年（1244 年）	1	1	
高宗 32 年（1245 年）	2		

年份	高麗→蒙古	蒙古→高麗	備註
高宗 34 年（1247 年）	1		第四次戰爭
高宗 35 年（1248 年）	2		
高宗 36 年（1249 年）	2		
高宗 37 年（1250 年）	3	2	
高宗 38 年（1251 年）	2	1	
高宗 39 年（1252 年）	1	1	
高宗 40 年（1253 年）	4	5	第五次戰爭
高宗 41 年（1254 年）	5	2	
高宗 42 年（1255 年）	2		第六次戰爭
高宗 43 年（1256 年）	2	2	
高宗 44 年（1257 年）	7	2	

* 參考自申安湜所製表格

第四次入侵（1247 年）以後，蒙麗雙方的使節往來仍在持續，只是高麗遣使所佔比例更多。從 1248 年（高麗高宗 35 年）至 1252 年的五年期間，高麗遣使十次，而蒙古遣使只有四次。因為蒙古方面對高麗的外交努力不抱期待。儘管這意味着蒙古更強硬的軍事壓迫，但即便之後雙方交戰激烈，使節往來也並未中斷。

在高麗抗蒙時期的對外政策中，與南宋的關係值得關注。在這一時期，幾乎沒有跡象表明高麗試圖在政治或軍事上聯合南宋抗蒙。儘管如此，高麗依然重視與南宋的交往。實際上，南宋的商團在連年戰亂中仍往來於高麗。末期的武人政權試圖與南宋建立政治聯繫，這一點也是可以確定的。但是，就蒙古壓迫下的東亞而言，南宋儘管苟全王朝命脈，但失去了與蒙古抗衡的內在動力，因此無法打開新的局面。蒙古在國際範圍內的統治力逐漸成為不可避免的現實。

高麗素來有積極抵禦外來勢力的自主傳統。儘管如此，由於武人政權的特殊性，面對蒙古入侵，高麗過於堅持僵化的外交立場。這是因為蒙古對高麗影響力的擴大，即意味着武人政權權力基礎的崩塌。要言之，武人政權的強硬抵抗和僵化的外交戰略與其自身的局限性不無關聯。我們可以對其抵禦外敵一事予以肯定，但彼時還是未能展現更為靈活的對蒙外交戰略，這一點武人政權難辭其咎。

3.「親朝外交」的展開

蒙麗關係出現戲劇性變化的轉捩點，是在距離蒙古初次入侵近 30 年後的 1259 年（高麗高宗 46 年）。高麗接受蒙古要求，於 1259 年派遣太子入朝蒙古，這其實代替了國王的「親朝」。由此，長達 30 年的戰爭落下帷幕，蒙麗關係邁出了以外交為中心的第一步。關於「親朝」的意義，金坵有言：「我王曾為活蒼生，親屈龍沙萬里行。」[7] 此後，隨着與蒙古（元）外交關係的發展，國王「親朝」成為重要的外交方式，呈現出不同於使臣往來的外交形態。由此，1259 年以後，高麗國王的「親朝」成為了處理蒙（元）麗外交問題最為重要的手段。元宗在位期間（1259–1274 年）曾兩次「親朝」，之後的忠烈王年間（1274–1308 年）國王共 11 次「親朝」，可見一斑。

1259 年，高麗太子（元宗）入朝時與忽必烈有過會面。次年，高麗元宗即位，以燕京為據點的忽必烈也順利登基，蒙麗關係迎來了根本性轉變，兩國借此機會正式探索通過外交而非武力來解決問題的途徑。但是，由於高麗國內的政策制定依然受武人政權控制，出水就陸一事又耗費了十餘年才得以實現。

---

7 校者注：《東文選》卷 104，〈甲子年迎主教坊致語〉。

1258 年，崔氏政權崩潰，這一政局變化促使蒙麗之間達成協議，才有了次年的高麗太子入朝。但是武人金俊在政變後手握大權，武人政權得以延續，高麗依然沒有放棄抗蒙。1264 年（高麗元宗 5 年）8 月，元宗應蒙古要求入朝，這是高麗國王首次「親朝」。蒙古提出這一要求，一方面是為了明確高麗的附屬關係，另一方面則是為了支持國王在高麗內政中的地位。在高麗朝廷內部，雖然金俊等人強烈反對國王「親朝」，但現實中蒙古的要求是無法拒絕的。元宗任命金俊為教定別監，承認其與過去崔氏政權相同的地位，以此尋求入朝蒙古與國內政治間的妥協。但是，武人政權和王權的正面交鋒已在所難免。這一次，蒙古成為高麗國王的後盾。

1269 年（高麗元宗 10 年），元宗第二次入朝。由於出水就陸一事尚無進展，忽必烈將金俊視作妨礙蒙麗關係的罪魁禍首，故於 1268 年敕金俊赴蒙古帝所。倍感危機的金俊推進「海島再遷」計劃，即從江華島向更遠處遷都，同時欲適時廢黜國王。1268 年 12 月，元宗令林衍誘使金俊入宮並成功誅之，卻反遭掌權後的林衍廢位。不過，由於元宗與忽必烈皇室的關係已經建立，蒙古方面立馬前來問責，林衍的意圖未能得逞。

由於蒙古的干預，林衍不得不恢復元宗王位。換言之，蒙古所支持的王權壓制了武人政權。1269 年復位的元宗第二次入朝蒙古，同時請求蒙古賜婚世子以及派遣軍隊。次年回國後，元宗沒有前往江華島，而是直抵開京，宣告還都。隨着最後的武人林惟茂被誅，王權終得翻身。

元宗年間的兩次「親朝外交」，是蒙古方面和高麗王權各取所需才得以實現的：蒙古達成了使高麗臣屬的夙願，高麗國王也在百年後從武人手中奪回政權。但由於從武人手中「恢復王權」一事離不開蒙古的政治支援，所以此後高麗無法避開蒙古的政治干預。

在元朝的支配下，高麗的部分邊境地區直接歸元朝管轄，王室稱號或官制等方面也不被允許出現與之對等的情況。高麗作為臣屬國的地位已昭然若揭。「陛下」更名為「殿下」，「太子」更名為「世子」，廟號無法稱「宗」，改為諸侯級別的「王」，與蒙古相似的三省六部制也發生變化。蒙古的語言和風俗流行於高麗，這必然有傷高麗國體。儘管如此，高麗王朝的合法性得到了認可，這在蒙古所支配的歐亞地區可謂別具一格。另一方面，該時期高麗作為蒙古這一世界帝國的一員，也擁有了直接感受「世界化」的獨特歷史經驗。

參考史料

是日，瑀奏請王速下殿，西幸江華，王猶豫未決。瑀奪祿轉車百餘輛，輸家財于江華，京師洶洶。令有司刻日發送五部人戶，仍榜示城中曰：「邊延不及期登道者，以軍法論。」又分遣使于諸道，徙民山城海島。……王發開京，次於昇天府。丙戌，入御江華客館。時霖雨彌旬，泥濘沒脛，人馬僵仆。達官及良家婦女至有跣足負戴者，鰥寡孤獨失所號哭者不可勝計。

《高麗史節要》卷 16，高宗 19 年 6 月、7 月。

四、兩個政府的對日外交

1. 三別抄的外交戰略

1270 年，江華島的三別抄向還都開京的元宗舉起反旗，全面否定臣屬蒙古的開京元宗政權，並主張由他們組織的新政府才是高麗正統。1270 年 6 月，他們從江華島前往珍島，以龍藏城為中心獨霸一隅，企圖對抗元宗政權。三別抄計劃在後百濟地區和南部沿海區域形成勢力圈以抗衡開京。他們擁立承化侯王溫為新王，設置官府，並在龍藏城建造宮殿。雖然未能掌控全州、羅州等後百濟地區，但隨着宋徵、劉存奕分別駐紮到珍島附近的莞島和南海縣，三別抄掌控了高麗西南海岸一帶的制海權，建立起對抗開京的反蒙新政權。只不過，要以此來抵禦與開京聯合的蒙古入侵勢力無異於蚍蜉撼樹。於是，三別抄試圖與日本建立聯合戰線來應對這種壓力。

1271 年，珍島政權向日本遣使，打探日本協力對抗蒙古的可能性。但珍島所發牒文直到當年 9 月初才經鎌倉幕府轉交給京都，彼時珍島政權早已被蒙軍推翻。據此推測，齎牒使節是在珍島被攻陷的 5 月 15 日前不久才從珍島出發的。易言之，三別抄與日本建立聯合戰線的嘗試為時已晚。

《吉續記》當中記載了珍島政權移牒日本的內容。在該牒文中，珍島政權事先告知日本蒙古即將來襲，並請求日本在珍島政權抗蒙時提供糧食和兵力予以協助。另外，東京大學史料編纂所所收藏的《高麗牒狀不審條條》也記錄了當時的情況。該文書雖然不是牒文本身，但概括了牒文的主要內容，是含有重要情報的珍貴材料，有助於我們了解當時三別抄對日本所抱的期望以及珍島政權的內部情況。

在珍島政權的牒文中，最明顯的是對蒙敵對意識和反蒙意志。例如，在第一條中稱蒙古為「韋毳」，在第三條中稱蒙古風俗為「披髮左衽」。在正式的外交牒文當中，這些都是非常強烈的反蒙表述。三別抄標榜珍島政權才是高麗正統，所以前述牒文記為「高麗牒狀」。

值得注意的是，文書當中還強調了珍島政權和日本的共同命運以及珍島政權對日本的關懷。這些內容體現出三別抄的期待，即希望與日本共同應對蒙古入侵的危機。「貴朝遣使問訊」一句也說明了珍島政權強烈希望與日本組成抗蒙聯合戰線。

由是觀之，三別抄通過強調與日本的共同命運來試探日本提供援助的可能性。三別抄面臨着糧食短缺、兵力不足等現實問題，因此希望通過聯合日本來解決。對於處於劣勢的三別抄而言，聯手日本才是最為實際的對策。

目前尚不得知日本方面面對珍島政權所提出的抗蒙聯合戰線有何反應。但是，當時日本對近期高麗國內局勢的變動幾乎一無所知，甚至連珍島牒文中的情報都沒有掌握。從這一點來看，日本似乎根本未就此事展開過正式討論。加之珍島政權覆亡，結果其提議最終只停留在偶發事件的層面。

珍島政權垮台後，三別抄殘餘勢力移至濟州島，到 1274 年為止的三年期間，在金通精的指揮下繼續反抗蒙古和開京政權。三別抄的存在尤其會對高麗漕運系統造成威脅，故於開京政權而言不啻於心頭大患。

儘管有三別抄發起的「反蒙起義」，但蒙古仍然沒有停止開展對日外交。在「三別抄起義」爆發及高麗還都開京的第二年（1271 年）正月，元秘書監趙良弼赴麗，並在珍島淪陷後的 9 月赴日。這是蒙古第五次向日本遣使，不過當時無高麗使節陪同，這說明蒙古並不信任高麗。在太宰府，趙良弼要求前往京都，但未能得到許可。儘管蒙古努力促成正面協商，日本方面卻依然反應冷淡。從日本回來後，趙良弼沒有回國，而是一直滯留高麗，並於次年（1272 年）再度赴日，在九州待到 1273 年（高麗元宗 14 年）5 月後方才回國。蒙古的軍事行動開始步步臨近。

2. 遠征日本前的外交試探

由於高麗臣事蒙古，蒙麗兩國的外交都指向了日本，因為日本是蒙古繼高麗之後的下一個軍事行動目標。在高麗時代，對日關係的活躍程度不及古代。這是因為，外交的本質是根據彼此需求而形成的關係，然而中世的韓日兩國對對方的期待與需求都大幅降低。不過，隨着蒙古帝國的征服野心蔓延至日本，高麗被要求扮演實現這一野心的嚮導角色。在軍事行動之前，該角色首先在外交舞台上登場。

在高麗還都開京前的 1266 年（高麗元宗 7 年），蒙古首次向日本遣使。是年 11 月，蒙古兵部侍郎黑的、禮部侍郎殷弘攜忽必烈兩封詔書先行赴麗。兩封詔書分敕高麗元宗與日本國王。高麗政府遣樞密院副使宋君斐和侍御史金贊以為嚮導。但是，蒙使一行到達巨濟島松邊浦（今多大浦）後，以「風濤艱險」為由，於次年春不至而還。

對於蒙古向日本遣使一事，真正坐立不安的是高麗政府。因為可以預見，遣使終將轉為軍事壓迫，而彼時夾在中間的高麗將變得不堪重負。門下侍中李藏用甚至密以書贈赴日蒙使，表示放棄日本是為上策。其意圖在於阻止蒙使赴日，事先「寢招懷之事」。蒙使一行在巨濟島極目遠眺，終以海浪兇險以及對馬島「非王師萬全之地」等為由折返。高麗擔心捲入戰爭漩渦，故想方設法削弱自己在中間的作用。為了避免成為對日本施加外交壓力的角色，高麗政府甚至破壞了過去日本商人往來經商時所寓金海客館並毀其跡。其目的在於，希望通過強調麗日兩國並無往來以避免成為中間角色。

然而事與願違的是，忽必烈對征伐日本異常執着。蒙古從 1266 年（第一次）開始向日本派遣使節，此後於 1267 年（第二次）、1268 年（第三次）、1269 年（第四次）、1271 年（第五次）、1272 年（第六次）、1273 年（第七次）等，幾乎每年都會遣使。這體現了忽必烈遠征日本的強烈意志，而他最期待的是與日為鄰的高麗能負責解決這一問題。

1267 年（高麗元宗 8 年）8 月，高麗遣潘阜奉蒙古國書並齎元宗文書赴日。這也是蒙古遣使首次抵達日本。日本朝廷第一次正式獲取情報，得知蒙古已重新調整了中原的政治版圖。麗使潘阜經對馬島抵大宰府上呈詔書並待回信，文書經鎌倉幕府送抵京都。日本朝廷經過一番爭論後得出結論：不予答覆為宜。特別是蒙古國書的行文及格式似有將蒙日關係設為「君臣」關係之嫌，這招致了日本朝廷的反感。

1268 年 12 月，高麗再度遣申思佺、潘阜等人偕蒙古使節黑的、殷弘赴日。此次已是第三次遣使，使團規模達到七十餘人。不料，使團在對馬島與其民衆發生摩擦，最終未抵博多（福岡）便半道折返。

第四次遣使的名義是送還俘虜。彼時蒙使攜倭人俘虜，以高麗金有成等人為嚮導再赴日本。一行人於 1269 年 9 月抵達對馬島。大宰府要求他們原地滯留，僅將使節所持元中書省文書經幕府送抵京都。不出所料，日本幕府與朝廷的反應都非常消極，當時甚至草擬了拒絕通交要求的牒文，只是最後沒有正式發出。即，面對蒙古的通交要求，日本的態度沒有表現出任何變化。

從 1266 年至 1269 年「三別抄起義」爆發之前為止，蒙古共四次向日本遣使，卻在外交上顆粒無收。忽必烈認為，這很大程度上要歸咎於高麗的消極態度。事實上，如若蒙古遠征日本成為現實，高麗必將承受重負，這一點令後者惴惴不安。雖然身陷其間已在所難免，但高麗仍期待在消磨怠工過程中會出現新的變數。

在高麗從抗戰轉為臣屬的過程中，李藏用在外交上起到了舉足輕重的作用。他預感到元宗親朝蒙古一事無法避免，認為應該接受這一現實。但在「元干涉期」，他又警惕蒙古對高麗政治的過度干預，並努力維護高麗最低限度的獨立與尊嚴。

3. 從屬於政治的外交

以高麗為先鋒的蒙麗聯軍在鎮壓三別抄之後的 1274 年及南宋滅亡後的 1281 年，先後兩次遠征日本。其中登陸日本並與之展開激戰的是 1274 年的第一次入侵，戰場位於今九州第一大城市 —— 福岡市內。在遠征日本的過程中，戰船軍糧的籌備由高麗全權負責。高麗在全羅北道扶安邊山和全羅南道長興天冠山的海邊，為遠征日本製造了大量戰船。然而這是高麗並不情願且希望竭力避免的戰爭動員。

聯軍兩次從高麗出征，共組成了 900 艘規模的船隊。1274 年 10 月 3 日從馬山港出發後，於 10 月 5 日攻打對馬島，10 月 19 日直逼博多灣。戰鬥異常激烈，日軍在福岡一帶被聯軍壓制後撤至大宰府水城。10 月 20 日天黑後，聯軍退至泊岸的戰船上，不再追擊日軍。

彼時蒙古正在加緊進攻南宋，1275 年佔領建康（今南京）後，終於在 1276 年正月攻佔南宋首都臨安（今杭州），南宋名存實亡。由此，蒙古二度征日已勢在必行。1275 年正月，高麗遣金方慶如元上表，哀訴貧民凋敝之困與艦糧匱乏之難，懇求蒙古就此收手，但蒙古並未聽從，反遣禮部侍郎杜世忠偕高麗通事赴日。只是此番使節在鎌倉慘遭斬首，這也是日本方面的強硬回應。幕府甚至放言將出征高麗，並於博多海岸蒙軍可能登陸的地點修築石牆（元寇防壘）20 公里用於防禦。蒙古二度征日遂成事實。

第二次的遠征軍因攻打南宋而推遲至 1281 年 5 月從合浦（今馬山）出發。高麗對於此次遠征的態度與第一次相比截然不同，變得十分積極。於高麗而言，既然此事不可避免，不妨將其作為解決對元政治外交問題的籌碼。彼時忠烈王的政治地位不穩，特別是洪茶丘等親元派的影響力對王權的穩定構成威脅。如此情況下，忠烈王積極回應蒙古的軍事要求以穩固國內王權。1278 年和 1280 年，忠烈王二次入元「親朝」，希望以高麗在二度征日中扮演積極角色作為保證，換取元朝對自己在高麗內部政治主導權的認可。結果，該時期的外交與高麗內部政治結構休戚相關，導致外交與內政間的分界變得模糊。

第二次的遠征軍由原東路軍與南宋軍兩股力量匯合而成，前者從合浦出征，後者從明州（今寧波）出征。前南宋軍號稱有 10 萬兵力和 3,500 艘戰船，不過大部分不堪一擊。即是說，蒙古的目的在於將南宋抗軍流放至日本。由是觀之，蒙麗聯軍兩次遠征的目的有所不同：如果說 1274 年第一次遠征的首要目標是壓制日本列島以確保攻打南宋時的有利基礎，那麼第二次遠征的出發點則在於蒙古滅南宋以後謀求被征服地區的政治穩定。

1281 年 6 月末，范文虎的江南軍抵達平戶島，並與蒙麗聯軍會合。7 月佔領高島後，聯軍預計將大舉進攻博多灣。但是從聯軍佔領高島之後的 7 月 30 日（公曆 8 月 23 日）晚開始，沿岸狂風肆虐，泊於高島一帶的蒙麗聯軍艦船遭受重創，這令蒙古征日計劃化為泡影。雖然蒙古在此後一段時間內一直沒有放棄征服日本的野心，但終究未能成為現實。由於兩次遠征的實施，日本分別與高麗和元朝斷絕了外交往來。大約半個世紀後，高麗和中國迎來了倭寇的侵擾。

遠征日本是蒙古的軍事行動，但它將高麗置於先鋒位置。對於失去主動權的高麗而言，為守護國家和百姓的自主外交遭受了巨大考驗。易言之，受元朝政治干涉的影響，高麗的外交只不過是從屬於政治的變數而已。

參考資料

《高麗牒狀不審條條》

1. 以前狀揚蒙古之德，今度狀韋毳者無遠慮云云，如何。
2. 文永五年狀書年號，今度不書年號事。
3. 以前狀歸蒙古之德，成君臣之禮云云，今狀遷宅江華近四十年，被髮左衽，聖賢所惡，仍又遷都珍島事。
4. 今度狀端二八不從成戰之思也，奧二八為蒙被使云云，前後相違，如何。
5. 漂風人護送事。
6. 屯金海府之兵，先廿許人，送日本國事。
7. 我本朝統合三韓事。
8. 安寧社稷待天時事。
9. 請胡騎數萬兵事。
10. 達兇旒許垂寬宥事。
11. 奉贄事。

12. 貴朝遣使問訊事。

東京大學史料編纂所藏

朝鮮半島北接大陸，南鄰日本列島，故東亞國際局勢的變化以及文化交流對韓國的歷史發展產生了直接影響。從韓國的這種地理、歷史特性來看，關注大陸與海洋等周邊局勢，在對外關係的多樣發展中充分發揮主導或斡旋作用，這可以說是韓國得以繁榮的重要條件。

本章對自1218年蒙麗兩國初次接觸至1274年兩國聯軍首次遠征日本為止、約半個世紀以來的高麗外交情況進行了整理。該時期由三部分組成：蒙麗建交、高麗抗蒙、元干涉期。雖然在歷史長河中十分短暫，但這段時期充分展現了高麗在「蒙古」登上世界歷史舞台後所遭遇的變化。

在蒙麗關係中，13世紀前、後半葉共56年的情況，大致可以分為三個時段：第一段（1218–1230年），高麗選擇建立現實外交關係，與蒙古訂下「兄弟盟約」；第二段（1231–1258年），高麗在抗蒙基礎上，尋求通過外交方式解決問題；第三段（1259–1274年），高麗開展國王「親朝外交」。

1219年的「兄弟盟約」是在高麗被動接受蒙古需求的情況下簽訂的，其內容也基於歲貢，故展現出的外交關係非常單一。1231年蒙古開始入侵，次年高麗政府遷都江華島，引發了兩國難以妥協的對抗局面。在蒙古持續的軍事壓力下，高麗期待和平解決問題，於是持續向蒙古遣使以圖緩解事態。

高麗一邊抗蒙，一邊選擇性地接受蒙古的要求，高麗王族或王子在此過程中入朝蒙古。第三時段處於武人政權末期，彼時的外交以國王親朝的方式展開。國王親朝在韓國歷史上是史無前例的，這反映了「元干涉期」的時代特殊性。另外，對抗開京政權的三別抄也在第三時段的時期內於珍島建立政權，這導致該時期高麗的對日關係在兩個政權之間出現截然相反的局面（1270–1273年）。

13 世紀蒙古帝國的入侵和高麗的長期抗爭在韓國歷史上留下了深刻教訓，其中之一便是與民眾缺乏溝通的專權政府存在局限。正因此，儘管武人政權的對外抗爭具有積極意義，但其局限性也顯而易見。戰爭局勢絕非僅由兵力或火力來決定，處於中心的內部因素和精神因素的重要性，以及對外關係上的靈活性也不容忽視。從這一點來看，雖然高麗抗蒙曠久、激烈，但其一邊倒的抗爭政策過於僵化，這是其局限性所在。儘管武人政權確實曾致力於開展外交，但他們更關注的是如何改變自身逐漸失權的現狀，並基於此不斷變換外交手段，結果導致國家經年累月的戰爭，而這實際上已然背離外交是為了避免更大戰爭的這一本質。

高麗在與契丹、宋朝、金朝等多個國家的多元關係中確保了其外交地位。但蒙古帝國崛起之後，高麗只剩下一對一的一元外交路線。這是因為，盤踞東北的金朝在早期已然覆亡，南宋儘管苟全至 1270 年代，但對中原局勢已無法產生積極影響。蒙元以後，中原王朝又邁向明、清，這導致高麗和朝鮮王朝在此後的六百年裏都難以擺脫僵化的「事大」外交這一框架。

21 世紀的朝鮮半島上有資本主義和社會主義這兩種不同的國家體制，正處於南北對峙的局面。另外，由於中國、俄羅斯、日本等世界強國與朝鮮半島一衣帶水，加之美國為壓制戰爭而駐紮於此，朝鮮半島正在成為世界上最危險的紛爭地區之一。從這一點來看，韓國在加強與周邊各國合作關係的同時，尤其需要開展具有能動性和主導性的外交以維護和平穩定。在這方面，13 世紀的外交史具有一定的參考意義。

參考文獻

1. 著作

尹龍爀，《三別抄武人政權、蒙古以及海洋的歷史（삼별초 무인정권·몽골，그리고 바다로의 역사）》，慧眼，2014。

尹龍爀，《高麗三別抄的對蒙抗爭（고려 삼별초의 대몽항쟁）》，一志社，2000。

尹龍爀，《高麗對蒙抗爭史研究》，一志社，1991。

東北亞歷史財團，《13–14 世紀高麗—蒙古關係探究（13~14 세기 고려 - 몽골관계 탐구）》，2011。

東北亞歷史財團，《蒙古入侵高麗、日本與韓日關係（몽골의 고려·일본 침공과 한일관계）》，景仁文化社，2009。

林容漢，《戰亂時代（전란의 시대）》（戰爭與歷史〔전쟁과 역사〕3），慧眼，2008。

金庠基，《東方文化交流史論考》，乙酉文化社，1948。

姜在光，《崔氏政權對於蒙古入侵的外交應對（蒙古侵入에 대한 崔氏政權의 外交的 對應）》，景仁文化社，2011。

高炳翊，《東亞交涉史研究（동아교섭사의 연구）》，首爾大學出版部，1970。

國立濟州博物館，《三別抄與東亞（삼별초와 동아시아）》，2017。

國防部軍史編纂研究所，《高麗時代軍事戰略》，2006。

國防部戰史編纂委員會，《對蒙抗爭史》，1988。

2. 論文

申安湜，〈關於高麗崔氏武人政權對蒙講和交涉的一考察（고려 최씨무인정권의 대몽강화교섭에 대한 일고찰）〉，《國史館論叢》，總第 45 輯（1993）。

李美智，〈1231、1232 年對蒙表文與高麗對蒙古的外交應對（1231 · 1232 년 대몽표문을 통해본 고려의 몽고에 대한 외교적 대응）〉，《韓國史學報》，總第 36 輯（2009）。

李益柱，〈高麗對蒙講和論研究（고려 대몽 강화론의 연구）〉，《歷史學報》，總第 151 輯（1996）。

李玠奭，〈蒙麗兄弟盟約與初期蒙麗關係的性質（여몽 형제 맹약과 초기 여몽관계의 성격）〉，《大邱史學》，總第 101 輯（2010）。

姜成元（音），〈元宗時期的權力構造與政局變化（원종대의 권력구조와 정국의 변화）〉，《歷史與現實（역사와 현실）》，總第 17 輯（1995）。

鄭東勳，〈高麗元宗、忠烈王的親朝外交（고려 원종 · 충렬왕대의 친조 외교）〉，《韓國史研究》，總第 177 輯（2017）。

第七章

高麗與蒙古（元）的外交

李益柱

一、元宗時期高麗與蒙古的議和

1. 高麗與蒙古達成和議

1231 年（高麗高宗 18 年）因蒙古入侵而引發的戰爭，直到 1259 年（高宗 46 年[1]）才結束，歷時 28 年。戰爭的結束，是高麗朝廷中「議和論」佔據優勢 —— 1258 年 3 月，文臣柳璥和武臣金俊等人發動政變，瓦解了崔氏政權 —— 後的結果。同年 12 月，朝廷派遣將軍朴希實等人赴蒙古，將戰爭的責任轉嫁給崔氏政權，並表示：如果蒙古軍隊能率先撤退，高麗將離開江華島並投降。朴希實等人在次年回國的途中會見了蒙古軍指揮官車羅大，承諾讓太子入朝，並將入朝時間定在 4 月。據此，4 月 21 日，高麗太子持投降之意的表文入朝蒙古，漫長的戰事就此落下帷幕，雙方達成和議。蒙古雖然在戰爭末期曾將高麗國王的「親朝」作為議和條件，但最終順應了高麗的要求，將條件降低為太子入朝。

高麗太子前往蒙古時，途經東京（今遼陽）、燕京、京兆、潼關，並一路向位於四川的釣魚山行進，釣魚山曾是蒙古皇帝蒙哥汗（憲宗）與南宋作戰過的戰場。在此期間，高麗高宗於 6 月 30 日薨逝，高麗太子在京兆府雖聽聞此訊，但並未馬上回國，而是服喪三日，然後繼續趕路。然而，蒙哥汗也在 7 月 9 日駕崩，高麗太子在六盤山聞訊後未能決定去處，遂只能駐足。當時在蒙古內部，蒙哥汗的兩個弟弟忽必烈和阿里不哥在繼承汗位問題上形成對峙，高麗太子傾向於前者。雖然不清楚這是根據當時形勢作出的判斷還是偶然之舉，但

---

1 校者注：原著訛作高宗 45 年，今據實改之。

這無疑是決定今後高麗命運的重大抉擇。

據《高麗史》記載，忽必烈見到高麗太子後驚喜曰：「高麗萬里之國，自唐太宗親征而不能服，今其世子，自來歸我，此天意也。」[2] 對於即將與阿里不哥展開戰鬥的忽必烈來說，可能是想用「天意」來宣傳當時已經抵抗近 30 年的高麗之太子投奔己方的這一事實。高麗對此意似乎也有所覺察，《高麗史》即有載：「世祖皇帝南征返旆，將繼大統時，有介弟扇變于朔方，諸侯憂疑，道路甚梗。我忠敬王以世子，率群臣拜迎于梁楚之郊，天下於是，覩遠人之悅服，知天命之有歸。」[3]

高麗太子和忽必烈的會面，成為決定今後高麗和蒙古關係的重要契機。這不僅是因為高麗站隊的忽必烈在與阿里不哥的戰鬥中成為獲勝一方，還因為當時忽必烈陣營所發生的變化。在歷代蒙古可汗中，忽必烈在吸收中原漢文化方面最為積極。他設立中書省、樞密院、御史台等中原王朝的機構，採用「中統」、「至元」等中國式年號，並於 1271 年將國號改為「大元」。這些政策並非「漢化」（即被漢文化同化），而只是遵循了「以漢法治漢地」的原則。這樣的變化雖然在忽必烈登基汗位後方才顯現，但可以說在此之前就已有所準備，如此徵兆在對待高麗太子的態度上已然出現。據悉，在召見高麗太子時，忽必烈陣營曾討論過以下問題。

> 江淮宣撫使趙良弼言于皇弟[4]曰：「高麗雖名小國，依阻山海，國家用兵二十餘年，尚未臣附。前歲，太子倎來朝，適鑾輿西征，留滯者二年矣，供張疏薄，無以懷輯其心，一旦得歸，將不復來。宜厚其館穀，待以藩王

2　校者注：《高麗史》卷 25，〈世家〉，元宗元年 3 月。
3　校者注：《高麗史》卷 36，〈世家〉，忠惠王後即位年 6 月。
4　校者注：即忽必烈。

之禮。今聞其父已死，誠能立倎為王，遣送還國，必感恩戴德，願修臣職。是不勞一卒，而得一國也。」陝西宣撫使廉希憲亦言之，皇弟然之。

《高麗史》卷 25，〈世家〉，元宗元年 3 月。

隨着趙良弼和廉希憲的建議被採納，高麗太子的地位得到了忽必烈的認可，回國後即登上王位。以上引文中只記載：「立倎為王」，並不清楚是否進行了冊封。但蒙古在高麗太子即位後所頒詔書中有「冊為王」之語，可見太子是受到冊封的。這一點意義非凡，因為這預示着議和之後高麗將與蒙古建立朝貢冊封關係。

高麗太子（即元宗）從蒙古回來即位後的 1260 年（高麗元宗元年）8 月，蒙古詔諭立定年號，其文如下：

漢自武帝之後，創業守成之君，即位伊始，莫不改元，所以示天下萬世端本正始之傳也。國家累聖相承，廓開大業，禮文之事，有所未遑。朕獲纘丕圖，思復古治，已於今年五月十九日，立號為中統元年。使還，宜播告之，俾知朕意。

《高麗史》卷 25，〈世家〉，元宗元年 8 月壬子。

制定漢字年號顯然是中原傳統，接受冊封的國家使用其年號也是「中原式」朝貢冊封關係的傳統。國王受到冊封之後，又接到上述關於行用蒙古年號的詔書，高麗由此確信，自己與蒙古的關係和此前與宋朝、契丹、金朝所建立的朝貢冊封關係並無二致。在這種情況下，高麗會認為自己一開始與蒙古作戰的目標 —— 與對方建立朝貢冊封關係 —— 通過太子的外交已得以實現。

另一方面，自議和以來，高麗和蒙古之間圍繞具體的條件進行了討論。相關內容可從 1260 年 6 月蒙古所頒詔書中窺知一二：

卿表請附奏六事，一皆允俞。衣冠從本國之俗，上下皆不更易。行人惟朝廷所遣，禁止餘使不通行。古京之遷，遲速要當力行，鴨綠之撤屯戍，秋以為期。元設達魯花赤一行人等俱敕西還，其自願託跡於此者十餘輩，事須根究，今後復有似此告留者，斷不准從。

《元高麗紀事》，世祖中統元年 6 月。

高麗提出六個要求：一，高麗保留本國風俗；二，只接受蒙古朝廷派遣的使臣；三，不得催促還都開京；四，蒙古從高麗撤軍；五，召回達魯花赤；六，歸還戰爭中投降蒙古的高麗人。忽必烈一一應允。至此，高麗保證了還都開京所需的充足時間，並取得了令蒙古軍隊和達魯花赤等撤出高麗的成果。其中尤其重要的是得到了保留本國風俗的承諾。這一「不改土風」的原則被認為具有較強的包容性，可適用於政治、經濟、社會、文化等各領域，成為保障高麗王朝存續的重要依據。

如上所言，「不改土風」的承諾並不局限於風俗問題，更重要的是保障了高麗王朝的存續。這一點可以從約 75 年後李穀的評述中得以確認：

昔，我世祖皇帝臨御天下，務得人心，尤於遠方殊俗隨其習而順治之。故普天率土歡忻鼓舞，重譯來王，猶恐或後，堯舜之治蔑以加也。高麗本在海外，別作一國，苟非中國有聖人，邈然不與相通，以唐太宗之威德再舉伐之，無功而還。國家肇興，首先臣服，著勳王室。世祖皇帝釐降公主，仍賜詔書獎諭曰：「衣冠典禮，無墜祖風。」故其俗至今不變，方今天下有君臣有民社惟三韓而已。

《高麗史節要》卷 35，忠肅王後四年（1335 年）閏 12 月。

以上引文中，李穀指出高麗的風俗沒有改變，並將其與國王和臣子、百姓和社稷的存在，即與國家的存續聯繫起來加以理解。而其依據正是世祖忽必烈在議和初期的1260年（中統元年）所給的「不改土風」的承諾。因此可以說，高麗在長期的戰爭之後，通過議和，從蒙古處獲得了保障，使得國家得以存續。

2. 蒙古對親朝和「六事」的要求以及高麗的應對

「親朝」指諸侯親自朝覲天子，在朝貢冊封關係中屬於受封諸侯的義務，但實際上是以派使臣朝覲來替代的。與此同時，蒙古把所佔地區君主的「親朝」視為徹底的臣服，因此非常重視。像這樣，高麗和蒙古對國王的「親朝」有着不同的理解。1219年結為「兄弟之盟」後，蒙古一直要求高麗國王「親朝」，但由於高麗堅決拒絕，直到1259年戰爭結束為止都沒有實行。

「六事」是指蒙古向所佔地區要求的六項義務事項。具體事項根據地區不同略有差異，其中對高麗的要求包括納質、在通往蒙古的交通道路線上設驛、助軍、輸糧、供戶數籍、置達魯花赤等。對安南的「六事」要求中，以國王「親朝」取代「設驛」，而對高麗則要求「六事」之外同時另行「親朝」。

「親朝」和「六事」都是按照蒙古的傳統所提出的要求。議和以後，高麗認為在經過長期戰爭，已經和蒙古建立了朝貢冊封關係。但從蒙古的立場來看，朝貢冊封關係依然不夠，自己也並沒有完全放棄對征服地區的傳統支配方式。因此，高麗和蒙古在議和後的一段時間內矛盾持續。首先，1262年（高麗元宗3年）蒙古下詔高麗，內容如下：

> 凡遠邇諸新附之國，我祖宗有已定之規則，必納質而籍民，編置郵而出師旅，轉輸糧餉，補助軍儲。今者，除已嘗納質外，餘悉未行。卿自有

區處，必當熟議，庸候成言。

《高麗史》卷 25，〈世家〉，元宗 3 年 12 月乙卯。

詔書中蒙古要求的五項內容都屬於「六事」，此外達魯花赤的設置本來也包括在「六事」中，不過三年前應高麗請求已撤回了達魯花赤，因此此時應當只提出了剩下的五項要求。戰爭期間，蒙古也曾要求並實現過納質、助軍、供戶數籍等事項，但提出如此全面的要求，這還是第一次。

正如詔書中提到的那樣，「六事」是蒙古「祖宗已定之規則」，與中原王朝的朝貢冊封有著本質上的區別。尤其是，為了徵稅而進行的戶口調查和設置達魯花赤，令蒙古的直接統治成為可能，因此在朝貢冊封關係下是難以被接受的。更何況，就在三年前高麗太子於蒙古接受忽必烈的高麗國王冊封後回國，並深信今後與蒙古的關係會發展為朝貢冊封關係。這種情況下，蒙古的上述要求令高麗措手不及。也許正因為如此，高麗對此沒有作出任何回應。次年 3 月蒙古再次催促後，高麗才於 4 月派出使臣，說明驛站已經設置，其餘事項則請求延期。這裏所謂「已經設置的驛站」，實際與蒙古無關，是高麗原本就有的驛站。最終，儘管高麗看起來完全沒有履行蒙古的要求，蒙古還是接受了高麗的請求，表現出慎重對待「六事」問題的姿態。

在「六事」問題暫時被懸置的情況下，1264 年（高麗元宗 5 年）5 月，蒙古要求高麗國王「親朝」。雖然蒙古對「親朝」的要求，從 1219 年雙方結為「兄弟之盟」後就一直在持續，但這次的名分不同：蒙古在詔書中稱朝覲為「諸侯之大典」[5]，將「親朝」作為諸侯的道義，而非像此前那樣強調服從之意。當然，很難斷言這是蒙古政策變化的體現，但至少它足以成為一種藉口，在令高麗接

5　校者注：《高麗史》卷 26，〈世家〉，元宗 5 年 5 月。

受的同時將「親朝」合理化為朝貢冊封關係下諸侯必須履行的真正義務。

高麗在經過討論後最終決定接受蒙古的「親朝」要求。當時，李藏用奏稱「王覲則和親，否則生釁」[6]，強調為了維持和親，親朝不可避免。元宗不顧多數人的反對，接受了這一意見，赴蒙「親朝」。這裏，元宗在尚為太子時去蒙古見到忽必烈並受冊封回國的經歷，有著很大影響。另外，議和以後，元宗在蒙古的支援下於國內強化了王權，並與武臣政權形成對峙，因此可能也有政治上的考量，認為「親朝」對自己有利。至此，韓國歷史上首次出現了國王的「親朝」，此後元宗與蒙古的關係更加緊密。

實現「親朝」後的一段時間內，蒙古沒有再提及「六事」問題。但是到了1268 年（高麗元宗 9 年），蒙古的態度突然強硬起來。同年 2 月，蒙古皇帝斥責高麗使臣沒有履行「六事」，其中還包括設置達魯花赤。次月，蒙古發來詔書，明示「六事」，包括納質、助軍、運糧、設驛、供戶數籍、置達魯花赤等。由於納質和設驛已經實施，蒙古敦促高麗履行其餘四項。與此同時，蒙古還指責高麗推遲「出陸還都」，並為此傳喚金俊問責。此舉意在向金俊政權施壓，使其履行「六事」。

對於蒙古的要求，高麗首先承諾「出陸還都」，之後對其餘事項逐一展開協商，而非全盤接受或拒絕。即，納質和設驛已經實施，助軍和運糧即將實施，供戶數籍和置達魯花赤則視日後情況而定。此處高麗的態度昭然若揭，即在「六事」中，將焦點置於如何迴避可能嚴重破壞朝貢冊封關係的戶口調查和達魯花赤的設置上。這是因為，如果實施戶口調查並將結果報告給蒙古，就會受困於蒙古的貢品要求，甚至有可能傷害到高麗財政上的自主性；而如果設置達魯花赤，高麗的內政將受到嚴重的干涉。一旦這種情況發生，高麗的國家存

---

6 校者注：《高麗史》卷 102，〈李藏用傳〉。

亡 —— 這是作為朝貢冊封關係的前提 —— 就將受到威脅。

另一方面，蒙古的壓迫在高麗引發了國王元宗和武臣政權之間的衝突。當時的權臣金俊殺死蒙古使節並試圖再次抗戰，被元宗阻止。結果，高麗雖然與蒙古展開了協商，但這一次武臣政權內生齟齬，1269 年（高麗元宗 10 年）發生了林衍除掉金俊、掌權後又廢黜元宗的事件。這是考慮到高麗可能要再次面對與蒙古的戰爭而採取的行動。然而蒙古強烈要求元宗復位，為此不惜派遣軍隊開赴高麗。林衍不堪其迫，最終讓元宗復位。元宗在復位後的 1269 年 12 月再次赴蒙「親朝」，以清除林衍和「出陸還都」為條件向蒙古請兵。次年，元宗率領蒙古軍隊回到高麗，推翻了江華島的武臣政權，並還都開京。

在蒙古的支持下，元宗得以復位，武臣政權崩潰，這使得蒙古在高麗的影響力大幅增強。圍繞「六事」的協商也隨之進入了新的局面，「六事」得以被逐一履行。首先，元宗從蒙古回國時，達魯花赤與之同行，在武臣政權崩潰後也沒有立即返回，這令達魯花赤的設置自然而然地達成。自 1270 年脫朵兒跟隨元宗赴任達魯花赤後，李益和黑的分別於 1272 年（高麗元宗 13 年）和 1274 年（高麗忠烈王即位年）赴任。他們試圖修改高麗的奴婢法，同時干涉高麗內政：禁止高麗人攜帶武器，根據蒙古制度設置巡馬所，禁止夜間通行，等等。由此可見，高麗對於達魯花赤之設置的擔憂並非是杞人憂天。

還都開京後的 1271 年（高麗元宗 12 年），高麗派遣世子等 20 人前往蒙古履行「納質」。1270 年，蒙古要求高麗準備出征南宋與日本所需的兵馬和軍艦、糧食。隨着征日的展開，「助軍」和「運糧」事實上也得以落實。加上「設驛」可視為早已履行，因此 1270 年元宗復位後，「六事」中除戶口調查之外，其餘五項事實上都已落實。而戶口調查沒有落實一事，並非是兩國之間達成的協議，只不過是高麗在單方面拖延而已，因此處於留待後議的狀態。

總之，高麗和蒙古在 1259 年（高麗高宗 46 年）議和以後，各自試圖通過朝貢冊封關係和「六事」來鞏固雙方關係。圍繞這些問題，兩國經過協商，以

1269 年（高麗元宗 10 年）蒙古支援下的元宗復位和 1270 年武臣政權的崩潰為界，最終使得「六事」得以落實。「六事」的落實，意味着高麗以傳統朝貢冊封關係為目標的外交政策的失敗，甚至可以說今後高麗的國家存亡也是岌岌可危。這種情況一直持續到了 1278 年（高麗忠烈王 4 年）。是年，忠烈王赴元「親朝」，就「六事」中的戶口調查和達魯花赤設置等兩個問題重新展開斡旋，蒙古遂取消此二事。

3. 王室聯姻與「駙馬、高麗國王」的出現

1269 年（高麗元宗 10 年），元宗在蒙古的幫助下復位並赴蒙「親朝」。1270 年 2 月，元宗在向蒙古請兵的同時，還請求聯姻。即，元宗上書蒙古中書省，對扶持自己復位表示謝意，並提議高麗太子和蒙古公主聯姻。太子王諶[7]（即後來的忠烈王）在林衍廢黜元宗之前的 1269 年 4 月入朝蒙古，在回國途中聽到元宗廢位的消息後折返蒙古，並在那裏為元宗復位進行了百般努力。元宗讓太子和忽必烈之女成婚，是期待着蒙古對高麗王室的支援。

但是，關於這場提議的時間和當事人，文獻記載各不相同，因此有必要進行討論。元宗復位之前的 1269 年 11 月，來到高麗的蒙古使節黑的有言：「今王太子已許尚帝女，我等帝之臣也，王乃帝駙馬大王之父也。何敢抗禮？」[8] 據此記載，在元宗請求聯姻之前，太子的婚姻似乎就已定好。基於此，可以延伸解釋為太子返回蒙古後，為元宗復位而努力的同時，親自請求了自己的婚事。這一點可以在鄭仁卿 —— 時為蒙古語翻譯官，扈從太子 —— 的墓誌銘中得到證實。其墓誌銘載：「至元六年己巳（1269 年），今上（忠烈王）親

---

7 校者注：忠烈王初名王諶，後更名王昛。
8 校者注：《高麗史》卷 26，〈世家〉，元宗 10 年 11 月。

朝，公以攝校尉扈從。是年七月，還至婆娑府，聞林衍廢立事。……公確舉大義，奉乘輿口至闕庭，先赴帝所奏陳元王復位、釐降公主、遣兵討賊等數條事，一皆頷可，此則萬世之功也。」據此記載，請求蒙古公主嫁入高麗並獲允一事當是鄭仁卿的功勞，但這分明不是下級武臣所能做到的事情，所以一般認為是奉太子之命完成的。

儘管有如上記載，太子請婚一事依然存有疑竇。這是因為，王室婚姻對高麗和蒙古雙方來說都是非常重大的事情，高麗太子不可能獨自去判斷並推動事情發展。如果太子請婚一事屬實，那麼在他第一次去蒙古的時候就應該正式提出，而不是等到遭遇國王廢位的變故後，在沒有計劃地折返蒙古的情況下，而且可能是在與國王元宗失去聯繫的情況下突然請婚。因此，一般認為高麗的請婚時間，是元宗「親朝」時的 1270 年（高麗元宗 11 年）2 月 4 日，而太子請婚的相關記載或為謬誤（如黑的之語），或為事後誇大（如〈鄭仁卿墓誌銘〉中所載）。

元宗在請兵之際又請婚，對於前者，蒙古立即就接受了請求，隨後派遣軍隊前往了高麗；對於後者，蒙古則表現出了保留的態度，忽必烈云：「達旦法，通媒合族，真實交親，敢不許之？然今因他事來請，似乎欲速，待其還國，撫存百姓，特遣使來請，然後許之。朕之親息，皆已適人，議于兄弟，會當許之。」[9]

忽必烈的回答可以理解為是原則上接受了高麗的請婚。但是問題在於，元宗是在請兵對抗武臣政權時附帶提出的請婚要求，故忽必烈希望其今後「特遣使來請」。不過，忽必烈話中的「待其還國，撫存百姓」一句頗值得玩味。這句話可以解釋為，接受請婚的條件是元宗推翻武臣政權並恢復王權。而

9　校者注：《高麗史》卷 26，〈世家〉，元宗 11 年 2 月。

且，「親息皆已適人」的說法在忽都魯揭里迷失公主——後與太子成婚——的存在這一事實前也不攻自破。因此可以說，忽必烈的話中蘊含了他想要觀高麗時局之變化以調整與高麗聯姻事宜的意圖。

元宗從蒙古回來後，於 1270 年 5 月推翻江華島的武臣政權，其後立即還都開京，並於 1271 年正月遣使蒙古，正式請婚。其表文曰：

> 臣頃當親覲之時，深沐至慈之眷，覬將嫡嗣升配皇支，尋蒙頷許於結褵，誠滴我願。卻諭言：「還而就陸，更請斯來。」自聞天語之丁寧，曷極臣心之慶抃？既還歸於本國，方徙處於古都，而令世子復詣於天庭，以告端由，時則新居，曾未遑於營緝，即於睿鑒恐將謂之遽忙，以此稽留未能敷奏。伏望俾諧親好於附疏，永固恩榮於庇本。[10]

元宗提醒忽必烈一年前的約定，表示如今自己已經還都開京，因此要求聯姻。

但是，兩國間的聯姻並沒有立即進行。約十個月後的 1271 年 10 月，高麗才收到蒙古方面應允的答覆。之後又過了一年多，即 1273 年 1 月，高麗才遣使答謝。而聯姻真正的實現，是在又過了一年多後的 1274 年（高麗元宗 15 年）5 月。聯姻進展如此緩慢，應該是受到了「三別抄起義」的影響。在高麗還都開京並遣使請婚時，三別抄正以珍島為據點進行抵抗。可以說，直到 1271 年 5 月攻陷珍島後，蒙古才在 10 月同意了聯姻。此後，三別抄轉移到濟州島繼續抵抗，高麗當局於 1273 年 5 月將其平定後，次年才成功聯姻。可以說，蒙古一直等到了高麗王權的完全恢復。另一方面，對高麗來說，聯姻的對象應該是重要的問題。忽必烈一開始聲稱「親息皆已適人」，但最終他的親生

10 校者注：《高麗史》卷 27，〈世家〉，元宗 12 年 1 月。

女兒忽都魯揭里迷失公主被指定為與高麗太子成婚的對象。因此可以說，這是高麗取得外交成功的結果。

與蒙古公主成婚的高麗太子很快擁有了蒙古[11]駙馬的地位，這一地位有助於提升高麗國王的威望。首先，該地位在高麗國王和蒙古官員的關係中發揮了作用。太子完婚次月，元宗薨逝，太子即位，蒙古使節帶來冊封詔書，而在宴會上發生了如下事情：

> 詔使以王駙馬，推王南面，詔使東向，達魯花赤西嚮坐。王行酒，詔使拜受，飲訖又拜，達魯花赤立飲不拜，詔使曰：「王天子之駙馬也，老子何敢如是？吾等還奏，汝得無罪耶？」答曰：「公主不在，且此先王時禮耳。」
>
> 《高麗史》卷 28，〈世家〉，忠烈王即位年 8 月己巳。

作為駙馬登上王位的忠烈王，在會見蒙古使節的場合中坐北朝南，得到了作為駙馬的禮遇。而且，正如達魯花赤所言，這與先王（即元宗）時期有所不同。在成為駙馬之前，高麗國王和蒙古官員是東西相對的；而如今高麗國王面向南，蒙古官員在其面前東西相對，這顯示出了上下等級關係。這一點在 1281 年（高麗忠烈王 7 年）忠烈王會見蒙古軍指揮官忻都和洪茶丘時可再次得以確認。《高麗史》載：「王南面，忻都等東面。「事大」以來，王與使者，東西相對，今忻都不敢抗禮，國人大悅。」[12]

王室婚姻是在國王被武人政權廢黜的危急狀況下，出於借助蒙古的力量

11　校者注：1271 年，忽必烈公佈《建國號詔》，正式建國號「大元」。元朝建號以後，「大蒙古國」之名在蒙文文書中仍被沿用。本書遵循原文作者用法，下不另注。

12　校者注：《高麗史》卷 29，〈世家〉，忠烈王 7 年 3 月丙辰。

來恢復王權的政治需要而推進的。在聯姻進行的過程中，蒙古軍隊被派往高麗，武臣政權崩潰，王權完全恢復。隨後，「三別抄之亂」也得以鎮壓，恢復王權這一最初的目標算是充分實現了。不僅如此，忠烈王作為蒙古的駙馬，在與蒙古的外交中佔據了有利地位，這也是一大收穫。忠烈王利用駙馬的地位，不僅確保了儀典上對蒙古官員的優勢，而且在攸關高麗國家利益的事情上可以直接請求蒙古皇室並加以貫徹。1278 年（高麗忠烈王 4 年），忠烈王「親朝」忽必烈，令蒙古撤回駐紮在高麗的軍隊和達魯花赤，一舉解決「六事」問題，這便是其中典型一例。

忠烈王在與蒙古的外交中充分利用了駙馬的地位，甚至要求蒙古將自己的封號定為「駙馬國王」。1281 年 3 月，蒙古冊封忠烈王為駙馬國王，這源於忠烈王要求在現有的封號「高麗國王」上加「駙馬」二字。之後的 1282 年 10 月，蒙古送來了駙馬國王的金印。這裏值得注意的是，駙馬國王的出現，並不是基於蒙古要將忠烈王定位為駙馬的需要，而是源於忠烈王在與蒙古的外交中為了利用駙馬的地位而提出的要求。對於兼具高麗國王和蒙古駙馬雙重身分的忠烈王，其地位應該視為前者還是後者，在當時也頗具爭議。《高麗史節要》載：

> 王聞詔使來，出迎西門外。王既尚主，雖詔使未嘗出城而迎。舌人金台如元，省官語之曰：「駙馬王不迎詔使，不為無例，然王是外國之主也，詔書至，不可不迎。」至是，始迎之。
>
> 《高麗史節要》卷 19，忠烈王元年（1275 年）5 月。

在迎接蒙古使節的問題上，忠烈王是「外國之主」還是「駙馬」，成為了一時難題。蒙古中書省的判斷是，高麗國王作為「外國之主」的地位要優於駙馬的地位，所以忠烈王是走出西門外迎接使節的。因此，將忠烈王的地位視為駙馬，將高麗視作蒙古分封給駙馬的領地從而稱其為蒙古的「投下領」，這是與事實不符的一種觀點。另外，應當注意的是，當時高麗被稱為蒙古（元）的駙馬國，其意義也可以有多種解釋。

高麗王室和蒙古皇室的聯姻，並不止於忠烈王和忽都魯揭里迷失公主的婚姻，而是世代相繼。即，在「元干涉期」[13]的七位高麗國王中，除了未成婚即早逝的忠穆王和忠定王之外，其餘五位國王，加上繼承瀋王的忠宣王侄子王暠，共有六人成為了蒙古皇室的駙馬。雖然不清楚元宗最初請婚時是否預料到了這種結果，但忽必烈接受高麗的請婚時，很有可能已經考慮到了要將高麗王室納入蒙古皇室的姻親網路之中。1295 年（高麗忠烈王 21 年），高麗第二次請婚時，蒙古沒有再提及婚姻資格問題，這便是很好的佐證。然而，忠烈王是唯一一位與蒙古皇帝的親生女兒聯姻的國王，此後的高麗國王多與蒙古親王之女成婚，但這並不意味着駙馬的地位未得到認可。

二、忠烈王時期「世祖舊制」的形成及其意義

1. 忠烈王的親朝外交與「世祖舊制」的形成

繼元宗之後即位的忠烈王，在位 34 年，前後 11 次「親朝」，在與元朝的外交上積極利用了「親朝」的機會。過去的「親朝」是蒙古為使高麗屈服而強制要求的，現在變成了高麗國王為達到政治目的而採取的外交手段，其意義發生了變化。其中，高麗與元朝關係中最具重要意義的是 1278 年（高麗忠烈王

13　校者注：所謂元干涉期，即高麗受元朝干涉的歷史時期，一般指 13 世紀後半期至 14 世紀前半期。

4 年）4 月的「親朝」，這也是忠烈王的首次「親朝」。自 1270 年（高麗元宗 11 年）元宗借蒙古軍推翻武臣政權後，除戶口調查之外包括達魯花赤設置在內的「六事」都在落實當中。另外，繼 1274 年第一次侵略日本之後，為了繼續準備攻擊，由忻都、洪茶丘等指揮的蒙古軍隊駐紮在高麗。在這種情況下即位的忠烈王，以駙馬的地位牽制元朝勢力的同時，努力減輕高麗的負擔，在此過程中與洪茶丘等人產生摩擦。

忠烈王和洪茶丘的對立，在 1277 年（高麗忠烈王 3 年）12 月的金方慶被誣告事件中顯露出來。事件初始，有人告發高麗首相兼代表性武臣金方慶企圖在殺死國王和達魯花赤後再次進入江華島進行抗戰。忠烈王認為這是誣告，並試圖平息事態。但洪茶丘親自派人稟告元朝皇帝，主張其言並非誣告，從而使得事態加劇。當時忽必烈可汗召回了洪茶丘，並下令忠烈王「親朝」。最終，事情真相在元廷的調查下水落石出。然而，忽必烈的這種處理方式已然表露了對洪茶丘主張的不信任。因此在忠烈王「親朝」時，較之金方慶被誣告事件，討論更多的是忠烈王即位後的外交懸案。

忠烈王在元朝親自謁見忽必烈，並表達了己方要求。《高麗史》中記載了當時二人的對話，茲抄錄重要部分如下：

> （忠烈王）又奏曰：「陛下降以公主，撫以聖恩，小邦之民，方有聊生之望。然茶丘在焉，臣之為國，不亦難哉。如茶丘者，只宜理會軍事，至於國家之事，皆欲擅斷……上國必欲置軍於小邦，寧以韃靼漢兒軍，無論多小而遣之，如茶丘之軍，惟望召還。」帝曰：「此易事耳……可亟召茶丘還。」
>
> 《高麗史》卷 28，〈世家〉，忠烈王 4 年（1278 年）7 月甲申。

這樣，忠烈王成功驅逐洪茶丘，輕鬆解決了「親朝」的首要問題——金方慶被誣告事件。洪茶丘的被逐，意味着在蒙麗戰爭期間，向蒙古投降並引導其侵略高麗的附元勢力被成功趕出了高麗。忠烈王的外交活動不僅限於此，還可以從以下記載中看到。

> （忽必烈可汗）諭王曰：「……朕已知方慶冤抑而赦之，又命罷忻都、茶丘軍，種田軍、合浦鎮戍軍皆還。」……王曰：「願得上所親信韃靼一人，為達魯花赤。」帝曰：「何必達魯花赤？汝自好為之。」王曰：「小邦亦請依上國法點戶。」又請留合浦鎮戍軍，以備倭寇。帝曰：「何必留之？其能無害於汝民乎？汝可自用汝國人鎮戍，倭寇不足畏也，若點戶，則可自為之。」
>
> 《高麗史》卷 28，〈世家〉，忠烈王 4 年（1278 年）7 月戊戌。

由此可見，此時不僅是洪茶丘，忻都帶領的蒙古軍隊也撤離了高麗。此外，以上引文中顯示，高麗自行履行着「置達魯花赤」和「戶口調查」之職，但實際上達魯花赤在高麗的設置已然廢除，向元朝報告戶口調查結果一事也已免除。這兩項是長期以來成為兩國爭論焦點的「六事」中的核心內容，彼時元朝撤回了通過「六事」來支配高麗的政策。如此一來，兩國之間只剩下朝貢冊封關係的形式。因此我們可以這樣評價：高麗自議和以來一直拒絕「六事」，以建立傳統朝貢冊封關係為目標，最終這一外交努力取得了成功。

1278 年忠烈王「親朝」之後，元朝沒有派兵常駐高麗或派遣達魯花赤，也沒有繼續要求高麗調查戶口。洪茶丘被召回元朝，此後未能再干預高麗內政。而且，以這次親朝為契機，不僅是洪茶丘，包括在戰爭中投降蒙古並成為其嚮導的所謂附元勢力在高麗境內的活動也得以根除。至此，高麗境內可以與忠烈王分庭抗禮的政治勢力不復存在，忠烈王作為受到元朝冊封的國王，對高麗的統治權總算是得到了保障。

然而，由於高麗國王的統治權是在元朝的冊封和支援下得以維持的，當其面對元朝的干涉時只能顯得力不從心。元朝可以隨時派遣使節干涉高麗內政，甚至迫使高麗國王退位並冊封新國王。1298 年（高麗忠烈王 24 年）忠烈王退位、忠宣王即位，同年又發生了忠宣王退位、忠烈王復位一事。這種父子之間交替上位的現象，日後在忠肅王和忠惠王父子之間再次重演。但是，當時的高麗似乎認為這只是元朝在行使實際的冊封權，並未覺得雙方關係脫離了傳統的朝貢冊封關係。還有一點值得注意的是，雖然高麗王位在元朝冊封下出現交替，但並沒有無資格者被扶持上位的事情發生。像這樣，高麗的王位繼承秩序並未遭到破壞，這意味着元朝的實際冊封權也有其局限性。

1278 年忠烈王「親朝」時和忽必烈可汗之間達成的協議，成為了此後處理元麗關係的原則。此後增加的，也只有 1287 年（高麗忠烈王 13 年）征東行省的設置。征東行省原本是為侵略日本而設置的機構，但此時只是作為一種地方制度而設置。征東行省在很多方面與元朝的其他行省不同，不具備行省的下級組織，平章政事以下的高層職位空缺，只補充了郎中以下的下層職位。而且，高麗國王兼任丞相，對郎中以下的行省官吏行使保舉權，行省官吏的任命大部分在高麗官吏中進行。因此，征東行省並不是實質性的地方統治機構，而是一種形式上的機構，用來規定高麗在元帝國內部的地位，並發揮傳遞兩國之間外交文書等功能。

隨着征東行省的設置，忠烈王在駙馬、高麗國王之上又增加了「征東行省丞相」這一身分，此後這三項被確定為高麗國王的封號。其中最重要的當屬高麗國王這一地位，因為作為受元朝冊封的「高麗國王」統治着在元朝看來屬於「外國」的一個獨立國家。忽必烈保障了高麗國王及高麗的地位，這一政策後來被稱為「世祖舊制」。「世祖舊制」在此後的元麗關係中，為高麗維護國家獨立性發揮了重要作用。

2. 元麗之間的領土紛爭

包括高麗與蒙古的戰爭期間在內，在「元干涉期」，高麗領土的一部分被蒙古（元）掠奪，因此圍繞着領土歸還事宜，雙方曾展開激烈交涉。從 1258 年（高麗高宗 45 年）戰爭期間雙城總管府的設置開始，1269 年（高麗元宗 10 年）的東寧府、1273 年（高麗元宗 14 年）的耽羅總管府又相繼設立，高麗領土的一部分被納入蒙古（元）名下。在高麗的不斷要求下，部分領土成功歸還，但完全恢復領土要等到 1356 年（高麗恭愍王 5 年）反元運動成功之後了。另一方面，除了戰爭期間，在戰後也頻繁有高麗人流入遼東和雙城地區。因此，對高麗來說，不僅是領土的歸還，流民的遣返也是一大問題。

雙城總管府設置於 1258 年 12 月，當時蒙古和高麗正處於交戰狀態。關於其設置有如下記錄：

> 龍津縣人趙暉、定州人卓青等與朔方道登文州諸城人合謀，引蒙兵乘虛，殺（東北面兵馬使）執平、登州副使朴仁起、和州副使金宣甫及京別抄等，遂攻高城，焚燒廬舍，殺掠人民，遂以和州迤北附于蒙古。蒙古乃置雙城摠管府于和州，以暉為摠管，青為千戶。
>
> 《高麗史節要》卷 17，高宗 45 年 12 月。

高麗東北面發生的高麗人叛亂，成為了設置雙城總管府的藉口。這是自 1231 年（高麗高宗 18 年）戰爭開始以來，蒙古第一次將高麗投降的地區直接納入自己的版圖。此後，雙城總管府在元遼陽行省的管轄下與高麗形成對峙，趙暉和卓青以及比他們更早逃到該地區的李安社（李成桂的四代祖）的後代們世襲官職，成長為反抗高麗的勢力。

1259 年（高麗高宗 46 年）實現議和後，從次年開始，高麗要求蒙古歸還戰爭中投降的高麗人。對此，蒙古表示，不會將到截至當時自願投降蒙古的人送回高麗，在事實上予以拒絕。同時承諾，今後不會再發生類似事情。此後，1259 年成為了高麗和蒙古之間劃分領土和流民歸屬的分界點。也因此故，在此之前設置的雙城總管府，直到 1356 年（高麗恭愍王 5 年）恭愍王用武力奪回之前，一直是元朝領土。

1269 年（高麗元宗 10 年）高麗西北面兵馬使營的記官崔坦、韓慎等發動叛亂，以此為契機，元朝於次年 2 月設立東寧府，管轄地區為西北面的慈悲嶺以北。1269 年 6 月發生林衍廢黜元宗、擁立安慶公王淐的事件後，崔坦等人於 10 月以清算林衍的名義發動叛亂，殺死周邊諸城的官吏，並向蒙古投降。而此時，蒙古已經介入，要求高麗報告元宗廢位的始末。至此，已然能夠預見元宗復位的可能性。因此可以說，他們實際上沒有名分發動叛亂。但儘管如此，他們仍攻擊附近的州縣以擴大勢力，並向蒙古投降，繼續着公然反抗高麗的行為。

另外，1269 年距離高麗和蒙古實現議和已經過去十年之久，由於其間高麗國王和蒙古之間不斷進行着議和協商，蒙古其實也沒有名分接受上述投降。然而，當時蒙古對高麗突然出台強硬政策，這是因為蒙古在林衍廢黜元宗一事中感知到高麗對蒙古再次抗戰的可能性，遂對此採取了應對。蒙古朝廷討論過討伐高麗一事，對此有兩種意見：一是用武力屈服高麗，但這並非易事；二是瓦解高麗。文獻有如下記載：

> 樞密院臣議征高麗事……前樞密院經歷馬希驥亦言：「今之高麗，乃古新羅、百濟、高句麗三國併而為一。抵藩鎮權分則易制大，諸侯強盛則難臣。驗彼州城軍民多寡，離而為二，分治其國，使權侔勢等自相維制，則徐議良圖，亦易為區處耳。」

《元史》卷 208，〈高麗傳〉，世祖至元 6 年。

馬希驥即主張接受崔坦、韓慎等人的投降，將高麗一分為二。此主張被採納後，1271 年 2 月蒙古以西京為中心設置了東寧府。作為叛亂口實的元宗廢位問題，在蒙古的介入下已經得到解決，元宗於 1269 年 11 月復位。雖然復位後的元宗多次請求不要接受這些人的投降，但蒙古在支援元宗推翻武臣政權的同時還是奪取了高麗領土。

耽羅總管府是 1273 年（高麗元宗 14 年）6 月蒙古在濟州鎮壓「三別抄叛亂」後設置的。如此一來，高麗即使在 1259 年（高麗高宗 46 年）議和之後，也還是被蒙古奪走了東寧府和耽羅總管府所管轄的領土。這是蒙古自己違反了議和當時的約定，所以高麗抓住這一點，為收復領土傾盡全力。結果，1290 年（高麗忠烈王 16 年）元廷將東寧府遷至遼東，其領土則歸還給了高麗。另外，1294 年高麗得到了歸還耽羅的承諾。1301 年耽羅總管府被廢除，耽羅被歸還給了高麗。最終，東寧府存續了 19 年，耽羅總管府存續了約 30 年。耽羅總管府支配下的濟州島，為了防禦倭寇曾設置了耽羅萬戶府；1302 年，作為行政區域，麗廷在此設置了濟州牧，並派遣牧使，其又被納入高麗領土。即便如此，元朝對濟州的深度干涉依然存在：在濟州設置的牧場為元朝提供着馬匹，元朝向此派遣牧胡，等等。直到 1374 年（高麗恭愍王 23 年），崔瑩率領的高麗軍攻佔島嶼，元朝在濟州的勢力才被完全消滅。

與領土同樣重要的是居民的歸屬問題。喪失領土的嚴重性在於，會同時失去生活在該地區的居民。而且，在「元干涉期」，高麗居民因生活窮困潦倒而離鄉流亡的事件頻繁發生，其中相當一部分人越過國境，流入雙城總管府、東寧府，甚至遼陽、瀋陽等元朝領地。高麗一直努力索要流入了這些地區的高麗人，這被稱為「刷還」。「刷還」的依據是議和初期蒙古作出的承諾，即「己未年（1259 年，高麗高宗 46 年）已來驅掠人，許令放還」。因此，在雙城總管府和東寧府，持續進行着不定期的流民刷還。

然而，流民問題引發了高麗和雙城總管府、東寧府之間的尖銳矛盾，這是因為彼此都在致力於增加人口。特別是高麗和東寧府之間，不僅是刷還流民問題，在邊境問題上也發生了衝突。以下引文記載了 1278 年（高麗忠烈王 4 年）忠烈王「親朝」時對東寧府的行為所提出的抗議：

> 西海道內谷州、遂安兩城，往年投拜搭察兒大王，大王使吉里歹來點民戶。尋蒙省旨云：「諸王投下，不得一面收拾民戶，況高麗附屬國土，不合收拾。」今崔坦等逐去本國差遣官員，擅自管領，若聽取坦等一面誑辭，似不合理。西海道殷栗縣不曾投拜崔坦，坦等妄稱投拜，爭一十七户，已受省旨，復屬本國。今年三月復爭如前，於一十七戶內，又令餘人圓聚，影占管領，是何體例？
>
> 《高麗史》卷 28，〈世家〉，忠烈王 4 年 7 月壬辰。

由上可見，東寧府以周邊的遂安和谷州向蒙古投降為由，試圖佔領這些地區，又主張對殷栗 17 戶民家的支配權，在領土和人口問題上與高麗發生了摩擦。對此，高麗向元朝提出抗議，於 1278 年 10 月成功將遂安和谷州、殷栗悉數收回。

廢除東寧府和耽羅總管府後，矛盾主要集中在了雙城總管府和流民問題之上。以下史料顯示的是元中書省和管轄雙城總管府的遼陽行省以及代替高麗的征東行省等三省官員，為了刷還流亡雙城總管府地區的高麗人而聚集討論的場景。

> 雙城地頗沃饒，東南民無恆產者多歸焉。本國聞于（元）中書省，奉聖旨差官來，遼陽省亦差官來，王遣省郎中李壽山往會，分新舊籍民，謂之三省照勘戶計。
>
> 《高麗史節要》卷 26，恭愍王 4 年 12 月。

由於流民遣返問題，高麗和雙城總管府之間產生矛盾，元中書省直接派遣官員進行了仲裁。於是，元中書省、征東行省、遼陽行省的官員聚集一處辨認流民，此謂「三省照勘戶計」，這表明遣返進入雙城總管府的高麗流民並非易事。這場矛盾直到 1356 年（高麗恭愍王 5 年）才結束，彼時在高麗爆發了反元運動，通過武力奪回了雙城總管府。

另外，高麗人移居最多的地區是遼東。戰爭期間，投降蒙古或被俘虜的人大部分居住在遼陽和瀋陽之間。對於他們的統治權，洪福源、洪茶丘父子的子孫和高麗王室在「元干涉期」間一直處於對立狀態。忠宣王在被元朝冊封為瀋陽王（或瀋王）後，對該地區高麗人的統治權得到了認可。但洪福源的後代洪君祥、洪重喜等成為遼陽行省的高層官員後，依然與忠宣王互為水火。不過，居住在遼東的高麗人，他們移居的時間是在 1259 年（高麗高宗 46 年）議和之前，因此不可能被遣返高麗。

1370 年（高麗恭愍王 19 年），元朝首都被明軍攻陷、元軍被趕至北方。是年，高麗開始積極攻打遼東地區。而李成桂在這一年和次年曾先後三次攻擊遼東，每次都打着查找該地區附元勢力的旗號進行，實則為了帶回居住在該地區的高麗人。在第一次攻擊中，有一萬多民戶回到了高麗。而在持續的攻擊下，東寧府地區的大部分民戶都回到了高麗。不過，遼東地區高麗人的刷還問題，此後隨着明朝的崛起而成為了高麗和明朝之間的外交問題。

3. 以「世祖舊制」為盾牌的高麗外交

1278 年（高麗忠烈王 4 年）以忠烈王「親朝」為契機而形成的「世祖舊制」，在忽必烈駕崩後也發揮了效力。隨着元麗關係的持續，元朝加強了對高麗的干涉，甚至試圖消滅高麗並將其納入元朝領地。但每當這時，高麗都搬出「世祖舊制」予以反對。恰好世祖的遺訓在元朝也長期受到尊重，這樣高麗的努力才得以見效。

高麗以「世祖舊制」為盾牌來阻止現狀變化的第一個事例，是 1299 年（高麗忠烈王 25 年）阻止了征東行省平章政事闊里吉思修改奴婢法。1298 年，忠烈王和忠宣王父子爭奪王位，最終忠烈王復位，但未能獲得元朝的支持，政治地位大幅下降。當時元朝在恢復忠烈王王位的同時，欲強化征東行省以制約王權，其方式是任命並派遣了征東行省的高級官員 —— 平章政事。1299 年被派遣的闊里吉思指出，在高麗的官吏眾多、稅收過重、刑罰無定的同時介入高麗內政，進而試圖修改高麗的奴婢法。對此，忠烈王「親朝」後謁見元帝鐵穆耳可汗（元成宗），對此提出抗議，其核心思想在於：向征東行省派遣高層官員以及任由他干涉高麗內政，有違「世祖舊制」。這種說辭確實奏效了：元朝之後召回了闊里吉思，並停止向征東行省派遣高官。

運用「世祖舊制」的第二個成功事例，是 1302 年（高麗忠烈王 28 年）扼殺了元朝遼陽行省合併征東行省的意圖。當時，遼陽行省向元朝提議將征東行省與本省合併為一個行省，並將其治所置於遼陽行省的治所東京。遼陽行省此舉旨在通過合併征東行省從而在事實上控制高麗。對此，忠烈王以「世祖舊制」單獨設立征東行省才符合先帝的計劃為由，表示反對，並成功說服了元朝。

在忠烈、忠宣王之後的忠肅王時期，高麗王朝迎來了生死存亡的巨大危機。1320 年（高麗忠肅王 7 年），受元朝政治鬥爭的影響，上王忠宣王被流放到吐蕃，忠肅王被奪去國王印璽後扣留在了元朝。在這種情況下，高麗發起了擁立忠宣王的侄子瀋王王暠為國王的運動，但由於元朝反對而以失敗告終。於是，想要擁立瀋王的一部分人，於 1323 年開始策劃將高麗完全打造成元朝的行省，即所謂的「立省策動」。當時，元朝的碩德八剌可汗（元英宗）積極討論立省情況，立省由此進展迅速，新設行省的名稱被定為三韓行省。

如果「立省策動」成功，高麗王朝將遭廢絕，因此高麗方面極力予以阻止。當時高麗的反對理由，很好地體現在李齊賢向元中書省的如下上書當中：

> 竊惟小邦始祖王氏開國以來，凡四百餘年矣。臣服聖朝，歲修職貢，亦且百餘年矣。有德於民，不為不深，有功於朝廷，不為不厚……故得釐降公主，世篤舅甥之好，而不更舊俗，以保其宗祧社稷，繄世皇詔旨是賴。今聞朝廷擬於小邦立行省比諸路。若其果然，小邦之功且不論，其如世祖詔旨何？伏讀年前十一月新降詔條：「使邪正異途，海宇康乂，以復中統至元之治。」聖上發此德音，實天下四海之福也，獨於小邦之事，不體世祖詔旨，可乎？
>
> 《高麗史節要》卷 24，忠肅王 10 年正月。

上引文指出，高麗是根據世祖皇帝的詔旨——「世祖舊制」來保全宗廟和社稷，即維持國家形態的。借此，立省與「世祖舊制」相悖這一點得以凸顯。接着，文中列舉了如下事實，即當時元朝碩德八剌可汗下達詔書，闡明要恢復中統、至元時期的政治，即恢復世祖時代政治。之後指出了問題所在，即唯獨對高麗不遵守「世祖舊制」。

元廷內部也有聲音認為將高麗變成行省有違「世祖舊制」。對於這一立省策動，元朝官員王觀上書如下：

> 伏聞朝廷建立征東行省，欲同內地，恐論者不察，以致崇虛名而受實弊。何則？高麗慕義向化，歸順聖朝，百餘年矣。世世相承，不失臣節，世祖皇帝嘉其忠懇，妻以帝女，位同親王，寵錫之隆，莫與為比。其在本國，禮樂刑政，聽從本俗，不復以朝廷典章拘制。故國家常有事於東方，本國未嘗不出兵以佐行役，自遼水以東瀕海萬里，賴以鎮靜。為國東藩，世著顯效，累葉尚主，遂為故事，此蓋高麗之忠勤祖宗之遺訓也。今一朝

採無稽之言，以隳舊典，恐與世祖皇帝聖謀神算似有不同。其不可一也。

《高麗史節要》卷 24，忠肅王 10 年正月。

王觀共舉出了反對立省的六個理由，第一點就是其違背了世祖皇帝的聖謀，即「世祖舊制」。這一反對取得了效果，元廷最終放棄了立省；高麗則以「世祖舊制」為盾牌，成功阻止了立省並保證了高麗王朝的存續。此後「立省策動」又出現了幾次，但始終沒有實現。這些事例因史料匱乏，難窺其詳，但很可能也是因為高麗以「世祖舊制」為由進行反對，而元朝同樣無法給出足以拒絕的明確理由。可以說，形成於忠烈王時期的「世祖舊制」，在此後的長期局勢變化中，成為了保證高麗王朝得以存續的手段。

三、恭愍王反元運動之後的元麗關係

1. 恭愍王的反元運動

高麗與元朝之間達成的「世祖舊制」，在保證高麗王朝存續的同時，以元朝的支援為背景，不容許與高麗國王對立的附元勢力存在。但是，鐵穆耳可汗（元成宗）駕崩後，元朝政局持續動盪，元麗關係隨之變得不穩定，「世祖舊制」也越來越難以遵守。忠肅、忠惠王時期出現的「立省策動」，大部分都是附元勢力所為。高麗以「世祖舊制」為盾牌，成功阻止了立省，但附元勢力的登場仍不可避免。而且，隨着元朝妥懽帖睦爾（元順帝）時期奇皇后的出現，其一族在高麗掌權，以他們為中心的附元勢力進一步擴大。

忠穆王時期（1345–1348 年），隨着整治都監開展改革活動並處罰附元勢力，奇皇后直接介入並從中作梗。忠穆王年少去世後，元朝冊封忠定王為高麗國王。不過僅僅過了三年，又令忠定王退位，並冊封了恭愍王。在此過程中，元朝的政治影響力擴大，特別是奇皇后等附元勢力的權力得到了加強。在這種情況下即位的恭愍王，在解決權貴侵佔土地和「壓良為賤」導致的奴婢問題的同時，試圖在對元關係中恢復「世祖舊制」。恭愍王即位後隨即禁止了蒙古風俗的辮髮和胡服，體現出通過重振高麗風土來恢復「世祖舊制」的意志。

然而，與奇皇后所籠絡的附元勢力進行的對決，對於恭愍王而言，絕非易事。特別是奇皇后之兄奇轍作為高麗國內附元勢力的代表，也站到了恭愍王的對立面。彼時國際形勢悄然發生改變，元朝開始衰落。當時，元朝在頻繁發生自然災害的情況下，爆發了反對蒙古族統治的全國性漢族農民起義。恭愍王即位前生活在元朝，理應知曉這一事實；不過在 1354 年（高麗恭愍王 3 年）發生了令人更加確信元朝衰敗的事件。是年，元朝為了攻擊高郵城的漢族農民軍張士誠，向高麗請兵，高麗隨即向元朝派遣了兩千士兵。在高郵城一戰中，元軍由於指揮系統崩潰，未能正常開戰即敗下陣來。這一情況經高郵城歸來的高麗軍匯報傳回到恭愍王處，恭愍王在確認元朝的實際情況後，將對元政策的目標從恢復「世祖舊制」改為全面反元。

1356 年（高麗恭愍王 5 年）5 月 18 日，恭愍王突然發起反元運動，除掉了奇轍、盧頙、權謙等附元勢力的核心人物，革除了征東行省理問所，同時兵分兩路守住鴨綠江西側並攻擊雙城總管府。接着在 6 月 26 日，高麗停止使用元朝的「至正」年號，表露出要與元朝斷絕關係的決心。此外，還恢復了忠烈王時期因元朝干涉而被降格的舊官制。元朝揚言要出動八十萬大軍征伐高麗，但實際上並沒有這個能力。高麗同樣無意開戰，因此雙方很快就開始尋求外交上的解決方法。

元朝只在高麗軍隊越過鴨綠江進攻自己領土的事實上大做文章，對於高麗除掉奇皇后一族、廢除理問所、佔領雙城總管府、停止「至正」年號等事則隻字未提。這意味着高麗只要對攻擊元朝領土的問題負責，元廷就不會對其餘的反元運動追究責任。對此，高麗內部對攻擊元朝領土一事問責，處決了指揮官印璫，並向元廷致歉，聲稱因奇轍等人謀反，急於處理而未能及時稟告。於是，元朝接受了高麗的道歉，並表達了諒解之意。在這裏，高麗的「道歉」和元朝的「諒解」只是外交辭令而已，實際上是元朝承認了高麗單方面的反元運動。

事態平息後，高麗於 10 月遣李仁復至元，羅列出對元關係中存在的各種弊端，並傳達了與之相關的己方要求。這些要求正是高麗通過反元運動想要達到的目的，具體如下：

首先，高麗指出征東行省的問題所在，要求廢除其屬司理問所等，只留下左右司，且左右司官吏的任命要由國王作為征東行省丞相進行保舉。丞相的保舉權本來是從設置征東行省時就得到保證了的，但是之後隨着附元勢力的興起而未能持續。雖然要求恢復保舉權的目的在於恢復「世祖舊制」，但理問所等是在世祖時期就已設置了的，所以其廢除可以說是從「世祖舊制」又向前邁進了一步。

另外，高麗還要求廢除元朝在高麗設置的軍隊萬戶府，禁止元朝的各官廳私自向高麗派遣使節掠奪物資，以及要求承認雙城和三散地區為高麗領土。其中，萬戶府的廢除和私使的杜絕屬於舊弊，一旦元朝的干涉結束，這些必然會消失。領土問題則是為了得到對反元運動中收復的雙城總管府地區所有權的認可。然而，雙城總管府在忽必烈之前就已成蒙古領土，因此這一問題並不僅僅是「世祖舊制」的恢復那麼簡單了。而且，彼時高麗不僅收復了設置雙城總管府之前的領土，還把領土擴張到了更北的地域。

高麗的反元運動，其目標遠不止於恢復「世祖舊制」。而且，高麗的要求得到貫徹的過程也具有特殊的意義。換言之，高麗在自身要求已經得以貫徹的情況下，單方面通告了元朝。繼 10 月高麗的通告之後，兩國間沒有另外進行其他討論，雙方重新恢復通交。一般認為，這表示元朝接受了高麗的所有要求。至此，高麗的反元運動大獲成功，由此擺脫了自 1259 年（高麗高宗 46 年）以來持續了近百年的元朝干涉。

不過，即使在反元運動之後，高麗也沒有完全斷絕與元朝的交流。高麗依舊維持了朝貢冊封關係的形式：遣賀正使、賀聖節使以及皇后和皇太子千秋節的進賀使等儀禮性質的使團，使用「至正」年號，等等。因此，即使經歷了高麗的反元運動，兩國關係看上去似乎也是延續的。但由於兩國之間的力學關係發生了很大的變化，現在即使是同樣的行為，它所具有的意義也已不同。簡言之，高麗希望通過反元運動來達成的對元關係，是沒有元朝的干涉，但維持着傳統朝貢冊封形式的關係。

2. 反元運動後的元麗關係

高麗和元朝之間的朝貢冊封關係，一直持續到 1369 年（高麗恭愍王 18 年）高麗將「事大」的對象改為明朝為止。1356 年反元運動以後，直到 1359 年紅巾賊的侵略導致高麗的對元政策再次發生重大變化為止，高麗都只想與元朝維持傳統的朝貢冊封關係。另一方面，元朝不僅未能阻止高麗的反元運動，之後對高麗單方面的流程變更也未能提出異議。反元運動之後，就連元朝的遣使也一併中斷。

然而，1359 年（高麗恭愍王 8 年）11 月末開始的紅巾賊的侵略，改變了反元運動之後高麗主導元麗關係的局面。紅巾賊是當時在元朝興起的漢族農民軍，在攻擊元大都未果後，反而遭元軍追趕，湧入了高麗。高麗約用了三個月的時間成功擊退了紅巾賊，但也遭遇了西京淪陷等困境。從那之後，高麗開始致力於尋求元朝的幫助。1360 年 3 月，高麗遣使赴元，告知了擊退紅巾賊的消息，並於 9 月重新設置征東行省，傳遞出改善關係的信號。

對於高麗的努力，元朝於 1361 年（高麗恭愍王 10 年）9 月派使節前來酬答。但是，由於紅巾賊於同年 10 月下旬開始第二波侵略，兩國之間的往來再次中斷。彼時高麗正遭遇危機：開京被紅巾賊佔領，而國王則避難至安東。因此，高麗當局更加切實地感受到改善對元關係的必要性。在收復開京之後，恢復了反元運動之前的官制，從而自行否定了反元運動的成果。另一方面，元朝利用紅巾賊入侵後形成的有利局面，試圖重新全面調整與高麗的關係。1362 年恭愍王被廢、德興君被冊封為高麗國王便是一例。元朝此舉是為了報復恭愍王的反元運動，同時對高麗國王行使冊封權，試圖將兩國關係恢復到反元運動之前。然而，由於高麗的強烈反對，元朝的意圖未能達成。

高麗拒絕接受德興君為國王，於是元朝在 1364 年（高麗恭愍王 13 年）正月舉兵伐麗。然而，崔瑩和李成桂率領的高麗軍擊退了元軍，這令高麗再次認識到元朝的衰落。高麗的勝利，成為兩國關係的又一個分水嶺。高麗在反元運動之後所主導的兩國關係，在紅巾賊入侵後，似乎回到了原點。但以此次勝利為契機，高麗又重新掌握了主導權。同年 10 月，元朝下詔宣佈恭愍王復位，詔書中包含了對恭愍王廢位經過的解釋和皇帝破例致歉的內容。

1368 年（高麗恭愍王 17 年）左右開始，朱元璋建立的明朝登上歷史舞台，高麗與元朝的關係也迎來了新的轉機。同年閏 7 月，明軍佔領元大都，妥懽帖睦爾可汗（元順帝）逃往北方上都。此消息傳至高麗後，高麗立即遣使至明朝。次年，明朝使節前來宣諭皇帝即位，並告國號為「大明」、年號為「洪武」等。高麗隨即中止了元朝的「至正」年號，斷絕了與元朝的關係。接着在 1370 年 5 月，高麗國王接受明朝冊封，並從 7 月開始行明「洪武」年號，與明朝正式建立了朝貢冊封關係。

元軍在明軍的攻勢下節節敗退，遂請求高麗支援，但都遭到高麗拒絕。高麗的「親明反元」政策，隨着與明朝朝貢冊封關係的鞏固而進一步加強。最具代表性的事例是，1369 年[14] 秋，高麗在東北面與西北面的要塞部署軍隊，準備攻擊遼東的東寧府。這一攻擊始於 1370 年[15] 正月，在時間上與明朝派大規模軍隊攻打元朝是一致的。換言之，面對中國元明交替，高麗非常機智地斷絕了與元朝的關係，並與明朝建立了朝貢冊封關係。

與明朝建立朝貢冊封關係後，高麗的「親明反元」政策雖然短暫維持了一段時間，但因 1374 年 9 月（高麗恭愍王 23 年）恭愍王被弒而遭遇危機。當時，赴麗的明使蔡斌和林密一行返程之時，負責護送的金義殺害了使節蔡斌並活捉林密逃往元朝。主導親明政策的恭愍王之死以及明使遇害，足以使明朝對高麗產生懷疑。同年 11 月，高麗遣使赴明，稟告恭愍王被弒殺的事實，並請求謚號，同時請求承認禑王的襲位。這在朝貢冊封關係上本是理所當然的舉動，但與「元干涉期」有很大的不同之處，即沒有委託明朝來決定繼任國王，而是要求對已經繼位的禑王予以承認。但是，這些高麗使節在前往明朝的途中，聽到金義殺害明使的消息後便折道回府了。緊接着，高麗於次月即 12 月遣使赴北元告知恭愍王的噩耗。考慮到恭愍王時期的反元氛圍，這一決定不無意外，但彼時高麗並未向北元請賜謚及承襲，表明其明確區分明朝和北元的態度。次年正月，高麗重新遣使赴明請賜謚及承襲，並於 3 月送上貢馬等，試圖維持與明朝的關係。但由於明朝方面概不回應，雙方關係暫時斷絕。

恭愍王被弒後，高麗與北元也產生了矛盾，這是因為北元冊封了瀋王王暠之孫脫脫不花為高麗國王。元朝以前也曾考慮過廢黜恭愍王，以此應對恭愍王的「親明反元」政策，因此恭愍王被弒正好成為北元的藉口。北元以恭愍王沒有後嗣為由，將脫脫不花冊封為高麗國王。對此，高麗拒絕並要求對方撤回成命。洞悉事態的北元承認冊封脫脫不花屬於失誤，稱願意承認禑王嗣位，

14　校者注：原著訛作 1269 年，今據實改之。
15　校者注：原著訛作 1270 年，今據實改之。

但前提是要接受自己的冊封。同時，元廷還要求日後攻打明朝時高麗要出兵相助。元麗關係由此得以改善。1377 年（高麗禑王 3 年）2 月，北元冊封禑王，隨之高麗開始行北元「宣光」年號。這是自 1370 年（高麗恭愍王 19 年）行明「洪武」年號以來，時隔七年發生的重大變化：高麗將「事大」的對象由明轉回了元。

然而，元麗之間的朝貢冊封關係，只在明麗關係斷絕期間才能得以維持。1377 年 12 月，明朝遣返了其間扣留的高麗人。以此為契機，高麗與明朝的外交關係得以重啟。次年 3 月，高麗重新向明朝請賜謚及承襲，並從 9 月開始行「洪武」年號。這意味着北元年號的停用，説明高麗斷絕與北元的關係而恢復了與明朝的關係。最終，禑王即位後，與北元的朝貢冊封關係從 1377 年 2 月到次年 9 月為止，維持了不到兩年的時間。很難説這一時期高麗的對外政策是中立外交。換言之，高麗自 1370 年與明朝建立朝貢冊封關係以來，一貫奉行「親明反元」政策，僅在禑王即位後與明朝關係中斷的情況下，才短暫地恢復了與北元的朝貢冊封關係。

當高麗傾向於親明政策時，北元則在想方設法拉攏高麗。1379 年（高麗禑王 5 年）6 月，北元遣使赴麗告知改元「天元」，次年 2 月又冊封禑王為太尉，表現出優待的態度。對此，高麗遣使祝賀北元改元，並答謝冊封。但這也只是曇花一現，雙方的交流很快就斷絕了。1380 年 7 月，北元的最後一位使節到達高麗。1384 年 10 月，北元使節在赴麗途中因和寧府路梗而返回。

另一方面，高麗雖然從 1378 年開始再次行明朝年號，但受明朝的冊封則要等到很久以後。雙方圍繞冊封問題僵持不下，最終高麗進獻了明朝所要求的大量貢品。直到 1385 年（高麗禑王 11 年），禑王才成功獲得了明朝的冊封。由此，高麗與北元恢復關係的可能性變得更加渺茫。在這種情況下，從 1388 年（高麗禑王 14 年）2 月開始，因鐵嶺衛設置問題與明朝發生矛盾後，高麗以禑王和崔瑩為中心，推進了對遼東的攻勢。當時高麗實行過「親元反明」政策：禑王命官員們使用北元官服，停止行明「洪武」年號，等等。而且，推進遼東攻勢的同時，崔瑩還派人到北元，建議雙方發起夾攻。但彼時的北元已經因明朝的攻擊而向哈拉和林方面撤退，所以高麗將北元拉入到自己與明朝作戰的計劃當中，這很難取得成效。最終，1388 年李成桂以「威化島回軍」掌權後，進一步強化了親明路線。而隨着北元徹底滅亡，元麗關係自然也就一同斷絕了。

參考文獻

1. 著作

尹銀淑，《蒙古帝國的滿洲統治史（몽골제국의 만주지배사）》，松樹（소나무），2010。

李命美，《13–14 世紀高麗、蒙古關係研究》，慧眼，2016。

李康漢，《高麗與元帝國貿易史（고려와 원제국의 교역의 역사）》，創批（창비），2013。

李玠奭，《高麗與大元關係研究（高麗 - 大元 關係의 연구）》，知識產業社，2013。

金浩東，《蒙古帝國與高麗（몽골제국과 고려）》，首爾大學出版社，2007。

金順子，《韓國中世韓中關係史》，慧眼，2007。

姜在光，《崔氏政權對於蒙古入侵的外交應對（蒙古侵入에 대한 崔氏政權의 外交的 對應）》，景仁文化社，2011。

張東翼，《高麗後期外交史研究》，一潮閣，1994。

2. 論文

尹銀淑，〈高麗對於北元稱號的使用與東亞認識：以高麗的兩面外交為中心（고려의 北元칭호 사용과 동아시아 인식 - 고려의 양면 외교를 중심으로 -）〉，《中央亞細亞研究》，總第 15 輯（2010）。

李命美，〈恭愍王初期重構君權的嘗試與奇氏家族：以 1356 年（恭愍王 5）改革為中心（공민왕대 초반 군주권 재구축 시도와 奇氏一家 -1356 년〔공민왕 5〕개혁을 중심으로 -）〉，《韓國文化》，總第 53 輯（2011）。

李命美，〈高麗與元朝王室通婚的政治意義（高麗 · 元 王室通婚의 政治的 意味）〉，《韓國史論》，總第 49 輯（2003）。

李益柱，〈14 世紀前期高麗與元朝關係與政治勢力動向：以忠宣王時期的瀋王擁立運動為中心（14 세기 전반 高麗 · 元關係와 政治勢力 동향 - 忠肅王代의 瀋王擁立運動을 중심으로 -）〉，《韓國中世史研究》，總第 9 輯（2000）。

李益柱，〈14 世紀後半期高麗與元朝關係研究（14 세기 후반 고려 · 원 관계의 연구）〉，《東北亞歷史論叢》，總第 53 輯（2016）。

李益柱，〈再論 1219 年（高宗 19）高麗、蒙古「兄弟盟約」（1219 년〔고종 19〕고려 · 몽골 '兄弟盟約' 再論）〉，《東方學志》，總第 175 輯（2016）。

李益柱，〈再論 1356 年恭愍王的反元政治（1356 년 공민왕 反元政治 再論）〉，《歷史學報》，總第 225 輯（2015）。

李益柱，〈高麗、元朝關係構造研究：以所謂「世祖舊制」的分析為中心（高麗 · 元關係의 構造에 대한 研究 - 소위 '世祖舊制' 의 분석을 중심으로 -）〉，《韓國史論》，總第 36 輯（1996）。

李益柱，〈高麗對蒙關係中朝貢冊封關係要素探索（고려 · 몽골관계에서 보이는 책봉 · 조공관계 요소의 탐색）〉，《13–14 世紀高麗—蒙古關係探究》，東北亞歷史財團，2011。

李益柱，〈關於高麗、蒙古關係史研究視角的探討：共時、通時視角下的麗蒙關係史（고려 · 몽골 관계사 연구 시각의 검토 - 고려 · 몽골 관계사에 대한 공시적，통시적 접근 -）〉，《韓國中世史研究》，總第 27 輯（2009）。

李起男，〈忠宣王的改革與詞林院的設置（忠宣王의 改革과 詞林院의 設置）〉，《歷史學報》，總第 52 輯（1971）。

李康漢，〈征東行省官闊里吉思改編高麗制度的嘗試（征東行省官 闊里吉思의 고려제도 개변 시도）〉，《韓國史研究》，總第 139 輯（2007）。

李康漢，〈恭愍王 5 年（1356）「反元改革」再探討（공민왕 5 년〔1356〕'反元

改革' 의 재검토）〉，《大東文化研究》，總第 65 輯（2009）。

李康漢，〈高麗忠宣王的政治改革與元的影響（고려 충선왕의 정치개혁과 元의 영향）〉，《韓國文化》，總第 43 輯（2008）。

李康漢，〈整治都監運營諸樣態再探討（整治都監 운영의 제양상에 대한 재검토）〉，《歷史與現實（역사와 현실）》，總第 67 輯（2008）。

周采赫，〈蒙古—高麗史研究再探討：蒙古—高麗史的性質問題（몽골 - 고려사 연구의 재검토 - 몽골 - 고려사의 성격 문제 -）〉，《國史館論叢》，總第 8 輯（1989）。

金九鎮，〈元麗的領土紛爭及其歸屬問題：以元代的高麗本土與東寧府、雙城總管府、耽羅總管府的分離政策為中心（麗 · 元의 領土分爭과 그 歸屬問題 - 元代에 있어서 高麗本土와 東寧府 · 雙城總管府 · 耽羅總管府의 分離政策을 중심으로 -）〉，《國史館論叢》，總第 7 輯（1989）。

金光哲，〈14 世紀初元朝的政局動向與忠宣王流配吐蕃（14 세기 초 원의 정국 동향과 충선왕의 토번유배）〉，《韓國中世史研究》，總第 3 輯（1996）。

金惠苑，〈元麗王室婚姻的成立與特徵：以元公主出身王妃的家系為中心（麗元王室婚姻의 成立과 特徵 - 元公主出身王妃의 家系를 중심으로 -）〉，《梨大史苑〉，第 24、25 合輯（1989）。

金塘澤，〈高麗禑王元年（1375）政治勢力間圍繞重啟對元外交問題的衝突（高麗 禑王 元年〔1375〕元과의 외교관계 再開를 둘러싼 정치세력 간의 갈등）〉，《震檀學報》，總第 83 輯（1997）。

高柄翊，〈高麗征東行省研究（麗代 征東行省의 研究）（上、下）〉，《歷史學報》，總第 14、19 輯（1961、1962）。

高柄翊，〈蒙古與高麗兄弟盟約的性質（蒙古 · 高麗의 兄弟盟約의 性格）〉，《白山學報》，總第 6 輯（1969）。

崔鐘奭，〈1356（恭愍王 5）–1369（恭愍王 18）年間高麗、蒙古（元）關係的

性質：以其與「元干涉期」的連續性為中心（1356〔공민왕 5〕~1369〔공민왕 18〕고려 · 몽골〔원〕관계의 성격 -'원 간섭기' 와의 연속성을 중심으로 -）〉，《歷史教育》，總第 116 輯（2010）。

森平雅彥，〈在帝國東方邊境阻擋日本（제국 동방 변경에서 일본을 막는다）〉，《13–14 世紀高麗—蒙古關係探究》，東北亞歷史財團，2011。

閔賢九，〈高麗恭愍王反元改革政治的考察：背景與發端（高麗 恭愍王의 反元的 改革政治에 대한 一考察 - 背景과 發端 -）〉，《震檀學報》，總第 68 輯（1989）。

閔賢九，〈高麗恭愍王時期反元改革政治的展開過程（高麗 恭愍王代 反元的 改革政治의 展開過程）〉，《許善道先生停年紀念韓國史學論叢》，一潮閣，1992。

閔賢九，〈新主（德興君）與舊君（恭愍王）的對決（新主〔德興君〕와 舊君〔恭愍王〕의 對決）〉，《高麗政治史論》，高麗大學出版部，2004。

閔賢九，〈關於高麗恭愍王時期「誅奇轍功臣」的檢討：反元改革運動的主導勢力（高麗 恭愍王代의「誅奇轍功臣」에 대한 檢討 - 反元的 改革政治의 主導勢力 -）〉，《李基白先生古稀紀念韓國史學論叢（上）》，李基白先生古稀紀念韓國史學論叢刊行委員會，1994。

蔡雄錫，〈元干涉期性理學者的華夷觀與國家觀（원 간섭기 성리학자들의 화이관과 국가관）〉，《歷史與現實》，總第 49 輯（2003）。

鄭東勳，〈明初國際秩序的重構與高麗的地位：以洪武年間明朝的使臣遴選為中心（명초 국제질서의 재편과 고려의 위상 - 홍무 연간 명의 사신 인선을 중심으로 -）〉，《歷史與現實》，總第 89 輯（2013）。

第八章

高麗與周邊民族的外交及戰爭

李美智

一、高麗的對外交流

1019 年（高麗顯宗 10 年）2 月，高麗在龜州打敗了正在撤退的契丹軍。這場戰鬥是遼麗戰爭中的最後一場大型戰鬥，之後高麗進入了第三次遼麗戰爭的收尾階段。七個多月後迎來重陽節，高麗顯宗準備了特別的宴會，《高麗史》中記載如下：

> 顯宗十年（1019 年）（9 月）壬戌，以重陽節，賜宴宋及耽羅、黑水諸國人于邸館。
>
> 《高麗史》卷 4

雖然正值戰爭即將結束之際，但就在幾個月前，高麗還受到了東北亞最大強國契丹的攻擊。儘管如此，高麗顯宗還是按照歲時風俗舉行了宴會，還特別宴請了外國人，其中包括各種身分的異國人。高麗王朝不僅與周邊強國，還與諸小國及勢力集團不斷交流。以下將討論高麗與周邊民族的交流。

二、與女真的交流和戰爭

女真族分佈在朝鮮半島北部和中國東北地區，是長期與朝鮮半島進行交流的民族。不同時期他們有邑樓、肅慎、靺鞨、女真、女直等不同名稱，這些都是由女真族的固有語用漢字進行音譯或意譯所產生的別稱。高麗王朝還將他們區分為西女真（熟女真）和東女真（生女真）。西女真主要是指居住在鴨綠江流域的女真，東女真是指咸鏡道及圖們江流域的女真。但由於沒有形成彼此差異明顯的集團，因此在史籍中主要統稱為「女真」。

高麗對這些女真人的評價相當刻薄，稱他們「飢來飽去」、「向背無常」。[1]基本上，高麗所遇到的女真不是統一的政治集團，而是個別中小規模的勢力團體或個人。高麗將他們統稱為「女真」，但實際上高麗所遇到的女真是非常多樣的勢力集團。他們根據各自的利益而開展行動，所以高麗對女真「向背不定」的認識也在情理之中。

在《高麗史》和《高麗史節要》中能看到，女真人往來高麗的次數共達480多次。但是考慮到高麗時代的記錄沒有朝鮮時代那樣豐富，被省略或未被記錄的女真人與高麗的往來可能更加頻繁。這些女真人是抱着何種目的往來高麗的呢？不妨將高麗與其「鄰居」之一的女真的關係，大致分為交流和戰爭兩方面來進行考察。

1. 與女真的交流和合作

女真人的生存方式，是根據情勢、適度地順應周邊國家契丹或高麗的統治秩序。高麗主要與部族單位的女真進行交流，通過授予其首領將軍號或提供交換物品的機會等方式懷柔女真，從他們那裏獲得高麗所需要的情報或武器。

早在高麗太祖時期，黑水酋長或黑水人就曾以幾百人為單位來投高麗（921年）。也有記載顯示，923年，王建的副將庾黔弼招諭北蕃（女真），並統領了「諸蕃勁騎」。這一時期，高麗的統一「後三國」之戰正酣，因此這些黑水人和北蕃（女真）以及被稱為「諸蕃勁騎」的女真騎兵集團等很可能成為

1　校者注：《高麗史》卷2，〈世家〉，太祖14年11月。

了高麗的兵力並投入到「後三國」統一戰爭當中。

高麗與協助自己的女真之間一直保持着往來。993 年，遼聖宗欲伐高麗，最先將諜報傳至高麗的就是女真。高麗朝廷認為女真人的話不可信，對諜報不予重視。直到契丹軍兵臨城下，才意識到女真人的諜報屬實，而後悔不已。

二十多年後的 1010 年，契丹對高麗顯宗的即位提出質疑，並揚言要攻打高麗。此時，高麗內部發生政變：當時的國王穆宗被強行廢位後慘遭殺害，穆宗的侄子顯宗則被政變勢力推上王位。對於穆宗的廢位和新王顯宗的上位，高麗沒有向契丹另行稟告。然而，契丹在這一問題上大做文章，向高麗發動了攻擊（契丹的第二次入侵）。彼時向契丹提供有關高麗內部王位更替和政變的信息，使得契丹有名分攻打高麗的，不是別人正是女真。

不妨對此再作仔細考察。契丹入侵之年，即 1010 年（高麗顯宗元年）5 月，有一群女真人停留在高麗境內。彼時有高麗將帥肆意殺之，該將帥和其指揮官為此承擔責任，受到處罰被流放遠島。而當時倖存的女真人對此心存怨恨，決心向高麗復仇。最終，他們將高麗朝廷發生政變、契丹冊封的穆宗被廢黜、政變勢力扶新王即位等高麗內部的政局變化轉告契丹，導致了高麗與契丹之間第二次戰爭的爆發。

女真就這樣在契丹和高麗之間，時而站在高麗一邊，為備戰提供幫助；時而站在高麗的對立面，為其提供發動戰爭的藉口。需要留意的一點是，在第一次遼麗戰爭中幫助高麗的女真人，與第二次遼麗戰爭中將高麗內部信息提供給契丹的女真人，並不是同一勢力或同一集團。可以肯定的是，這一事例充分體現了女真勢力的如下面貌：他們以個別集團為單位，在契丹和高麗之間，根據對自己有利的情況而生存下去。

高麗很好地掌握了女真的這種習性，並加以適當利用。高麗通過對自己友好的女真集團，來掌握契丹或其他女真部族的情勢，也通過與他們的交易來得到馬匹、毛皮類、武器等的供應。個別事例中還提到，被稱為「蕃米」的女真地區的糧食曾被獻給高麗。在這種關係下，高麗並沒有一味地限制女真來往於高麗內地。

高麗以多種形式允許女真人入境。雖然不是所有女真人都被允許自由往來，但一旦得到許可，在高麗境內往來期間，女真人的人身安全也是得到保障的。如前所述，1010 年 5 月，發生了高麗將帥殺害來朝女真人的事件，高麗將帥將過去敗於女真的怨恨宣洩到了這些人身上。然而，高麗朝廷問責並處罰了這名將帥。這充分表明，高麗並沒有無條件地敵對女真人；對規範入境的女真人，保障其安全是基本原則。

尤其是從 11 世紀後期的高麗文宗時期開始，出現了多次限制女真人入境人數或其滯留期限等措施，試圖從行政上管控他們的往來。在此期間，曾有數十名女真人被扣留在京館或廣仁館。他們雖因犯了某種過錯而被拘留，但其拘留場所基本上應該是入境高麗的女真人在開京停留的客館。高麗朝廷向女真人提供滯留期間的住所，這除了是為異國人提供便利之外，還與防止異國人擅自脫離管理有關。

女真人來到高麗進獻物品後，可以帶着相應價值的賞賜（衣物等）返回。高麗將其特別記載為「來獻」，到高麗來獻的異國人主要是女真人。在特殊情況下，高麗還允許女真人前往開京並謁見高麗國王，這被稱為「來朝」。高麗對女真採取了軟硬兼施的政策。因此，允許女真人來朝並以此維持友好關係，這同樣很重要。但是，並不是國境周邊的諸女真群體每次提出謁見要求時，高麗方面都會允許。記錄上可以確認的獲允來朝的女真人，主要是女真酋長級的人物，通常帶有高麗所授予的將軍號。高麗授予女真人「歸德將軍」、「懷化將軍」、「寧塞將軍」、「柔遠將軍」等將軍號，含有「歸依高麗之德」、「使高麗邊境安寧」、「（代替高麗）懷柔其他異族」等義。女真酋長們將高麗的將軍號視為一種威勢的象徵，以此來提高自身權威。

來朝是允許朝見高麗國王的行為，因此通過《高麗史》等記載，可以在一定程度上確認來朝的流程。女真人通過高麗的兵馬使向中央朝廷提出來朝請求，獲允來朝的女真人可以在開京滯留約 15 天。高麗為來朝人員提供了單獨的住宿設施。據推測，京館最多可以容納約三百餘名女真人駐留。換言之，11 世紀中期左右，高麗在開京置備了可以管控約三百名女真人的人力、費用和相關制度。

來獻或來朝相當於一種短期滯留，它要求在較短的時間內造訪高麗，並在達到目的後返回原居住地（高麗外部）。但是除此之外，女真的個人或集團被編入高麗戶籍的情況也並不少見。高麗將此記載為「來附（內附）」。女真人以自然村落為單位來附時，會在不改變現有居住地的情況下被登記在高麗的戶籍上，所以最終也會導致高麗領土的擴張。在小規模集團或個人來附的事例中，也有被分配到高麗內地新住處的情況。從高麗為女真人安排住處的記載來看，高麗或令他們居住在「江南」或「嶺南」地區，或將渤海國城址指定為其新住處。江南或嶺南雖然在高麗時代並不是指特定的地名，但姑且可認為其是南方地區。然而，渤海國城址，以開京為準，分明相當於北方。所以，從歸化高麗的女真人的住所安排當中看不出有一定之規。

雖然不太常見，11 世紀歸化高麗的一位名為高烈的女真人，曾多次立下軍功，作為當時的名將而遠近聞名，甚至官至正二品。由是觀之，即便是女真人，歸化高麗後，若為高麗作出巨大貢獻，也可以被賦予相當高的社會地位。

在女真人遵循高麗秩序的同時，高麗朝廷內部也展開了如何看待他們的討論。1038 年（高麗靖宗 4 年）5 月，居住在威雞州地區的女真人之間發生了殺人事件。在討論對加害者的處罰方式的過程中，麗廷內部的意見不一，出現了「屬地主義論」和「屬人主義論」兩種看法。徐訥（徐熙之子）等人主張，這些犯罪者雖為女真人，但已經被納入高麗戶籍，應該按照高麗的法律進行處罰。相反，黃周亮等人卻主張，他們雖然身分上為高麗戶口，但原本是女真人，應該按照女真本俗法進行處罰。最終，麗廷認定他們的法律身分異於高麗人，決定按照女真的風俗進行處理。

通過後來的記載，可以看到高麗處罰女真人的事例。1047 年（高麗文宗元年），高麗將東女真酋長阿兜幹來附高麗後又投靠契丹的行為視為犯罪，在得知該群體的首領高之問來到高麗邊境地區後，將其抓獲並進行了處罰。高麗認為，來附高麗後又轉頭依附契丹的行為應當受罰。這一點其實可能會引發爭議，即是說，此處所適用的法律原則是否與 1038 年威雞州內殺人事件處理時的原則有所不同。

但是，上述事例中，處理的分別是女真人內部的問題，以及高麗王朝與女真人之間的問題，二者性質大不相同。因此可以說，高麗朝廷對不同事件採取不同立場是理所當然的。從高麗朝廷的立場看，1047 年對女真首領高之問的處罰，是對那些已表明歸附高麗並承諾遵守其秩序卻最終違背承諾的集團進行的合理懲戒。

不過，處罰女真首領高之問的這一事例，不僅對於理解高麗與個別女真集團之間的關係，而且對於理解高麗王朝對外政策的基本方針而言，也具有非常重要的啟示意義。自 993 年以來，高麗君主一直在接受契丹皇帝的冊封。由於兩國始終立足於朝貢冊封秩序進行交涉，從這種關係來看，高麗確是契丹的冊封國。但是，高麗朝廷並沒有將其與契丹的外交關係擴大至與其他國家或集團的關係上，直接證據就是上述 1047 年對高之問的處罰。高麗朝廷處罰阿兜幹麾下的高之問一事，是建立在高麗與阿兜幹等達成協議後建立的秩序之上，對違背這一協議的阿兜幹勢力進行了處罰。這一處罰並不意味着高麗放棄了對契丹的既有政策。高麗一直忠實於與契丹的朝貢冊封秩序，雖然到契丹滅亡為止兩國之間存在大大小小的矛盾，但朝貢冊封這一秩序基本上還是得到穩定維持的。

像這樣，在阿兜幹勢力的處罰事例中可以看到，高麗朝廷對女真的政策，其重點在於維持個別集團和高麗之間所建立的秩序上。顯然，高麗在與個別女真集團的關係中，試圖確保自身作為上國的地位。但高麗並未將其與契丹之間的秩序擴大至與女真的關係上，這一點是高麗執行外交政策的主要特點之一。

2. 與女真的戰爭

2.1 東女真的侵略

高麗初期，高麗太祖至成宗年間推行了開拓西北邊境地區的北進政策。在此過程中，雖然與女真發生了衝突，但高麗在女真不構成直接威脅的情況下，通過懷柔政策維持了與他們的關係。

與上述高麗的立場不同，女真為了生存，相對而言更依賴從周邊國家獲得物資供給。因此，當生存所需的物資供應不暢時，就難免會不擇手段。這導致高麗邊境地區受到了女真大大小小的多次侵擾。

特別是居住在今中國吉林省東北地區的女真人（東女真、生女真），經常入侵高麗，肆意掠奪。他們在侵略時同時利用陸路和水路，不僅入侵了朝鮮半島東海岸北部地區，還乘船攻擊於山國（鬱陵島）或一路南下至慶州。

1019 年，女真還出沒於日本對馬島、壹岐、九州地區，日本將其稱為「刀伊の入寇」。日本起初以為是高麗人所為，但聽到被俘高麗人的解釋後，才知道攻擊日本的群體不是高麗人，而是女真人。日本將高麗人用來指代女真的用語「doe 되」原封不動地記錄下來，稱女真人為「刀伊」。

高麗為了阻止女真人，在東海岸地區部署了水軍和戰艦，並築造防禦工事來擊退他們。雖然有時高麗會直接出征，但東女真的入侵無法從根本上得到消除。

2.2 肅宗、睿宗年間對女真的征討

11 世紀末，以今哈爾濱一帶為根據地的女真完顏部開始壯大勢力並崛起，其所率領的女真勢力逐漸將勢力範圍擴大至今圖們江一帶。

當時有很多女真人投奔並歸化高麗。女真人以不同規模來投，一部分遷徙至高麗內地，而另一部分則在其原居住地被納入高麗的州縣管轄之下。在朝鮮半島東北部地區，投化高麗的女真部族與未投化的女真部族之間時而會發生衝突。因此，隨着完顏部的壯大，新合併的女真勢力與高麗之間的衝突終將在所難免。

1104 年正月（高麗肅宗 4 年），高麗與完顏部正式爆發衝突。當時，完顏部的軍士追擊其他部族，結果追至高麗邊境的定州關門外，與高麗軍展開了對決。高麗軍隊奮起對抗以防止完顏部軍隊進入高麗境內，但最終遭遇慘敗，女真軍甚至一度進入定州關內大肆掠奪。之後趕到的高麗軍亦被女真打敗。女真意料之外的攻勢令高麗措手不及，高麗不得不接受女真的要求進行安撫，並在議和後返回。

同年 6 月，完顏部派公兄之助等 68 人「扣關乞和」。完顏部的請求雖然為高麗提供了和解的藉口和名分，但高麗未能壓制完顏部亦是不爭之實。最終，高麗按照女真的要求，以送還被俘虜的 14 名女真族長為條件，與女真達成了和解。

當時的高麗軍元帥尹瓘分析了戰敗的原因，建議創立由神步軍、降魔軍、神騎軍等組成的別武班，以對抗善用騎兵主力部隊的女真軍。別武班由當時幾乎所有可以動員的年輕成年男性組成，他們被編為騎兵、步兵、弩兵等，僧侶也被編為降魔軍。擁有馬匹的人被分配到騎兵神騎軍，沒有馬的被編入步兵神步軍、跳盪、梗弓、精弩、發火等軍隊。跳盪以下的兵種不屬於神騎軍和神步軍，應該是執行了另外的任務。各軍的實際任務史無詳載，但可以通過名稱來推測各自的功能：「跳盪」意味着在敵人準備戰鬥之前進行攻擊，

因此應該是主要負責突襲的部隊；「梗弓」顧名思義就是具有強大破壞力的射箭部隊；「精弩」是使用具備某種機械式發射設備的箭，並負責精準打擊的部隊；「發火」是負責火攻的部隊。高麗為了重新征討女真並取得勝利而做了如上準備，但隨着第二年國王的去世，戰爭也沒有繼續展開。

1107 年（高麗睿宗 2 年），高麗再次計劃攻擊女真。曾與女真有過戰爭經驗的尹瓘，再次被任命為元帥，率領約 17 萬兵力出征。高麗軍兵分五路發動突襲，憑藉壓倒性的兵力和精心準備的作戰計劃，將女真部落逐一擊破並迅速前進。在某些地區，高麗軍也遭遇女真軍的抵抗或突襲而身陷險境，但其最終大敗女真，取得了重大成果。

整個作戰直到尹瓘返回為止，僅有三到四個月。在此期間，高麗軍攻陷了約 135 個女真村落，抓獲了五千多名俘虜，並殺傷了同等數量的女真軍。此外，高麗在所佔地區修築了英州、雄州、福州、吉州、咸州、公嶮鎮、宜州、通泰鎮和平戎鎮等多座城（尹瓘九城、東北九城），並向該地區遷入了六萬九千戶人口，試圖將其真正地領土化。

但是從 1108 年（高麗睿宗 3 年）初開始，高麗軍因完顏部及當地女真軍的反擊而面臨巨大困境。這一局面不斷惡化：高麗軍分散在多個城中，遭到女真族軍的圍攻，傷亡人數不斷增加。對此，高麗再次派出尹瓘和吳延寵，但收效甚微，於是認為不應該繼續戰爭的論調逐漸佔據上風。同時，女真以依舊向高麗履行朝貢、不再侵犯為條件，要求返還九城地區。最終，高麗於 1109 年 6 月接受了這一要求。

高麗的女真征討就此落下帷幕。現在我們也有必要從彼時高麗外交政策的視角出發，考察其與宗主國契丹之間的關係。高麗在 1107 年的征討中取得重大戰果後，遣使向契丹稟告了討伐女真和築城之事。可以說，這在持續了一百多年的兩國關係上是非常恰當的外交措施，而且還具有如下效果：事前預防兩國之間因高麗的大規模築城和由此帶來的領土擴張而可能發生的不必要的緊張和衝突。高麗在 1109 年接受女真的東北九城返還要求後，也將此上報給了契丹。契丹對於高麗的決定以及高麗為與他們維持和平關係而作出的努力，給予了肯定的評價。

完顏部持續壯大，並於 1115 年（高麗睿宗 10 年）建立金朝。最終，金朝滅了契丹，攻陷宋朝首都，驅宋南下，並將中國北部地方納入自己領土。相比之下，金朝和高麗之間直到金朝被蒙古滅亡為止，都沒有發生特別的武力衝突，維持了比較和平的關係。有觀點認為，完顏部壯大過程中與高麗的對決經驗在這背後起到了很大的影響。

三、對周邊國家叛賊的應對

下面我們來瞭解一下高麗作為東北亞地區的一員，在周邊政權交替及局勢變化等過程中與大大小小的叛賊集團之間的關係。

1. 東真與契丹遺種

1206 年 12 月，糾合蒙古高原各勢力集團的鐵木真被推舉為大蒙古國的成吉思汗。成吉思汗領導的蒙古，在短短幾年後建立了前所未有的大帝國，對周邊國家產生了巨大影響，但在他即位當時並沒有引起周邊國家的太多關注。當時高麗仍忠實地保持着與金朝之間所建立的朝貢冊封關係。

1211 年 4 月，蒙古開始攻打金朝。高麗和金朝之間的邊境地區也受到這一戰爭影響，以致於同年 9 月和 11 月高麗派往金朝的使節都因道路被封鎖而返回。隨着金朝在與蒙古的戰爭中接連敗北，中央朝廷的統治力減弱，反對金朝統治的各種勢力紛紛揭竿而起。

1213 年 3 月，契丹人耶律留哥在遼東地區建立遼政權，建元「天統」。1214 年，戰勝金朝派遣的討伐軍後，其佔領了金朝的中京（今北京地區），並以此為都城，壯大了勢力。

當時，金朝為了鎮壓耶律留哥勢力，向遼東派遣了將帥蒲鮮萬奴[2]。蒲鮮萬奴在與對方的戰鬥中慘敗後，反而舉起了反金大旗，於 1215 年 10 月稱大真國王。不久後，蒲鮮萬奴向攻打遼東的蒙古軍投降；待蒙古軍撤退後，又於 1217 年在圖們江流域建立了東夏。東夏同樣展現出服從蒙古的態度，不過不久後就在歷史上銷聲匿跡了。

《高麗史》中稱蒲鮮萬奴勢力為東真。高麗通過金朝知曉了蒲鮮萬奴的背叛和建朝。金朝提醒高麗關於蒲鮮萬奴的東真勢力的存在，並要求高麗協助鎮壓。正如金朝所提醒的，東真攻擊了高麗的鴨綠江地區。在臣服於蒙古後，他們又成為蒙古軍及蒙古使節的嚮導進入了高麗。

此外，他們還千方百計地在金朝、蒙古、高麗之間尋找出路：與高麗的叛亂勢力勾結來攻擊高麗，脫離蒙古後傳書高麗公然譴責蒙古，等等。

蒙古在擴張勢力的過程中，積極利用了被征服的周邊集團的資源，東真也成為了蒙古進軍遼東地區和朝鮮半島地區的一個工具。蒙古試圖在自己構建的國際秩序中利用東真來征服高麗；但與蒙古預想不同的是，東真表現出的態度搖擺不定，這引發了蒙古的憎惡，最終招致了蒙古對東真的攻擊。

高麗當時也在探索如何定位與蒙古這一東北亞新興勢力之間的外交關係。對於蒙古和東真的上述動向，高麗朝廷並沒有輕易地表明立場，而是將國家的外部穩定作為第一要務。高麗始終將蒙古定位成主要對象進行交涉，沒有

---

2 校者注：原著作「浦鮮萬奴」，《高麗史》、《高麗史節要》中「蒲鮮萬奴」、「浦鮮萬奴」兩者間而混用，今統一作「蒲鮮萬奴」。

接受東真的個別交易要求或「和親」請求。只不過在蒙麗戰爭開始後，高麗朝廷也曾通過與東真的聯合，來探索應對蒙古的方案。

另一方面，1213 年在遼東地區建立遼政權的耶律留哥，於 1215 年向蒙古投降。但是，耶律留哥麾下的勢力中，對此持不同意見並抵抗蒙古的一部分人，形成了新勢力「大遼收國」（1216 年）。他們遭到蒙古火力的集中攻擊，最終越過了高麗的邊境。之後直到 1218 年末為止，高麗的西北地方因他們的掠奪而蒙受巨大損失。這些人從國籍上看是反金的金朝人，但從種族上看是契丹人，因此《高麗史》中將其記載為「契丹遺種」之亂。

高麗一方面阻止契丹遺種的掠奪，另一方面為了驅逐他們，動員了大量兵力，但未能取得成效。彼時蒙古也視契丹遺種為叛徒並進行追擊。1218 年冬，蒙古軍表示前來討伐契丹軍，並提議越過高麗邊境進行聯合攻擊。討伐的結果是聯軍取得了勝利；以此為契機，高麗和蒙古首次在國與國的層面上建立了關係。

2. 哈丹賊和紅巾賊

1287 年，蒙古東部地區的東方三王家勢力發動了叛亂。成吉思汗曾將自己的親弟弟合撒兒、合赤溫、斡赤斤分封在大興安嶺山脈以東，他們被稱為東方三王家。斡赤斤家族的乃顏曾率領東方三王家向成吉思汗的孫子忽必烈政權高舉反旗，但最終遭到鎮壓，此後蒙古政局亦趨於穩定。

然而，即使在乃顏軍戰敗投降後，斡赤斤家族的哈丹及其麾下勢力仍心有不甘，繼續反抗忽必烈政權，甚至侵入高麗境內。高麗聯合蒙古軍對他們進行夾攻，最終在 1292 年消滅了哈丹勢力。由於哈丹軍的入侵，高麗蒙受了人力和物力上的損失。但在此過程中，高麗軍隊被派往當時由蒙古佔領的雙城地區，為高麗在雙城總管府管轄地區恢復影響力創造了契機。

紅巾賊是元朝末期在今中國北方、江淮一帶興起的勢力。他們是以當時流行的秘密宗教結社白蓮教等為基礎形成的集團，因為頭上圍着紅色頭巾，所以被稱為紅巾賊或紅頭賊。這股勢力不斷壯大，以致於稱帝定國號，並攻擊了蒙古政權。其中一群人來到遼陽地區後，為躲避蒙古的反擊而進入高麗境內，令高麗先後遭到了兩次紅巾賊的入侵。

1359 年 12 月，紅巾賊越過鴨綠江進入高麗，壯大勢力後攻擊了高麗西北地方。在高麗朝廷的反擊中遭遇大敗後，紅巾賊於 1361 年率領十餘萬人捲土重來。在他們的大規模攻勢下，開京甚至遭遇淪陷，以恭愍王為首的高麗朝廷不得不避難至福州（今韓國慶尚北道安東）。不過，以鄭世雲為總兵官的高麗軍，通過整頓戰列，突襲紅巾賊，摧毀其指揮部，得以成功擊退之。

在紅巾賊的入侵和擊退過程中，高麗自身損失慘重。然而，本應主動鎮壓紅巾賊叛亂的蒙古卻未能取得顯著戰果。從蒙古朝廷對紅巾賊之亂的應對當中，高麗感受到了蒙古的衰落，結果高麗原本的對外政策 —— 只集中於對蒙關係 —— 也發生了轉變。

四、與大食國、琉球、暹羅斛國的相遇

以下將要討論的內容，是在記載上單次或短期性出現的、高麗與外國之間的交涉。這些事例饒有趣味，因為均是他國人遠道而來造訪高麗，而非高麗主動出面尋求交涉。

1. 大食國商人的來訪

高麗還曾與阿拉伯地區的商人有過往來。他們被記載為「大食國人」，「大食」音譯自 Tajik。Tajik 是波斯古語帕爾斯語，指阿拉伯北部一個叫 Tayyi 的部落。阿拉伯商人從很久以前就已往來中國進行貿易活動。

阿拉伯地區的商人對高麗的造訪，其最初目的應該不在於此。據推測，應當是訪問宋朝的部分阿拉伯商人偶然跟隨宋商來到了高麗。從 1024 年到 1040 年，約有三次阿拉伯商人的訪問記錄。他們看起來是規模逾百人的大商團，將用作藥材的龍齒、沒藥、水銀、占城香、大蘇木等物獻給了高麗。高麗對他們給予優待，令其駐留客館，並在其返程時厚賜金帛等。

2. 琉球使節的來訪

琉球王國首次出現在韓國歷史記載的時期正是高麗時代。1389 年（高麗昌王元年）8 月，琉球國中山王察度派遣使節來到高麗。當時的琉球由中山、北山、南山三個國家組成，察度是中山國的君主。中山國送還被倭寇綁架的高麗人，並獻上了三百斤硫磺、六百斤蘇木、三百斤胡椒、二十部甲等方物，以求往來。高麗朝廷也就如何應對這些初次接觸的人之到訪進行了討論，最終接受了察度的請求，派典客令金允厚等人前去報聘。

當時高麗送給琉球的禮物有馬鞍兩件、銀缽匙筯各兩副、銀盞盃各一盞、黑麻布二十匹、虎皮二領、豹皮一領、滿花席四張、箭一百枚、畫屏一副、畫簇一雙等。一年後的 1390 年 8 月，金允厚一行安全歸來。此後，由於高麗很快滅亡，兩國之間的交流沒有持續下去，但與琉球的交流在朝鮮時代仍在繼續。

3. 暹羅斛國使節的來訪

一般認為，暹羅斛國相當於現在的泰國。韓國歷史上與暹羅斛國的交流也在高麗時代首次得到確認。1391 年（高麗恭讓王 3 年）7 月，暹羅斛國的奈工等八人經由日本到訪高麗。據奈工等人所述，他們雖然於 1388 年從本國出發，在日本停留一年之後來到高麗，但若能順風而行，40 天便可從暹羅斛國抵達高麗。

奈工等人帶來的文書上只蓋有圓形印章，沒有簽發者的姓名標識或封裝標記，這令高麗感到訝異，因為後者是外交文書中理應要具備的。有人懷疑不僅是他們帶來的文書為偽造，連他們自稱來自暹羅斛國的說法也是假的，但是高麗朝廷仍按照「來者不拒，待之以厚，以禮遠人」[3] 的原則接見了他們。

高麗通過中間的三次翻譯與他們進行了溝通，並專門記錄了暹羅斛國人的穿着。從記載上看，暹羅斛國僕人「見尊長，脫衣露身」[4]。也許也是出於這個原因，他們在造訪高麗期間「或袒或跣」。

---

3 校者注：《高麗史》卷 46，〈世家〉，恭讓王 3 年 7 月。
4 校者注：《高麗史》卷 46，〈世家〉，恭讓王 3 年 7 月。

參考文獻

1. 著作

李丙燾，《韓國史（中世篇）》，乙酉文化社，1961。

李貞信，《高麗時代的政治變動與對外政策（고려시대의 정치변동과 대외정책）》，景仁文化社，2004。

金明鎮，《高麗太祖王建統一戰爭研究（고려 태조 왕건의 통일전쟁 연구）》，慧眼，2014。

陸軍軍史研究所，《韓國軍事史》，第 3 卷，景仁文化社，2012。

陸軍軍史研究所，《韓國軍事史》，第 4 卷，景仁文化社，2012。

羅鐘宇等，《韓國史 15：高麗前期的社會與對外關係（고려전기의 사회와 대외관계）》，國史編纂委員會，2002。

2. 論文

申安湜，〈高麗高宗初期契丹遺種的入侵與金就礪的活躍（고려 고종초기 거란유종의 침입과 김취려의 활약）〉，《韓國中世史研究》，總第 30 輯（2011）。

宋榮德，〈1107–1109 年高麗的葛懶甸地區築城與「尹瓘九城」認識（1107–1109년 고려의 葛懶甸 지역 축성과 '尹瓘 9 성' 인식）〉，《韓國史學報》，總第 43 輯（2011）。

李美智，〈13 世紀初高麗國際環境的變化與生平記錄：以高麗墓誌為中心（13세기 초 고려의 국제 환경 변화와 생애 기록：고려 墓誌를 중심으로）〉，《韓國史學報》，總第 55 輯（2014）。

李美智，〈高麗前期異國人入境的類型與實相：以來獻、來朝、來投、來附為中心（고려 전기 異國人入境의 유형과 실상 - 來獻·來朝·來投·來附를 중심으로 -）〉，《韓國中世史研究》，總第 43 輯（2015）。

金九鎮，〈13–17 世紀女真社會研究（13C~17C 여진 사회의 연구）〉，高麗大學博士學位論文，1988。

金洛珍，〈高麗肅宗、睿宗時期的女真征伐與別武班的戰術體系（고려 숙종·예종대 여진정벌과 별무반의 전술체계）〉，《韓國學論叢》，總第 47 輯（2017）。

金順子，〈高麗中期國際秩序的變化與高麗—女真戰爭（고려중기 국제질서의 변화와 고려 - 여진 전쟁）〉，《韓國中世史研究》，總第 32 輯（2012）。

金塘澤，〈高麗肅宗、睿宗時期的女真征伐（高麗 肅宗·睿宗代의 女眞征伐）〉，《東亞歷史的還流（東아시아 歷史의 還流）》，知識產業社，2000。

高柄翊，〈蒙古與高麗兄弟盟約的性質（蒙古·高麗의 兄弟盟約의 性格）〉，《白山學報》，總第 6 輯（1969）；《東亞交涉史研究（東亞交涉史의 研究）》，首爾大學出版部，1970。

許仁旭，〈關於高麗中期東北界的考察（高麗 中期 東北界에 대한 考察）〉，《白山學報》，總第 59 輯（2001）。

第九章

高麗與日本的外交及倭寇

羅鐘宇

一、10 世紀初東亞的國際關係

高麗時代與日本在政治、經濟、外交、軍事等各方面的關係都最為停滯不前。雙方的關係相較其他時代注定更為疏遠，這與當時的時代狀況密不可分。從高麗建立的 918 年前後的國際形勢來看，當時中國正在經歷混亂的五代時期，而日本當時處於醍醐天皇的延喜年間，已經廢除遣唐使，且與中國處於斷交狀態。

而從高麗的角度來看，雖然歷經「後三國」的對峙後建立起了統一王朝，但是由於從新羅後期開始出現的社會混亂局面，以及豪族未能得到清理、仍在不斷形成獨立政治勢力等原因，當時高麗的政治局面依然不夠穩定。

由此可見，10 世紀初東亞的國際關係在各國國內局勢的影響下只能大幅回落，因此當時高麗與日本的關係和高麗前後時代相比處於停滯狀態。對於這樣的時代背景，日本方面稱，日韓關係是在「相結」（相互聯結）與「相離」（相互疏遠）這兩股力量的相剋當中展開的。在高麗時代，佔據主要位置的則是相離的力量，所以該時期兩國的關係較為疏遠。不僅如此，日本方面甚至認為，在該時期前後 470 多年間，兩國關係完全是在各自的軌道上發展。當然正如上文所述，高麗時代與日本的關係和高麗前後時代相比確實可謂停滯不前，但也絕非日本所認為的毫無交集。在此期間，兩國關係的前半段以通交貿易為中心，後半段則以軍事行動——其中以倭寇為代表——來得以延續，儘管這些並未貫穿整個時期。

尤其值得一提的是，高麗前期兩國在政治與經濟兩方面的交流中呈現出了截然相反的態度。雖然迄今為止，一般認為在兩國關係中，高麗對日本一貫持限制、拒絕的態度，但是在政治關係中，高麗其實曾積極尋求日本向自己敞開大門，而日本則一貫持消極態度。

二、使節的往來

1. 太祖時期與日本的交涉

對於統一了「後三國」的高麗太祖來說，當時最緊要的問題便是國內局勢的穩定，為此他採取的措施之一就是與鄰國建立並維持和平的外交關係。

對於中國，高麗在建立初期開始便在文化輸入層面對其傾注大量關注，所以人員往來方面也較為活躍，高麗太祖 10 年（927 年）也與中國五代十國中的吳越國正式通交。在與中國的交流中，高麗從很早開始就強調先進文化的輸入以及貿易等方面；但對於日本，高麗的側重點則放在了政治問題上面。這是因為，新建立的高麗王朝在動用全部力量來穩定國內動盪局勢的情況下，需要確保沒有來自外部的軍事威脅，所以與日本的關係是一種不可避免的外交關係。

在這種情況下，高麗太祖曾先後兩次向日本派遣使節。

第一次遣使，是在統一「後三國」之後的第二年，即高麗太祖 20 年（937 年）。關於當時的情況，韓國並未發現相關記錄，而日本方面也只留下「左右大臣以下着左仗，開見高麗國牒等」[1] 這樣的簡單記載。雖然無法獲知具體內容，但是參照後代的記錄可以判斷，當時國牒的內容應當是希望兩國修好。面對高麗的要求，日本政府經過慎重研究後決定予以拒絕。高麗太祖 22 年（939 年）2 月，日本攝政太政大臣藤原忠平將高麗牒文交給大江朝綱，並令其撰寫回信。次月 3 日，當時撰寫的返牒經由大宰府通過高麗使節被送至高麗的廣評省。

1　校者注：《日本紀略》，承平 7 年（937 年）8 月 5 日條。

當時日本政府對外國國書的態度大致分為三種：第一種是對外國國書全然置之不理，不予答覆；第二種是由中央政府直接作出答覆；第三種是中央政府通過大宰府間接進行答覆。當時日本給高麗的返牒屬於第三種，雖然表面上是大宰府寫給高麗廣平省，但實際上內容是由中央政府所擬。

在此，有必要重新思考下列問題。首先，返牒為何在一年零八個月後才撰寫？其次，藤原忠平為何將返牒的撰寫任務交給大江朝綱？最後，為何中央政府沒有直接答覆而是令大宰府來代行？對此，日本學者認為，返牒之所以耗費較長時間，是因為當時日本朝廷的商討普遍進展緩慢，而且在廢除遣唐使後日本對外交的態度也較為消極。而撰寫返牒一事被委託大江朝綱，這是因為他是大江善人的孫子，也是一位繼承父親及祖父家業的、博學多才的著名作家。另外，該答覆由大宰府而並非日本中央政府直接給出，一方面這可以視為是日本政府拒絕與高麗進行政治往來的委婉表示，另一方面有聲音認為當時日本沉迷國風文化，因此對外國的要求反應冷淡。

不過上述解釋難以令人信服。另有見解認為，整個 9 世紀，日本一直飽受來自新羅的貿易壓力，所以無法忽視吞併新羅並實現統一後的高麗，尤其是掌握着海上勢力的王建所提出的要求。因此，日本慎之又慎，甚至委託當時的文章能手來撰寫返牒。從當時的情況來看，這種見解具有更強的說服力。

高麗太祖發給日本的第二封國書是之前日本返牒抵達高麗的次年，即太祖 23 年（940 年）。該國書於同年 6 月經大宰府上呈日本中央政府。日本中央政府將國書送交大江朝綱和大江維時等學者審閱。雖然國書的內容目前尚未公開，但從前後情況來看，應該是和之前一樣要求修好，而日本政府仍然沒有接受。

2. 太祖以後與日本的交涉

此事件後的三十餘年間，完全不見任何關於兩國往來的官方記載，直到發生如下兩起事件。

高麗光宗 23 年（972 年），高麗的南京府使抵達對馬島，大宰府向中央政府報告此事。兩年後的光宗 25 年，日本藏人所的出納國雅作為交易使，攜帶貿易貨物從高麗回到日本。但此後很長一段時間，除高麗文宗 10 年（1056 年）藤原賴忠等 30 人作為國使首次來到金州（金海）一事外，尚未見到有關兩國之間交流的其他記載。文宗 34 年（1080 年），雖然與直接派遣使節略有不同，高麗禮賓省為治療文宗中風，向倭商王則貞發牒，委託其向日本請求派遣醫者。關於文宗的病情，兩年前的文宗 32 年（1078 年），高麗曾通過宋朝使節安燾向宋神宗求請醫官及藥材，次年宋朝便送來了醫官及各種藥材。但是可能由於效果不佳，高麗又向日本提出了請求。

日本政府在接到高麗的委託後，對是否派遣醫者一事展開討論，但是朝中意見不一。權中納言源經信認為，從目前來看高麗沒有侵略日本的意圖，因此主張從丹波忠康與惟宗俊通[2]二者中擇一派遣。但是參議源俊實卻提出了相反意見，認為雖然遣醫無妨，但是如果治療沒有取得效果，反而會成為日本的恥辱，故不派遣才是上策。參議源俊明也同意後者觀點。然而，如果不派遣的話就應給出合理解釋，故日本在給高麗的答覆中寫到，鑒於醫生過於年邁而不便派出。

由此可見，當時日本政府對待高麗的請求非常慎重且感到為難。但又是為何不惜編造無法遣醫的藉口並寫進答書中呢？為了弄清這一點，必須仔細考

2 校者注：原著作「同後通」，今據《帥記》、《水左記》改之。

察高麗光宗25年（974年）日本交易使造訪高麗後的情況。日方記載顯示，高麗成宗16年（997年，日本長德3年），高麗人侵略九州，日方對高麗的態度愈發僵化。同年6月，高麗卻通過大宰府向日本政府轉達了《日本國宛》、《對馬島司宛》、《對馬島宛》等三封牒狀來向其施壓，以期實現兩國通交。日本政府收到後，認為牒狀的語氣不同於以往、十分無禮，因此採取了防禦態勢，以應對高麗入侵。

具體來說，日本政府令九州的各國司整備武器，並提升了太宰府轄內諸神的位階，為香椎廟增加了25戶封戶。同時，日本政府認為對馬島的對馬守高橋仲堪缺乏文武智謀，用大宰府的大宰大監平中方取而代之，借此加強對馬島的警備以備戰事。另外，政府還給北陸和山陰下送太政官符，令其加強防衛。

此外，通過同年秋天奄美島人的大宰府管內「諸國亂入事件」，我們也可以感知到日本對高麗十分忌憚的事實。該事件發生於10月1日，當時天皇與以左右內大臣為首的朝臣們列席朝廷的南殿，儀式結束後準備開始宴會，彼時只聽左近陣官高聲呼喊道：「高麗國人虜掠對馬、壹岐嶋，又着肥前國欲虜領云云。」[3] 朝廷上下頓時一片驚慌，三位大臣完全將禮數拋擲腦後，慌亂地從東邊的台階下來。實際上，這是高麗將要侵略日本的一種流言。當時，日本儘管對高麗懷有極大恐懼，但是面對高麗方面的要求，反而選擇了拒絕並急於守備，所以高麗沒過多久就選擇了武力示威，而日本方面則將此誤認為是高麗人入侵了九州。

實際上，當時高麗的軍事實力非常強大，1019年（高麗顯宗10年，日本寬仁3年）高麗擁有千餘艘兵船，又殲滅了埋伏在高麗沿岸的女真人。

---

3 校者注：《小右記》，長德3年（997年）10月1日條。

如上所述，日本獲知高麗的國力後，國內出現了一種聲音，認為與其一直生活在惶惶不安之中，還不如親附於高麗。高麗穆宗 2 年（999 年），道要彌刀等 20 戶來投高麗。前述倭商王則定，正是以高麗國姓為姓者。

對高麗懷有恐懼和不信任感的日本，在高麗顯宗 10 年 —— 是年高麗向日本遣返了俘虜 —— 以後開始擺脫恐懼。到高麗文宗年間，日本使節的入境也相對頻繁起來。雖然這些人多被稱為使節，但可以看出其帶有明顯的交易使性質，其活動呈現出商人活動的特徵。

3. 漂流民的送還

高麗時代的對日關係從政治上來看非常疏遠，進奉貿易可謂起到了窗口作用，而進奉貿易也是因為有漂流民的遣返和上述的使節往來才得以成為可能。

關於漂流民送還的記錄，首次出現於 10 世紀以後的高麗太祖 12 年（929 年）。從日方的記載來看，新羅人在耽羅國（濟州島）交易海藻時遭遇漂流，太祖 12 年正月漂至對馬島的下縣郡。當時對馬島守坂上經國不僅保護了漂流民，還為其提供糧食，並派遣擬通使長岑望通與檢非違使秦滋景攜帶書狀前來金州。當然，當時該地區的管轄權歸甄萱所有，因此使節們被送到了甄萱處。

高麗顯宗 10 年（1019 年）是漂流民送還記錄最多，也是高麗方面首次出現記錄的一年。當時據高麗的鎮溟兵船都部署張渭男等人所報，他們捕獲了 8 艘（女真）海盜船，審問後得知海盜船內有日本男女俘虜 259 名。高麗政府命供驛令鄭子良將他們送回本土。該事件在日本方面的記載中更為詳細：高麗顯宗 10 年 4 月，女真人逼近對馬、壹岐和博多，撤退時帶走了大量俘虜。女真人是在襲擊高麗後前往日本的，而高麗則伺機等待女真人踏上歸途，打算用千餘艘兵船將其擊潰。對於女真人分五處收容的日本俘虜，高麗首先解救了其中三處的 300 餘名並將他們遣返，之後悉數遣返了剩餘的俘虜，6 月又讓鄭子良遣返了 259 名。當時，日本政府對於高麗送還俘虜之舉深表謝意，還討論了對鄭子良授祿及位階等獎賞方案。實際上，日本政府在鄭子良回國時給予他感謝的返牒和禮物。

在高麗顯宗 10 年的俘虜送還事件後，兩國關係變得相當親密。顯宗 20 年，耽羅人貞一等從日本歸國。對此，日本方面稱之為「遣返漂流民」，而《高麗史》則記載貞一等人在航海中遭遇風浪，漂流到極遠島後被扣留了七個月，只有貞一等七人偷偷乘坐小船逃至那沙府（長崎），得以生還。高麗德宗 3 年（1034 年），對馬島主送還了漂流到日本大隅的高麗人。高麗靖宗 2 年（1036 年）7 月，日本又送還了漂流到那裏的高麗人謙俊等 11 人。此後，高麗文宗 3 年（1049 年）11 月，日本的對馬島官遣首領明任等押送高麗飄風人金孝等 20 人到金州。當時，高麗通過東南海船兵都部署司向明任等人贈送了禮物。

高麗文宗 5 年 7 月，對馬島派遣使人抓獲並遣返了畏罪潛逃的良漢等三人。雖然這與漂流民的送還略有不同，但我們可以借此瞭解當時高麗與日本的關係得到了極大改善。此後，文宗 14 年 7 月，東南海船兵署司報對馬島歸高麗飄風人禮成江民位孝男，麗廷賜日本使者以重禮；文宗 32 年（1078 年）9 月，日本送還耽羅飄風人高礪等 18 人，次年 9 月又送還了高麗飄風商人安光等 44 人。

由上可知，漂流民的送還大體發生於 7 月至 9 月。這是因為當時航海技術尚不發達，而季節性颱風天氣多發，因此出現了大量漂流民。

漂流民的送還在緩和兩國關係上作用甚巨，也使得高麗顯宗時期以後的「進奉貿易」成為了可能。可見，迄今為止的普遍觀點——高麗始終對日本採取限制及被動的態度——並不準確。正如上文所述，高麗至少到文宗時期為止，在政治層面上尚積極試圖敲開日本國門，而日本卻由於當時國內政治的不穩定以及對高麗軍事實力的恐懼，在向高麗開放門戶以及「修好」一事上表現被動。

三、日本商人的往來與進奉外交

據記載，高麗文宗 27 年（1073 年）7 月，日本商船首次進入高麗。此後高麗與日本的貿易，是在高麗與當時代表日本的大宰府的約定下，由日本派遣進奉船來進行的。關於「進奉」這一稱呼，據日本的資料顯示，在高麗國金州防禦使所遞的牒狀中，日本國使介明賴等 40 人乘船三艘而來並泊於高麗南浦，當問及為何而來時，其回答稱是為「進奉兼獻文牒」。總之，根據 1073 年的約定，日本每年要派遣一次進奉船，每次兩艘。高麗在金州（今金海）設立客館來迎接他們，而當時宋商則能直接來到開京。兩相比較，可以看出日本在高麗方面所獲得的差等待遇。從這一事實也可以看出高麗方面的意圖，即對侵略性強的日本採取限制性態度，不願向其透露國內情況。

對高麗懷有恐懼和不信任感的日本，在高麗遣返日本俘虜的高麗顯宗 10 年（1019 年）[4] 之後開始擺脫恐懼，到高麗文宗年間，其使節的入境也相對頻繁起來。雖然這些人多被稱為使節，但可以看出其帶有明顯的交易使性質，其活動呈現出商人活動的特徵。通過他們實現的兩國貿易主要依賴的是進奉船。可舉《高麗史・世家》中若干事例如下：

① 文宗 27 年（1073 年）7 月：東南海都部署奏：「日本國人王則貞、松永年等四十二人來，請進螺鈿、鞍橋、刀、鏡匣、硯箱、櫛書案、畫屏、香爐、弓箭、水銀、螺甲等物。壹岐島勾當官遣藤井安國等三十三人，亦請獻方物東宮及諸令公府。」制：「許由海道至京。」

4　校者注：原著訛作 1020 年，今據實改之。

② 文宗 28 年（1704 年）2 月：日本國船頭重利等三十九人來獻土物。

③ 文宗 29 年（1075 年）閏 4 月：日本商人大江等十八人來獻土物。

④ 文宗 29 年（1075 年）6 月：日本人朝元、時經等二十人來獻土物。

⑤ 文宗 29 年（1075 年）秋 7 月：日本商人五十五人來。

⑥ 文宗 34 年（1080 年）閏 9 月：日本國薩摩州遣使獻方物。

⑦ 文宗 36 年（1082 年）11 月：日本國對馬島遣使獻方物。

⑧ 顯宗元年（1084 年）6 月：日本國築前商客信通等獻水銀二百五十斤。

⑨ 顯宗 2 年（1085 年）春 2 月：對馬島勾當官遣使進柑橘。

⑩ 顯宗 3 年（1086 年）3 月：對馬島勾當官遣使獻方物。

⑪ 顯宗 4 年（1087 年）3 月：日本商人重元、親宗等三十二人來獻方物。

⑫ 顯宗 4 年（1087 年）秋 7 月：日本國對馬島元平等四十人來獻真珠、水銀、寶刀、牛馬。

⑬ 顯宗 6 年（1089 年）秋 8 月：日本國大宰府商客來獻水銀、真珠、弓箭、刀劍。

由是觀之，日本在確信高麗不會前往攻擊並擺脫恐懼後，非常積極地派遣使節。尤其是地理位置上最為鄰近的對馬島，自古以來便通過朝鮮半島解決糧食問題，所以會經常遣使前來進獻。值得留意的是，日本官民進獻的都是「方物」，其品目都是美術工藝品、珍珠、水銀或者柑橘等不產於高麗本土的物品。當然，這些物品主要為貴族們嗜好，這也間接證明了當時高麗與日本之間的貿易是「進獻—下賜」的進奉貿易。從日本方面的記載可知，當時來自日本的貿易船被稱為進奉船。

據日本史料《平戶記》仁治元年（1240 年，高麗高宗 27 年）4 月 17 日條當中有關泰和 6 年（1206 年，日本建永元年，高麗熙宗 2 年，「泰和」即當時金朝年號）的記載可知，1205 年（高麗熙宗元年，日本元久 2 年）8 月，恒平等 11 名對馬島人前來向高麗上呈文書和方物，但高麗方面認為文書缺乏真實性，因此將文書與方物悉數駁回。另有記載顯示，次年即 1206 年，對馬島使節介明賴等 30 人乘船三艘，與高麗漂流民一起進入高麗金州的港口南浦，號稱進奉，獻上文牒以及圓鮑二千帖、黑鮑二千帖、鹿皮三十張等。但是檢閱文牒的官吏在向麗廷報告時指出，「其文極為擾雜，其語過勿恭，非進奉之禮也」[5]，結果麗廷沒有接受進奉，而是將文牒與進奉物品一併送還。另外，當時高麗發給日本的文書中有如下記載：「今年上月（正月）十有四日，貴國（日本）使介明賴等四十人，乘船三艘來泊乎州南浦。使譯語問其所以來者，號稱進奉，兼獻文牒。」[6] 由此可見，當時日本致高麗的文書中正式使用了「進奉」一詞。可以從側面看到，13 世紀初兩國之間對此已有正式規定，而當時高麗對於進奉本身並不是很積極。

34 年後的 1240 年（高麗高宗 27 年，日本仁治元年），大宰府向日本朝廷報告有高麗文書送至，朝廷為此召開了會議，彼時文書中所用的「進奉船」一詞一度引發爭議。總之，從 11 世紀後葉到 13 世紀，高麗與日本之間的貿易可視為是「進獻—下賜」貿易，即日本人向高麗國王獻納，高麗國王則給予回賜。

四、倭寇的侵寇與應對

倭寇的入侵，是高麗末期在內憂外患艱難處境下的一個心頭大患。因此，高麗腹背受敵，在繼續對抗北方外敵的同時，還不得不分散力量與南方的

5　校者注：《平戶記》，延應 2 年 4 月 17 日條。
6　校者注：《平戶記》，延應 2 年 4 月 17 日條。

倭寇展開較量。結果民心更加渙散，這也加速了高麗王朝的滅亡。

在談及高麗末期的倭寇時，我們通常使用「庚寅年（1350 年）以後的倭寇」這一表述。倭寇之所以在這一時期登場，其原因可以歸咎到當時的日本南北朝內亂。內亂時期，統治階層一分為二，中央統治權無法滲透到地方。這一時期長達 57 年，使得社會的不安因素不斷增加。此外，在這一混亂時期，武士們還趁機大肆擴大自身領地。在這種社會形勢下，農民失去了土地，下級武士 —— 他們雖然被動員參與了戰爭，但得不到相應補償 —— 在經濟上變得捉襟見肘，日本西海岸一帶的中小領主階層和小漁戶、小農戶在對馬島、壹岐、松浦三個島嶼地區土地稀少貧瘠、難以擺脫饑荒的惡劣條件，以及滲透到邊境地區的商品貨幣經濟的壓迫下深受刺激，進而成為了海盜。入侵高麗沿岸的也正是這些人。

倭寇的規模多可達四百餘艘，少則二十艘，他們並非一幫簡單的盜賊之徒。這一點也可從參與侵略的倭寇人數上得到印證：高麗恭愍王 13 年（1387 年）5 月，大破三千倭賊於鎮海縣；高麗禑王 5 年（1379 年）5 月，侵寇有騎兵七千人、步兵二千人，賊多則千百成群。從這種規模來看，倭寇並非只是單純由海盜組成的烏合之衆，其背後有強大的地方豪族在直接控制。

表 5　倭寇侵略次數表

年份		入侵次數	年份		入侵次數
高宗	10 年（1223 年）	1	恭愍王	16 年（1367 年）	1
	12 年（1225 年）	1		18 年（1369 年）	2
	13 年（1226 年）	2		19 年（1370 年）	2
	14 年（1227 年）	2（6）		20 年（1371 年）	4
元宗	4 年（1263 年）	1		21 年（1372 年）	19
	6 年（1265 年）	1（2）		22 年（1373 年）	6
忠烈王	6 年（1280 年）	1		23 年（1374 年）	12（115）
	16 年（1290 年）	1（2）	禑王	1 年（1375 年）	10
忠肅王	10 年（1323 年）	2（2）		2 年（1376 年）	46
忠定王	2 年（1350 年）	7		3 年（1377 年）	52
	3 年（1351 年）	4（11）		4 年（1378 年）	48
恭愍王	1 年（1352 年）	8		5 年（1379 年）	29
	3 年（1354 年）	1		6 年（1380 年）	40
	4 年（1355 年）	2		7 年（1381 年）	21
	6 年（1357 年）	4		8 年（1382 年）	23
	7 年（1358 年）	10		9 年（1383 年）	50
	8 年（1359 年）	41		10 年（1384 年）	19
	9 年（1360 年）	8		11 年（1385 年）	13
	10 年（1361 年）	10		13 年（1387 年）	7
	11 年（1362 年）	1		14 年（1388 年）	20（378）
	12 年（1363 年）	2	昌王	1 年（1389 年）	5（5）
	13 年（1364 年）	11	恭讓王	2 年（1390 年）	6
	14 年（1365 年）	5		3 年（1391 年）	1
	15 年（1366 年）	3		4 年（1392 年）	1（8）

對於倭寇入侵的目的，雖然有人認為是出於政治野心或文化需求，但是筆者認為出於經濟目的的可能性最大。這是因為，當時日本正處於南北朝的混亂期，較之文物輸入或政治野心而言，更有可能出於追求經濟利益或獲得生活必需品而發動侵略。

從倭寇入侵次數來看，自高麗高宗 10 年（1223 年）至高麗恭讓王 4 年（1392 年）的 169 年間，入侵共發生 519 次。而從倭寇再次猖獗的高麗忠定王 2 年（1350 年）開始看的話，42 年間共入侵了 506 次，即年均入侵次數達 12 次。高麗禑王年間倭寇入侵次數最多，年均入侵次數竟高達驚人的 27 次。最嚴重的是禑王 9 年，一年達到 50 次，月均竟超過 4 次。

面對如此倭寇，高麗朝廷在整頓和強化軍事體制的同時，還進行了討伐、懷柔和外交上的斡旋。如果細察其應對過程，首先映入眼簾的便是強硬的討伐政策。

1. 討伐

起初，高麗把倭寇入侵視為海盜對邊疆的無關緊要的侵擾，完全沒有料到這會導致國家領土的喪失。這一點，從同時期高麗應對北方紅巾賊入侵和倭寇入侵的不同態度上亦可感知。但是隨着倭寇規模的擴大以及倭寇導致的國政混亂，高麗開始採取更為強硬的政策展開討伐。首先可舉高麗禑王 2 年（1376 年）7 月崔瑩的鴻山大捷為例。禑王 2 年 7 月，倭寇分五次入侵了全羅道和忠清道的九處地方，並引發騷亂。當時，倭寇大舉侵略連山開泰寺，元帥朴仁圭迎戰但最終戰死。因此，崔瑩主動請纓，與多名將領一起來到了鴻山。但由於地勢險峻，將士都對出戰心懷畏懼。據稱，崔瑩身先士卒、衝鋒陷陣，從而令隊伍士氣大振，一舉擊潰所有敵人，自此倭寇們談崔瑩而色變。

在討伐倭寇的過程中，最值得一提的是羅世的鎮浦之役和李成桂的荒山大捷。兩場戰役是倭寇開始衰退的重要轉捩點，也是首次使用新兵器即火藥的重要戰役。高麗禑王 6 年 8 月，倭寇以五百餘艘船隻侵入鎮浦（錦江入口，今全羅北道群山市城山面）。據稱，倭寇將其乘坐的所有船隻用繩子牢牢拴住，除留下守護船隻的少量士兵外幾乎全員登陸，分散到附近的金堤、沃溝、益山等地，肆意縱火搶劫，以致橫屍遍野，且倭寇「轉穀于其舶，米棄地厚尺」[7]。因此，朝廷命羅世為上元帥、崔茂宣為副元帥、沈德符為都元帥前去擊退倭寇。他們到鎮浦後，用崔茂宣所製火炮焚燒敵船，敵船由於被捆綁牢固無法輕易散開，最終被燒毀殆盡。在鎮浦之役中僥倖生還的 360 多名倭寇逃往沃州，與先前登陸的倭寇會合。他們失去船隻又無路可退，於是一路逃往黃澗（今屬嶺東）、中牟（今屬尚州）、化寧（今屬尚州）等內陸地區，其間還「盡殺所俘子女山積」[8]，犯下種種暴行。在此期間，倭寇先是在尚州安營紮寨，後覺形勢不利，又將營地移至善州並攻入京山府。在討伐倭寇的過程中，以將帥朴修敬、裴彥為首的五百餘名高麗軍人戰死沙場。次年 9 月，倭寇放火焚燒南原的雲峰縣，並揚言「將穀馬于光之金城，北上」[9]，令高麗大為震驚。麗廷命李成桂為楊廣、全羅、慶尚道巡察使，邊安烈為體察使，並命禹仁烈、李元桂[10]、朴林宗、洪仁桂[11]、林成味等為元帥，展開大圍剿作戰。倭寇在這場戰鬥中遭遇大敗，就連勇猛的阿只拔都也無力回天。當時「川流盡赤，六七日色不變」[12]，被捕獲的馬匹多達 1,600 餘匹，還有大量兵器被繳獲。另外，倭寇的初始兵力是高麗的十倍，但最終只有七十餘人生還並逃往智異山。

水戰方面，鄭地的南海大捷首屈一指。鄭地從高麗禑王 8 年起擔任海道元

7　校者注：《高麗史》卷 114，〈羅世傳〉。
8　校者注：《高麗史》卷 126，〈邊安烈傳〉。
9　校者注：《高麗史》卷 126，〈邊安烈傳〉。
10　校者注：原著訛作이원규，今據實改之。
11　校者注：原著訛作홍인규，今據實改之。
12　校者注：《高麗史》卷 126，〈邊安烈傳〉。

帥指揮水軍。但由於戰艦和武器不備，次年 5 月才勉強湊齊 47 艘戰艦在羅州和木浦進行警備。當時，合浦元帥柳曼殊[13]告急，稱「賊以大船百二十艘來，慶尚道沿海州郡大震」[14]。鄭地來到觀音浦與敵人相遇並展開追擊，在朴頭洋大敗敵寇，敵軍「浮屍蔽海」。他還發射火炮，焚敵船 17 艘。在這場戰役中，倭寇損失了 17 艘大船並有二千餘人傷亡。觀音浦一戰後，高麗士兵的士氣高漲，於次年 10 月成功在可稱之為倭寇入寇的「根據地」── 丑山島部署了船卒駐防。

此後，高麗恭讓王元年 2 月，時任慶尚道元帥的朴葳率兵船一百艘征討對馬島，掃除了三百艘倭船及沿海房屋。元帥金宗衍、崔七夕、朴子安等相繼前往，接回本國俘虜百餘名。

在高麗征討對馬島之際，高麗國內正值李成桂在「威化島回軍」後將禑王流放至江華島，並扶持昌王上位從而掌握實權之時。李成桂憑藉智異山戰役、荒山大捷等多次圍剿倭寇的經驗，對倭寇十分瞭解，因而提出征討對馬島這一倭寇的根據地兼巢穴的主張。

2.「禁倭使節」的派遣

隨着倭寇的入侵愈發猖獗，高麗在積極進行討伐的同時，也遣使展開禁止倭寇的交涉。

2.1 金龍

高麗恭愍王 15 年（1366 年）元麗聯軍遠征日本以後首次派遣的使節。是

13 校者注：原著訛作朴曼殊，今據實改之。

14 校者注：《高麗史》卷 113，〈鄭地傳〉。

年 9 月，高麗遣金龍抵達日本。

2.2 金逸

同年 11 月，高麗又遣金逸出使日本。當時高麗國內正值「金鏞之亂」（高麗恭愍王 12 年）與「德興君之亂」（高麗恭愍王 13 年）等內亂並發之際，且倭寇也頻繁現身於開京附近。當時的情況，可以從金龍一行轉給日本的部分牒狀內容中窺得一二：

> 貴國地面，前來本省合浦等處，燒毀官廨，搔擾百姓，甚至殺害。經及一十餘年，海船不通，邊界居民不能寧處。蓋是嶋嶼居民不懼官法，專務貪婪，潛地出海劫奪。尚慮貴國之廣，豈能周知？若便發兵勒捕，恐非交隣之道，除已移文日本國照驗。煩為行下概管地面海嶋，嚴加禁海，毋使似前出境作耗。[15]

在這種時代背景下，高麗遣使要求「禁倭」。對此日本的征夷大將軍承諾立即照辦，由此倭寇才略有減少。但當時日本正值第二代征夷大將軍足利義詮的新政權末年之時，正與南朝政權勢不兩立，統一遙遙無期。因此，當時日本的幕府政治還無法滲透到地方，征夷大將軍的承諾究竟在何種程度上被遵守也是一個未知之謎。儘管如此，這是征東以後高麗政府與日本幕府間的首次交涉，具有相當的意義。

作為對高麗恭愍王 15 年遣使的答禮，日本於恭愍王 17 年正月派遣僧侶梵湯、梵鏐與金逸同行報聘。但彼時的掌權者辛旽對日本使者有所怠慢，導致

15 校者注：《醍醐寺文書》之六（《大日本古文書》家わけ 19）。

後者憤然離去。同年 7 月，日本再次遣使來獻方物。同年 11 月，高麗政府賜對馬島萬戶宗慶一千石大米。此外，高麗還在與幕府當局進行禁倭交涉的同時，對對馬島島主等在禁倭交涉中具有話語權的「諸侯」施以厚待，由此促進了和平交涉。

2.3 羅興儒

高麗禑王元年 2 月，高麗遣判典客寺事羅興儒聘日本。次年 10 月，羅興儒還自日本，日本遣僧良柔來報聘，獻彩段、畫屏、長劍、鏤金龍頭酒器等物。其國僧德叟周佐寄書，內容如下：

> 惟我西海道一路九州，亂臣割據，不納貢賦，且二十餘年矣。西邊海道頑民，觀釁出寇，非我所為。是故，朝廷遣將征討，深入其地，兩陣交鋒，日以相戰。庶幾，克復九州，則誓天指日，禁約海寇。
>
> 《高麗史》卷 133，〈列傳四十六〉，辛禑 2 年 10 月。

德叟周佐推測倭寇隅居於西海道及九州一帶，並在禁倭商議中展現誠意。但在此期間，倭寇愈發猖獗，僅高麗禑王 2 年一年就入侵達 46 次。

2.4 安吉祥

高麗禑王 3 年 6 月，高麗遣判典客寺事安吉祥赴日本。其所持國書中有言：「兩國通好，海道安靜，在於貴國處之如何耳。」[16] 安吉祥在日本病逝，同年 8 月日本遣僧侶信弘報聘，但在答書中提到：「草竊之賊，是逋逃輩，不遵

16 校者注：《高麗史》卷 133，〈辛禑傳〉，禑王 3 年 6 月。

我令，未易禁焉。」[17]

2.5 鄭夢周

由於倭寇的入侵持續不斷，1377 年高麗再次派遣前大司成鄭夢周進行禁賊交涉。當時鄭夢周到達博多後，今川貞世（法名了俊[18]）從肥後（今熊本縣）的前陣急忙趕回羽田與鄭夢周會面。鄭夢周對其要求禁倭，這一要求取得了巨大成效。尤其是包括今川貞世在內的日本人佩服鄭夢周的博學多識及人品，從而以禮相待。

為了向鄭夢周展現誠意，高麗禑王 4 年（1378 年）6 月，今川貞世指派 69 名軍士給僧侶信弘，令其前往高麗抓捕倭寇。信弘在兆陽浦（今全羅南道寶城）捕獲了一艘倭船，並放還了二十多名被俘婦女，但其在固城的赤田浦戰役中鎩羽而歸。同年 9 月，鄭夢周返回時，帶回了被俘的尹明與安遇世等數百人，今川貞世還令周孟仁與鄭夢周同行前來報聘。1379 年[19] 7 月，今川貞世歸還高麗被虜人 230 餘口，並獻槍、劍及馬。1391 年 8 月，其又遣返了男女共計 68 人。

2.6 李子庸與韓國柱

由於倭寇的不斷入侵，高麗禑王 4 年 10 月再遣版圖判書李子庸與前司宰令韓國柱赴日請求禁倭。此時，李子庸找到九州探題今川貞世[20]，韓國柱找到周防（今山口縣）的大內氏，分別要求禁倭。對此，日本方面派遣僧侶法印前來報聘並獻土物。韓國柱於禑王 5 年 5 月歸來，當時被稱為百濟聖王後裔的大

17 校者注：《高麗史》卷 133，〈辛禑傳〉，禑王 3 年 6 月。
18 校者注：《高麗史》、《高麗史節要》作「源了俊」。
19 校者注：原著訛作 1378 年，今據實改之。
20 校者注：原著作「源了俊」，為行文統一，今據上文改作「今川貞世」，下同。

內義弘遣麾下朴居士率兵 186 人來高麗抓捕倭賊。李子庸回國途中，今川貞世歸還了 230 餘名高麗俘虜。

如上所述，高麗禑王初期兩國使節往來尤為頻繁，而禑王 3 年至 6 年期間是倭寇最為猖獗的時期，因此這並非偶然。當時，九州探題今川貞世對倭寇的鎮壓表現出積極的誠意，並應允高麗的要求，這同樣是源於日本當時的國情而非出自維持對麗關係的想法。這從禑王 5 年遣使以來日本派來的使節數量要遠遠超出高麗所派出的這一點當中亦可窺得。當時，今川貞世雖然身為九州探題，但是並未令所有將帥信服，矛盾時有發生。因此，對今川貞世而言，違背高麗的意願而讓其對幕府產生敵意是招來大禍之舉；且倭寇中偶爾有與天皇軍私通之人，禁倭一事對高麗與幕府的正常貿易及削弱天皇軍的氣勢而言都十分有利。當時兩國使節往來的特點之一，是日本從一開始便持續派遣僧侶作為使節，這說明當時日本的整個文化隊伍有限，特別是在武士當權的情況下，日本的知識分子群體也只有僧侶這個群體而已。

五、高麗對日外交的性質

1. 政治關係

可以說在整個高麗時代，其與日本的關係大多時候都不是正常的和平邦交關係。首先，從國際政治史的角度來看，一個國家的對外政策應該是在「國家利益」這一前提下，從各個時期國家和民族的生存需求上來提出的。但是，如果因為實現本國國家利益是對外政策的目的，就在沒有與對方國家協商的情況下，為了本國利益而單方面採取行動，這就很難期待能建立起和平的國際秩序。國家利益只有在相互合作下才能實現，如果均衡被打破就會發生摩擦。但是，高麗與日本的關係與其說是合作，日本單方面的行動反而更多。對此，高麗則對日本採取了限制和拒絕的態度，因此兩國的政治關係必然停滯不前，外交關係也不可能順暢。雖然進奉形式的通商勉強起到了窗口的作用，但就連這種關係也在元麗聯軍遠征日本後走向末路。

高麗後期的對日關係，從政府間的官方關係變為了與日本的地方豪族或地方政權之間的非官方關係。當時日本正處於南北朝的混亂期，倭患頻發，經濟上十分困難。彼時高麗與日本建立起了政治外交關係——前者出於「禁倭」的必要性，後者則基於渡過經濟難關的需求。高麗在恭愍王 15 年（1366 年）派遣禁倭交涉使前往室町幕府，幕府也派遣了報聘使，這成為了一度斷絕的麗日交涉的新起點。

此後，九州探題也開始撇開中央政府直接與高麗進行交涉，大內氏也派遣了使節。幕府將軍或九州探題以及豪族，對於高麗使節們在提出禁倭交涉或送還俘虜的要求之時所帶去的財貨饒有興趣，積極地在自己轄內下達海寇禁止令。因此，高麗末期與日本的外交關係中，由於倭寇而導致的非正常關係，自然要比兩國政府間的官方關係佔更多比重。迄今為止，學界普遍認為整個高麗時代對日本一直秉持限制與拒絕的態度，但實際上到文宗之前高麗尚積極試圖敲開日本國門。而日本當時則因為政治上的不穩定、經濟與文化上的落後，以及來自軍事方面的威脅等，在向高麗開放門戶以及「修好」一事上採取了消極態度。

2. 經濟關係

高麗的經濟基礎是農業，因此對貿易的關心相對較少。而且貿易也主要以進口中國先進文物為主，旨在以此為媒介維持雙方的和平關係。而在當時，日本相較於高麗，不僅在文化上尚不發達，而且生活必需品特別是糧食方面也存在不足，所以為了生存必然要進行貿易。高麗無法期待從日本進口先進文物，又鑒於自三國時代以來日本強烈的掠奪本性，所以對日本保持拒絕、限制、不溫不火的貿易狀態。因此，高麗與日本的貿易形式主要是限制性的官方貿易，以進奉為形式。但是依靠進奉來進行的貿易無法滿足日本的需求，因此到了高麗末期就出現了倭寇的入侵。倭寇導致高麗在四十餘年間遭受了巨大的人力、物力損失，這也成為激化高麗王朝社會矛盾的主要因素。當時，日本正處於南北朝的混亂期，中央權力無法滲透到地方，經濟上面臨着滲透到邊境地區的商品經濟的壓迫，加上衆多農民喪失土地等，這些都成為加深日本國內矛盾的因素。

如此情況下，高麗傾其國力剿滅倭寇，其間掌握軍權的李成桂等新興勢力登上歷史舞台。另一方面，日本通過倭寇而實現的自給自足的經濟無法從根本上解決經濟矛盾，因此渴望重啟之前中斷的官方貿易。在這一過程中，西國領主層開始管制倭寇，並與早先一起進行倭寇活動的小農戶、小漁戶劃清界限。高麗末期，只有無法加入正規貿易的小農戶、小漁戶繼續進行着小規模的倭寇活動，但也不得不走上式微之路。最終，高麗與日本在政治、經濟上只能維持畸形的外交關係。高麗未能了結國內面臨的矛盾和禁倭問題，將其留給了之後的朝鮮王朝。隨着朝鮮初期官方貿易的展開，倭寇問題也隨之告一段落。

參考文獻

1. 著作

國史編纂委員會編，《韓國史》，第 15、20 卷，1995。

羅鐘宇，《韓國中世對日交涉史研究》，圓光大學出版局，1996。

韓國海洋財團編，《韓國海洋史Ⅲ（高麗時代）》，2013。

中村榮孝，《日鮮関係史の研究（上）》，吉川弘文館，1965。

田中健夫，《倭寇と勘合貿易》，至文堂，1963。

2. 論文

申奭鎬，〈麗末鮮初的倭寇與對策（여말선초의 왜구와 그 대책）〉，《國史上的諸問題（국사상의 제문제）》，總第 3 輯（1959）。

佐佐木銀彌，〈海外貿易と国内経済〉，《講座日本史》，總第 3 輯，東京大学出版社，1970。

第十章

高麗與明的外交及矛盾

金順子

一、元明鼎革與高麗的外交政策

14 世紀中期，在遊牧民族蒙古族的征服王朝統治中國近一個世紀後，漢族為反抗其統治發動了所謂「紅巾賊」叛亂，長江一帶漢人群雄登場。1368 年（高麗恭愍王 17 年），作為農民軍登場的朱元璋在長江下游地區建國，並將蒙元逐至北方，實現了元明鼎革。高麗認識到東亞世界的變化，早在二十餘年前的 1356 年（高麗恭愍王 5 年）便驅逐了元朝勢力，並開展了收復雙城總管府等的所謂「反元改革」。明朝建立後，高麗清算了與元之間持續了一個世紀以上的關係，並果斷地將外交轉為親明路線。

1356 年反元改革後，高麗由於紅巾賊的入侵（1359–1361 年），雖然在艱難時期有所後退，但在對元關係中逐漸確保了作為獨立王朝的自主性。高麗恭愍王掌握了官吏的任免權，拒絕內政干涉，還收復了一個世紀以來被元佔領的雙城總管府，將領域擴至其以北地區。高麗在維持與元的朝貢冊封關係的同時，還根據需要與中國的地方勢力保持往來，在外交上確保了自主性。元明鼎革前的 1367 年 2 月，高麗還針對濟州的統治權、蒙古皇室的牧場以及馬匹與牧護的管理處分權等提出要求並獲允。

明朝作為新興王朝，北向攻元，攻陷大都後統一了中國。從對外關係上來看，明朝作為東亞世界的新興正統王朝，迫切需要得到周邊國家的認可。1369 年 4 月，明朝遣使赴麗宣告建國，並提出建立友好關係的希望。而對於恭愍王和高麗政府來說，不論從內外來看都需要消除北元的影響和干涉，也需要建立與明朝的友好關係。1370 年 5 月，恭愍王接受冊封並開始使用明朝年號，兩國迅速建立國交。但四年後的 1374 年 9 月，主導親明政策的恭愍王被弒。當時派遣到高麗的明朝使節也在歸國途中於鴨綠江北岸遇刺。在兩國使節往來中斷期間，北元遣使前來試圖與高麗攜手「恢復中原」。恭愍王之後的禑王政權接見了北元使節，高麗與明之間的緊張氣氛由此達到高潮。

明朝希望在對外政策中繼承元的遺產，這與反元改革後高麗追求並建立的對華關係相互齟齬。建交後不久，兩國之間的一系列問題——包括國王冊封問題、此前的雙城總管府和居民的歸屬權問題（鐵嶺衛事件）、設立於濟州的元皇室牧場及馬匹的所有權問題、遼東居民（高麗人、女真族）的歸屬權問題等在內——相繼成為外交紛爭。從明朝建立的 1368 年到高麗滅亡的 1392 年這段時間，既是上述外交紛爭得以解決的時期，同時也是朝鮮與明朝建立外交新秩序的時期。

二、濟州牧場與馬匹、牧胡的歸屬權紛爭

高麗與明朝之間的第一個外交紛爭便是濟州及其島上的元皇室牧場與馬匹，以及蒙古人牧胡的歸屬權與支配權問題。蒙元將濟州視為遠征日本及進攻南宋的前沿陣地後，1273 年（高麗元宗 14 年）鎮壓「三別抄起義」後，設立「耽羅國招討司」進行直接統治。1276 年，元在此牧馬 160 匹，並開始將濟州用作皇家牧馬場。此後不知何時起，宣徽院、資政院、太僕寺等多個權力機構分別在此放養馬匹和騾子，並派遣官員。

高麗太子王倎（後來的高麗元宗）與蒙古忽必烈（後來的元世祖）締結和約時，後者曾承諾以 1259 年 2 月為基準，此後不再侵佔高麗領土。據此，高麗要求歸還濟州，並於 1295 年（高麗忠烈王 21 年）設立了「濟州牧」。但是之前已經設置的牧馬場、馬匹、牧胡等則游離於高麗的統治之外。1301 年，元設「耽羅總官府」，四年後又設立了隸屬於皇帝的「耽羅軍民萬戶府」。高麗雖收回濟州，但是統治權的行使卻處處受限。高麗派遣了「牧使」與「萬戶」

等官員行使統治權，以確保對牧場馬匹的管轄權，而得到元的追認則是在元明鼎革之際的 1367 年 2 月。但是，蒙元牧胡們不願歸屬高麗，並自 1356 年以降數殺高麗所遣官吏且接連發動叛亂。

首先提及濟州問題的是高麗。恭愍王在受到冊封兩個月後的 1370 年 7 月，派遣謝恩使時針對濟州問題專門呈上了〈耽羅計稟表〉[1]。高麗在〈耽羅計稟表〉中主張：（一）「切以耽羅之島，即是高麗之人，開國以來，置州為牧。自近代通燕之後，有前朝牧馬其中，但資水草之饒，其在封疆如舊」；（二）「將前朝太僕寺、宣徽院、中政院、資政院所放馬匹、騾子等，許令濟州官吏，照依元籍，責付土人牧養，時節進獻」；（三）「其達達牧子等，亦令本國撫為良民」。

上述三項與前述 1367 年 2 月高麗向元提出的要求一致。一直實際統治着濟州的高麗，以新的中原王朝明朝為對象，主張對濟州及濟州的蒙元遺產的領有權和支配權。彼時明與東南沿岸的漢人群雄、倭寇等敵對勢力及北方的北元、遼東勢力之間戰火不斷，無力干預濟州問題，高麗趁此形勢率先對濟州及濟州牧場、牧胡等提出權利主張以防止領有權的紛爭，並試圖令自身對濟州財產的權利得到認可。

對此，1372 年 9 月明洪武帝有諭：「這耽羅的牧子，係元朝達達人，本是牧養為業，別不會做莊家。⋯⋯更這廝每從前殺了恁國家差去的尹宰相麼道。」[2] 洪武帝對於高麗的領有權及支配權的主張沒有給出正面回答，只提到了牧胡是蒙古人以及他們反抗高麗的統治。可以說，明朝在無法與高麗對立的局勢下，通過提及「耽羅牧子」出身蒙元且高麗無法行使支配權這兩點，為自己的權利留下餘地。

---

1 校者注：《高麗史》卷 42，〈世家〉，恭愍王 19 年 7 月。
2 校者注：《高麗史》卷 43，〈世家〉，恭愍王 21 年 9 月。

高麗為了實現〈耽羅計稟表〉中的主張而採取了必要的措施。1372 年 3 月，麗廷向濟州派遣選馬使，準備徵用獻給明朝的貢馬。因此，牧胡們殺害地方官並發動了叛亂。當時，高麗獻上本土的六匹馬作為貢馬，4 月又轉呈了〈請討耽羅表〉。此舉旨在通過在討伐濟州叛亂一事上徵求明朝同意，來切實保障自己在處理濟州問題上的許可權。當時派遣的使節於 7 月拜謁洪武帝，並於 9 月回國。洪武帝要求「多多的起將軍馬，盡行剿捕者」[3]，同時行懷柔政策，再次派遣使節勸誘其與自己進行商議。這表明，當時明朝方面無法在現實中介入濟州問題。

從結果來看，高麗從主張濟州歸屬權的 1370 年 7 月到 1372 年 12 月為止，只向明朝運送了四匹馬。高麗努力履行了「主動貢馬」的承諾。1372 年 3 月遣吳季南運送了六匹馬，11 月又派遣了金甲雨，但他直到次年 10 月才到達南京。1373 年 6 月，高麗本想經由海路派遣鄭元庇，但因倭寇未能成行；7 月又想通過陸路派遣周英贊貢馬，但由於明在定遼衛封鎖了陸路而告吹。於是 11 月，高麗再次經海路派遣禹仁烈。不過他們一行遭遇風浪，30 人全部溺亡，馬和騾子也全部丟失。

1372 年 12 月，明洪武帝在接見高麗使節時曾對此大加指責。明在與北元開戰前夕，試圖利用高麗來獲得馬匹供給，甚至懷疑高麗與納哈出等北元勢力有所勾結，於是在濟州馬匹問題上大做文章，以此向高麗施壓。而從高麗的立場來看，確有必要向明輸送馬匹，哪怕是為了不給明朝對濟州和濟州馬匹提出其他主張的機會。1374 年（高麗恭愍王 23 年）4 月，明派遣使節林密和蔡斌來宣稱元朝「曾有馬二三萬，留在耽羅牧養」，要求高麗「將好馬揀選二千匹送來」[4]。據推測，當時濟州的馬匹數量不到兩三萬匹。經過一番爭論

3　校者注：《高麗史》卷 43，〈世家〉，恭愍王 21 年 9 月。
4　校者注：《高麗史》卷 44，〈世家〉，恭愍王 23 年 4 月。

後，恭愍王決定接受這一要求。而濟州的牧胡們說：「吾等何敢以世祖皇帝放畜之馬獻諸大明？」[5] 只送馬三百匹。明朝使節則給高麗施壓，稱得不到兩千匹馬就不回國。

恭愍王於 7 月下達了討伐濟州的命令。都統使崔瑩率軍 25,605 人於 8 月出征。這或許是當時高麗可以動員的最大規模的軍隊。官軍徵用了 1,700 匹馬，但是到達開京的只有 837 匹。討伐軍於 8 月 28 日登陸濟州鎮壓了叛亂，於 9 月 22 日離開濟州，但直到 11 月 3 日才到達木浦。而在這期間的 10 月，濟州原住民再次發動叛亂。

由於大規模軍隊投入到圍剿濟州行動中，開京警備變得鬆懈。結果在崔瑩率領的遠征軍返回前的 9 月 22 日，恭愍王遇害。曾敦促二千匹貢馬的明朝使節最後運送着二百匹馬，於 9 月 3 日從開京出發，但於 11 月 25 日在鴨綠江北岸被高麗的護送官殺害。在恭愍王遇害和禑王即位的特殊情況下，高麗於 11 月 9 日以「都評議使司」的名義向明朝中書省送去外交文書，稟告了濟州征伐經過的同時，也將高麗對濟州的實質性支配變為既定事實。

主導親明政策的恭愍王被殺害，明朝使節在回國途中遭遇刺殺和綁架，這些事件發生後，高麗和明朝之間斷絕了使節往來。貢馬問題在五年後得到了解決：明朝要求每年一千匹歲貢馬，高麗接受了這一要求。1387 年（高麗禑王 13 年），高麗對濟州的所有權最終得到明朝的承認。這一結果被朝鮮王朝所繼承，時至今日濟州都是韓國的固有領土。明朝對於濟州貢馬的要求在朝鮮王朝建立後定為五十匹種馬。

此後，明朝也曾對濟州表現出興趣，即所謂「鐵嶺衛事件」。明主張對元朝前雙城總管府以及當地居民的歸屬權，因此高麗與明朝之間上演了領土

5 校者注：《高麗史》卷 44，〈世家〉，恭愍王 23 年 4 月。

紛爭。1388 年 2 月被派出的朴宜中 6 月回國，並帶回明朝禮部咨文。該咨文稱：「其耽羅之島，昔元世祖牧馬之場。今元子孫來歸甚衆⋯⋯措諸王於島上，戍兵數萬以衛之，兩淛發糧以贍之，以存元之後嗣，使元子孫，復優遊於海中，豈不然乎？」[6] 雖然明朝打着延續元朝後代、以防祭祀中斷的口號，但可以說已然表現出對濟州及其當地元朝遺產的興趣。實際上，在北元滅亡後，身為俘虜的北元皇室成員就被送往濟州，並在那裏結束餘生。

三、圍繞禑王冊封的對立及貢品

恭愍王是主導親明政策、且受明朝冊封的國王，於 1374 年在試圖鎮壓牧胡叛亂的濟州討伐軍歸來之前被殺害。為徵用二千匹濟州馬匹作為貢馬而來的明使蔡斌與林密在回國途中，前者在開州站遭護送官金義殺害，後者則與貢馬一同被抓往敵國北元。

高麗對這兩起事件理應給出令人信服的解釋。事發兩個月後的 1374 年（高麗禑王即位年）11 月，高麗公佈恭愍王的死訊，並派遣告訃、請謚、承襲使赴明，要求獲得前王謚號並對王世子（禑王）繼承王位一事給予承認。但是作為使節的張子溫與閔伯萱在聽到明使被殺的消息後，懼怕被追責而中途折返。兩個月後高麗再次派遣了告訃、請謚、承襲使，但均被扣留，直到四年零六個月後才得以回國。從結果來看，高麗在恭愍王遇害以及明使被殺的情況下，不僅沒有獲得繼任政府（禑王政權）的外交認可，甚至連使節往來也被迫中斷。

6　校者注：《高麗史》卷 137，〈辛昌傳〉，昌王即位年 6 月。

恭愍王遇害前，從北元傳來要冊封高麗王室瀋王的孫子為高麗王的消息。正如反元改革之後的一系列舉動一樣，北元一直致力於剷除恭愍王這位主導親明及反元政策的國王。元在中原為明所破後期待與高麗合作，因此不得不追認反元改革的各項措施；但為了恢復此前的元麗關係，亦不斷進行暗中操作。對高麗國王行使冊封權便是其中的核心事項。

高麗在向明朝派遣告訃使後的次月，也向北元通報了恭愍王遇害的消息。四個月後，百官聯名上書，認為冊封瀋王之孫為高麗國王一事不妥。1368年明朝建立後，高麗雖然以親明政策為基調，中斷了與北元的正式外交，但是為了得到對禑王繼位的追認而再次遣使北元。北元似乎認為這是恢復以往關係的絕佳時機，因此一直非常積極地接近高麗，不僅在「百官連名為書」的次月即表態不會追究殺害恭愍王的罪行，一年後又提及以往雙方的友好關係，試圖說服高麗恢復邦交。

禑王十歲年幼即位，根據恭愍王的遺言，由侍中李仁任輔佐。但是包括恭愍王的母后明德太后在內，還有朝中主要官員對於禑王都非常陌生。禑王和李仁任政權試圖通過獲得中原王朝的冊封來解決這一問題。在與明朝斷絕使節往來的情況下，只好選擇了接受北元冊封這一下策。1376 年 10 月，高麗向北元提出冊封請求，並於當月受到冊封，開始行北元「宣光」年號。

禑王受北元冊一年零兩個月後的 1377 年（高麗禑王 3 年）12 月，明朝在沒有事先通知的情況下放還了在本國境內捕獲的 358 名高麗人。高麗一直在努力實現對明關係的正常化，於是在三個月後派遣謝恩使的同時，還派遣了請謚及承襲使。明廷似乎一直在等這一刻，通過遣返一直被扣留的使節來積極回應。明朝此前對於冊封禑王一事一直保持強硬態度，但在看到高麗與北元間出現恢復邦交的跡象後，立馬對高麗轉為懷柔政策，高麗也立即予以回應。這表明高麗的形勢判斷沒有發生變化：東亞世界的中心是明朝，高麗外交應該以明為中心。1378 年被扣留的使節一行回國後，高麗國王雖然沒有獲得冊封，但重新使用了明「洪武」年號。

使節往來斷絕四年零六個月後的 1379 年（高麗禑王 5 年）3 月，明朝才再次遣使赴麗。當時明朝提出了三項要求[7]：第一，「今歲貢馬一千，差執政陪臣以半來朝」；第二，「明年貢金一百斤、銀一萬兩、良馬百匹、細布一萬匹，歲以為常」；第三，「仍將所拘遼東之民，無問數萬，悉送回還」。在這三項要求中，第三項直到朝鮮太宗時期（1401–1418 年）仍是外交紛爭。從這一點來看，這在 1379 年當時似乎還不是當務之急。

另外，上述要求中，明以貢品的名義公然索求相當數量的物資，這一點值得關注。在中國，中原地區馬匹時常出現不足，所以經常在邊境地區開設馬市來補充。在與北元持續戰爭的局勢下，明朝試圖以「貢馬」的名義從高麗獲得相當數量的馬匹。同時還索求不產於高麗的大量金銀。這沿襲了蒙元初期從高麗徵用物資的方式，同時也不無如下意圖，即主張對留在高麗的牧馬場等元朝遺產的管理權。

禑王政府在穩定與明朝的關係並終結冊封問題、避免軍事危機的方向上做出了應對。但在 1356 年以後，無論是元還是明都沒有強制要求過貢品，只有高麗酌情獻貢，所以高麗試圖維持這一原則。1379 年 10 月，高麗獻黃金三十一斤四兩、白銀一千兩、白黑細布各五百匹、雜色馬二百匹等。雖然數量不及明廷所求，但品目是符合要求的。這既表明了高麗的誠意，即沒有無視明廷的索求，又展現出不全盤接受明朝單方面要求的態度。同時，高麗還請求減免歲貢，「小國地薄，不產金銀，中國之所知也；…… 國馬如驢，無從而得良焉；…… 布匹雖出於國中，然數至於萬，誠難充辦」，希望能「不拘定數，隨力所辦以獻」。[8]

7　校者注：《高麗史》卷 134，〈辛禑傳〉，禑王 5 年 3 月。
8　校者注：《高麗史》卷 134，〈辛禑傳〉，禑王 5 年 10 月。

明廷拒絕了高麗的請求，並以貢品額未達標為由拒絕接受貢物。1380 年 8 月高麗的啟稟使回國時，明廷又修改了貢品額：「前所需馬一千，已貢若干。今再取輳作一千。明年，金一百斤、銀五千兩、布五千匹、馬一百，以為常貢之例。」[9] 同時表示，若高麗照此履行，則「赦爾東夷殺使及內使之罪」[10]。明所修改並提議的貢品額當中，將之前所要求的白銀和布匹減少了二分之一。這是部分接受了高麗提出減少貢品要求的結果。同時還表示不再追究高麗殺害明使一事。明朝通過部分接受高麗提出的減少貢品額的要求來安撫高麗的抗拒心理，從而儘快恢復邦交，並不再追究兩國間的外交懸案 —— 即明使被殺問題。同時還撤回了禑王政府難以接受的執政大臣「來朝」的要求。

當時，高麗與明朝的接壤處曾發生過幾次軍事衝突，兩國均面臨軍事危機。1380 年，明軍入侵北青州，被高麗擊退。納哈出曾多次提議，派遣其子協攻明朝的定遼衛。高麗方面的史籍中並沒有關於高麗是否回應了納哈出提議的記載。但 1379 年由於北元兵的襲擊，渾河口子的明兵慘遭屠戮，明朝強烈懷疑高麗的同時，因擔心高麗與納哈出聯手而持續施壓。1382 年，明朝成功平定雲南，掃除了內地的北元勢力，進一步掌控中國全域。

在這種局勢下，高麗決定接受明朝的貢品要求，從明朝提議修改貢品額的 1380 年 12 月起，獻上了金、銀、布、馬等，並請求用折價代納的方式代替不產於高麗的金、銀等物。1384 年閏 10 月，高麗獻上了明朝所要求的六年的貢品額。次年 9 月，明朝終於冊封了禑王。

高麗通過接受明朝的貢品要求，獲得了外部對禑王繼承王位的認可，同時也解決了明使遇害的懸案。但在解決禑王冊封一事過程中，高麗不得不在相當程度上接受明朝單方面的要求。這違背了反元改革後，高麗一直所追求的

9 校者注：《高麗史》卷 134，〈辛禑傳〉，禑王 6 年 8 月。
10 校者注：《高麗史》卷 134，〈辛禑傳〉，禑王 6 年 8 月。

對華關係中的自主性。為了滿足貢品數量，高麗設立了臨時官廳「盤纏色」，並向官吏和普通民眾徵用物資。1387 年，由於財政短缺，官員的俸祿遭到削減。在國王冊封及貢馬等問題上，元麗關係的遺產在明麗關係中也有一定程度的再現。另一方面，通過終結冊封問題，禑王可以平息國內對其正統性的質疑，穩定內政。同時，高麗可以避免與新興強國明朝之間的軍事緊張甚至對立，實現邦交正常化。

四、圍繞雙城總管府歸屬問題的領土紛爭——鐵嶺衛事件

通過 1385 年（高麗禑王 11 年）9 月禑王的冊封，明麗關係在恭愍王薨逝 11 年後得以恢復正常。但是僅一年零四個月後的 1387 年 2 月，明朝抗議高麗「任通事密通京師聱者，探聽事情」[11]，聲稱要禁止使節往來。明朝始終懷疑高麗與納哈出有勾結，甚至有時以軍事攻擊相威脅。此外，明朝還對高麗不積極配合馬匹貿易一事心存不滿，單方面稱將索要五千匹馬。1385 年起，明朝開始正式進攻遼東；兩年後的 1387 年 6 月，還動員二十萬軍隊平定納哈出並捕獲二十餘萬俘虜。明乘勢追擊，次年討伐了北元的大本營並抓捕了十萬餘名俘虜。

隨着納哈出被平定，高麗邊境直接與明朝接壤，國內對於明軍可能乘勢前來侵略的危機意識空前高漲。在邊境地區，由於軍事危機感達到高潮，還發

11　校者注：《高麗史》卷 136，〈辛禑傳〉，禑王 13 年 2 月。

生了大大小小的軍事衝突。在恭愍王執政以來的貢品索求問題以及禑王冊封問題上，高麗始終面臨着明朝單方面的強壓，故將軍事侵略視為實質性威脅。1387 年 5 月，洪武帝在給高麗的外交文書中也提到：「只想道這一枝軍馬，別處都定體了，必來征伐也。」[12]

當在中原及遼東地區持續與北元進行戰爭的新興強國明朝威脅將要發動侵略時，高麗不得不對此繃緊神經。例如，僅僅是漕運船漂流而來，卻被傳成是「唐船軍人盡下岸，將襲京城，已至門矣」[13]，使得開城居民驚駭不已。1387 年 6 月，甚至有來自遼東的逃民聲稱明朝皇帝將要索求處女與秀才、宦官各千名，以及牛馬各千匹。在尚未確認是否屬實的情況下，最高軍事指揮者崔瑩甚至表示，如果明廷真有此舉，動員軍隊進行攻擊會更好。由此可見當時高麗人心惶惶。

就在高麗民心恐慌之時，明遣使來告將收回元朝設於高麗的「雙城總管府」並將立「鐵嶺衛」。這便是所謂「鐵嶺衛事件」的由來。「鐵嶺衛事件」是指明麗之間的領土紛爭事件，源於明朝主張對於曾隸屬元朝遼陽行省開元路的雙城總管府及當地居民的歸屬權。1388 年 2 月，遼東都司派遣的官員一行越過鴨綠江張貼明戶部榜文，第一次將消息傳至高麗。之後，此前派遣的陳情使偰長壽回國時，帶回了洪武帝的聖旨，後者主張「以鐵嶺北東西之地，舊屬開元，其土著軍民、女直、韃靼、高麗人等，遼東統之；鐵嶺之南，舊屬高麗，人民悉聽本國管屬」[14]。

雙城總管府本屬於高麗的東北面，在蒙麗戰爭爆發期間的 1258 年被蒙軍所佔領。1356 年反元改革時，高麗曾動員軍隊前去收復，是時佔領了總管府

---

12 校者注：《高麗史》卷 136，〈辛禑傳〉，禑王 13 年 5 月。
13 校者注：《高麗史》卷 136，〈辛禑傳〉，禑王 13 年 5 月。
14 校者注：《明史》卷 320，〈外國一〉，洪武 20 年 12 月。

以北的吉州一帶，由此擴大了領域。雖然該地區的主要居民是女真族，但自11世紀中期以來，高麗在此處設立了羈縻州，從而將其劃入了高麗的勢力範圍。因此，高麗一直認為其是「高麗之土地與百姓」。

另一方面，明朝建立後僅20年便驅逐了北元最後的殘餘勢力納哈出，但是由此佔得的遼東領域卻比曾經元朝的遼陽行省要小很多。此外，許多居住在此的女真族、高麗人、蒙古人、漢人等在元明鼎革期間移居或四處散開，其中高麗人回到高麗定居，女真族中有相當一部分到圖們江以南地區定居。而明朝自詡為繼承元朝的正統王朝，故主張對這些人群的歸屬權。

高麗認為鐵嶺衛設置問題不是人口歸屬權問題而是領土問題，於是在2月討論對策的朝會上確立了兩個原則：不能割讓領土和反對戰爭、支持和解。在通過偰長壽收到洪武帝聖旨的當月，高麗遣朴宜中為陳情使赴明，主張該地區是高麗的固有領土。具體來說：(一)主張「鐵嶺迆北，歷文、高、和、定、咸等諸州，以至公嶮鎮，自來係是本國之地」[15]；(二)強調鐵嶺以北地區曾在高麗的東北面，在蒙麗戰爭的最後階段，即1258年（高麗高宗45年）12月，被納入開元路雙城總管府；(三)強調恭愍王時期將該地區收復，並已得到元朝的承認這一事實以及對其實際支配狀態。同時也提到，在1370年明朝給恭愍王的冊文中有「儀從本俗，法守舊章」[16]之句。此處指出，高麗與明朝是在承認現有狀態的前提下所建立的邦交，故明朝對高麗已經收復的鐵嶺以北地區主張所有權一事並不妥當。另一方面，高麗當局對各道兩班、百姓、鄉吏、驛吏展開調查，建立軍隊花名冊，並修築五道之城等，做好了防禦準備。

同年3月傳來了如下消息：「遼東都司遣指揮二人，以兵千餘，來至江界，將立鐵嶺衛。帝豫設本衛鎮撫等官，皆至遼東。自遼東至鐵嶺，置七十

15 校者注：《高麗史》卷137，〈辛禑傳〉，禑王14年2月。
16 校者注：《高麗史》卷135，〈辛禑傳〉，禑王11年9月。

站，站置百戶。」[17] 隨後，明後軍都督府遣百戶正式告知高麗設置鐵嶺衛。禑王下令從全國八道徵兵，總司令崔瑩處死之前遼東都司所遣 21 名明朝軍士，並扣押此行的 5 名明朝官員。

表 6 「鐵嶺衛事件」的經過及高麗與明朝的主張

時間	事件經過	內容
1388 年 2 月	明朝遼東都司官員至鴨綠江張榜。	「鐵嶺迆北、迆東、迆西，元屬開元，所管軍人、漢人、女真、達達、高麗，仍屬遼東。」
	高麗宰相會議。	討論是否攻擊定遼衛→全體支持「請和」。
	高麗百官會議——崔瑩主持。	討論是否割讓鐵嶺以北→全體決定「不可」。
	高麗禑王、崔瑩秘密會面。	討論是否攻擊遼東。
	偰長壽歸國，帶回洪武帝聖旨。	（一）「鐵嶺迤北，元屬元朝，並令歸之遼東」;（二）「其餘開元、瀋陽、信州等處軍民，聽從復業」。
	高麗遣陳情使朴宜中入明。	（一）「鐵嶺迤北，歷文、高、和、定、成等諸州，以至公嶮鎮，自來係是本國之地」;（二）說明雙城總管府的設置始末；（三）強調恭愍王時期將該地區收復，並已得到元朝的承認這一事實以及對其實際支配狀態。

17 校者注：《高麗史》卷 137，〈辛禑傳〉，禑王 14 年 3 月。

時間	事件經過	內容
1388 年 3 月	高麗西北面都安撫使崔元沚報告。	「遼東都司遣指揮二人，以兵千餘，來至江界，將立鐵嶺衛。帝豫設本衛鎮撫等官，皆至遼東。自遼東至鐵嶺，置七十站，站置百戶。」
	高麗下令徵八道精兵。	召集左、右軍 38,830 名，兼從 11,634 名，馬 21,682 匹。
	明朝後軍都督府通告。	正式告知高麗設置鐵嶺衛。
	高麗處死明朝軍士、扣押其官員。	處死遼東都司所遣 21 名軍士，扣留李思敬等 5 名明朝官員。
1388 年 4 月 丁未	高麗遼東征伐軍出征。	崔瑩任八道都統使，曹敏修、李成桂任左、右軍都統使。
	明廷討論出兵高麗。	洪武帝就出兵於宗廟占卜吉凶。
1388 年 5 月 庚辰	高麗遼東征伐軍駐屯威化島。	左、右軍駐屯威化島。
-- 甲申		泥城元帥（洪仁桂）、江界元帥（李薿）進攻遼東後返回。
-- 丙戌	建議回軍。	建議回軍。
-- 乙未	威化島回軍。	
1388 年 6 月	禑王、崔瑩遭驅逐。	崔瑩被逐至高峰縣，禑王被罷並逐至江華島。
1388 年 6 月 9 日	昌王即位。	
	高麗陳情使朴宜中賫明禮部咨文歸國。	「以王所言，其地合隸高麗，以理勢言之，其數州之地，曩為元統，今合隸遼東，高麗所言，未可輕信。」
1388 年 7 月	高麗解釋進攻遼東之事並請求恢復雙方關係。	稟告禑王退位，請求冊封昌王；將遼東征伐歸咎於崔瑩。

禑王與崔瑩在全國範圍內徵召軍隊並組成遼東征伐軍，這與此前朝廷會議上通過的「和議論」背道而馳。高麗並無在遭受侵略前率先進攻中原王朝的先例。如果明朝應戰遼東征伐軍，對高麗來說將超出局部戰爭的範圍。當時反對的聲音似乎非常強烈，以致於禑王與崔瑩無法對外透露軍隊動員的消息。遼東征伐軍 4 月出征，5 月駐紮威化島。當時泥城元帥、江界元帥率軍作為先遣部隊，率先攻擊遼東後返回。右軍都統使李成桂提出四大理由反對與明朝的戰爭，即所謂的「四不可」[18]：（一）以小逆大；（二）夏月發兵；（三）舉國遠征，倭乘其虛；（四）時方暑雨，弓弩膠解，大軍疾疫。

高麗派遣遼東征伐軍的消息約在 4 月末，傳到了明朝首都南京。彼時明朝正面臨與北元殘餘勢力開戰，且正加快對女真的招撫，所以面對高麗的強烈反擊顯得有些驚慌失措。此前，高麗一直以來不惜接受明朝對馬匹、金銀等貢物的索求，以及馬匹貿易等明朝單方面的要求來維持雙方的友好關係。雙城總管府的人口是否真的重要，重要到要與高麗終止親善關係並開戰？戰後的局勢又如何能夠預料？得知高麗出兵的消息後，明朝官員們建議洪武帝攻打高麗。洪武帝在決定是否與高麗開戰之前，於宗廟占卜吉凶。而高麗的陳情使正是在此時抵達明朝。這表明高麗希望通過外交方式來解決這一問題。

2 月派遣的陳情使朴宜中於 6 月返回。在此之前，高麗發生政變：左右軍司令官曹敏修、李成桂從威化島回軍。回軍派驅逐了主導對明強硬政策的八道都統使崔瑩，並令禑王退位。幾日後，朴宜中歸來，並帶回明朝禮部咨文。該咨文中，明朝稱高麗關於鐵嶺的說辭「未可輕信」，但同時又稱「王國有辭」。自詡天子之國的中國皇帝自然不會公然使用承認錯誤或失誤的表達方式，咨文中的表述是在朝貢冊封體制下高麗與明朝之間的外交辭令。明朝只是承認高麗

18 校者注：《高麗史》卷 137，〈辛禑傳〉，禑王 14 年 4 月。

有主張而已，然高麗則認為這是「（明朝）遂寢鐵嶺立衛之議」[19]。由此，高麗與明朝之間的領土紛爭正式劃上句號，後者此後沒有再主張對雙城總管府的所有權。

1388 年的這場紛爭因「鐵嶺衛設立令」而起，爭論點在於，對蒙元曾佔領的高麗人口及地區，是要承認明朝的繼承權，還是要以蒙古入侵前高麗的所有權為依據。明朝一開始感興趣的是人口歸屬，而高麗的重點在於守護領土。「威化島回軍」成為李成桂執政的契機，且具有重大意義 —— 這是朝鮮王朝得以建立的第一步。但是，在禑王及崔瑩所主導的對明強硬政策下，明朝放棄了對相關歸屬權的主張。不僅是舊雙城總管府，高麗還主張鐵嶺以北至吉州地區的所有權，並得到了新的中原王朝明朝的追認。這意味着 1356 年反元改革的成果，繼元朝之後也得到了明朝的認可，甚至一直延續到 15 世紀的朝鮮時代，意義非凡。高麗末期在鞏固鐵嶺以北地區領土的基礎上繼續向北進軍，使朝鮮初期的領土得以擴張到圖們江一帶。

五、遼東人口歸屬權的紛爭

遼東地區在 14 世紀中期元明鼎革期間不斷捲入戰火，因此人口移動十分嚴重。1359 年、1361 年紅巾賊席捲而來，1368 年元大都失守後，納哈出、胡拔都等北元殘餘勢力割據對立。他們與向遼東擴張勢力的明朝發生了衝突，1371 年納哈出發動大規模進攻，攻擊牛家莊並擄獲十萬匹馬。1370 年至 1371

19 校者注：《高麗史》卷 112，〈朴宜中傳〉。

年高麗攻擊北元的東寧府，在遼陽及亐羅山城發生戰鬥時，那裏的數萬戶居民歸附於明朝。1382 年 1 月、7 月，胡拔都侵略義州及其東北面，掠奪了數萬人。15 世紀初，明建文帝與燕王之間上演了帝位爭奪戰，遼東再次成為戰場。

遼東的居民有漢人、高麗人、女真人、蒙古人等多個種族，不同種族在不同地區群居。高麗人群居於遼陽行省的遼陽瀋陽一帶，他們在元明鼎革期間似乎大部分都回到了高麗。居住在圖們江、鴨綠江一帶及其以北地區的女真人中，相當部分也脫離了元明的勢力範圍，移居到高麗境內或被納入高麗的影響範圍。他們移居高麗境內一事也在很大程度上反映了高麗吸引人口的政策。高麗歡迎歸化或移居而來的遼東居民，其移居時還提供了糧食及農業生產物資，使其定居為農民。

遼東居民首次移居高麗境內發生於紅巾賊入侵時的 1359 年 11 月。紅巾賊兩次踏入遼東地區時，遼陽、瀋陽一帶位於沿途，蒙受了巨大損失。當時遼陽、瀋陽有 2,300 餘戶人來投，此乃第一次大規模的人口流入。第二次是高麗攻擊東寧府時，高麗人幾乎都回到了本國，高麗的政治軍事影響力得到加強後，女真族中的一部分也移居到了高麗東北面的咸興、定平等地。第三次是胡拔都入侵東北一帶，虜獲了二萬餘人，當時倖免的女真人移居到相對安全的高麗境內，定居在東北面的南部海岸地帶。第四次是 1402 年（朝鮮太宗 2 年）前後，明建文帝敗給燕王後，政府軍及遼東衛、東寧衛所屬的殘兵大舉湧入朝鮮半島，他們被稱為「漫散軍」，同時流入的還有為了躲避戰爭的高麗人及女真人。記載上得以確認的人數超過兩萬，此外還有以個別家庭為單位或數十戶為單位而持續移居的。

明朝從開始治理遼東以來，就在外交文書中提到對遼東民戶的遣返。首次具體提出人口遣返的要求是在 1376 年 6 月傳來的高家奴的文書中。高家奴於 1372 年歸附明朝，隸屬遼東衛指揮使司，由於其麾下人口四散，難以維持自己的勢力，所以借助明廷的權威，要求高麗送呈 1319 年後從遼陽逃亡至高麗的民戶之名簿。而明廷首次提出遣返的要求則是在 1379 年 1 月及 3 月，當時明廷要求高麗送還 1370 年攻擊東寧府時流入高麗的遼東民戶，「無問數萬，悉送回還方」[20]，並點名李兀魯思帖木兒等 33 人。1386 年，明廷要求高麗刷還己亥年為避紅巾賊而東來的瀋陽軍民四萬餘戶。

直到 1416 年（朝鮮太宗 16 年）為止，40 年來明朝對流入朝鮮半島的遼東人口的遣返要求一直是一樁外交積案。明朝要求刷還的依據在 1386 年 12 月的事例中得到了充分體現。當時，明朝主張「刷己亥年避寇東來瀋陽軍民四萬餘戶」，這「四萬餘戶」的根據是「前元瀋陽路達魯花赤咬住等之誣告」。[21] 己亥年（1359 年）是洪武帝稱帝並建立明朝的十年之前，比明朝征服納哈出後實際支配遼東的 1387 年早了 30 年左右。明朝以尚未建國時的元代戶籍為依據，主張對其人口的歸屬權並要求刷還。這意味着明朝不承認元末的人口移動狀態，並主張繼承元朝的戶口。

表 7 明廷要求的刷還對象及送還人口

年度	刷還對象	送還人口	備註
高麗			
1376 年 6 月	1319 年以後從遼陽逃亡的民戶之名簿	不詳	推測為高家奴而非明廷要求
1379 年 1 月	1369 年 11 月高麗軍所虜遼陽官民男婦千餘人及各衛軍人逃亡者		

20 校者注：《高麗史》卷 134，〈辛禑傳〉，禑王 5 年 3 月。
21 校者注：《高麗史》卷 136，〈辛禑傳〉，禑王 12 年 12 月。

年度	刷還對象	送還人口	備註
高麗			
1379 年 3 月	明廷命高麗「仍將所拘遼東之民，無問數萬，悉送回還方」，遼東移咨督令刷還同知李兀魯思帖木兒等 33 人，又令刷還黃城等處移來人民。		李兀魯思帖木兒不接受刷還，仍居住於吉州。
1385 年 7 月	元末流民李朵里不歹等 47 名	金原貴、銀得顯等人	
1387 年 2 月以前		李朵里不歹等 358 人	
1386 年 12 月	己亥年避寇東來瀋陽軍民四萬餘戶		「因前元瀋陽路達魯花赤咬住等之誣告」
朝鮮			
1393 年 4 月	明朝使臣、朝鮮東北面出身的脫歡不花「舊管下人民」		1387 年 2 月派遣陳情使
1393 年 5 月	跨過鴨綠江的全體五百餘名女真人		
1393 年 5 月至 1396 年 10 月		分五次共 554 人 + 脫歡不花舊管下人民	
1401 年 1 月	逃亡軍人王和貴等	王和貴等 36 人	包括高麗人 122 戶共 388 名
1402 年 5 月至 1403 年 1 月	漫散軍（兩次）		
1403 年 1 月至 1403 年 12 月		11,210 名	明朝要求調查漫散軍現狀
1404 年 12 月		28 名	

年度	刷還對象	送還人口	備註
朝鮮			
1405 年 3 月	豐海等道未回漫散軍 4,940 名		一年後再次督促送還
1406 年 8 月		443+419 名	朝鮮回覆豐海等道並無明朝所聲稱之 4,940 人
1406 年 12 月	全者遂等 4,940 口及千戶高勗家屬 14 名等		
1407 年 3 月至 1408 年 9 月		5,336 名	
1413 年至 1416 年		31 名	

高麗對此的立場見於 1387 年（高麗禑王 13 年）2 月上呈明廷的陳情表。高麗以四點根據反駁明廷的人口刷還要求：首先，流入高麗的人口本是高麗人，只是在瀋陽等地居住後又「還歸」。第二，根據《大明律・戶律》中的「民戶推刷規定」，有「凡民戶逃往鄰境州縣躲避差役者，其在洪武七年（1374 年）十月以前流移他郡，曾經附籍當差者，勿論」一句，而瀋陽路軍民即便流入高麗，那也是 1359 年之事，因此不屬於刷還對象。第三，根據當時東亞國際秩序中明朝所標榜的世界觀：明自稱天子之國，洪武帝主張「一視同仁，不分化外」[22]，因此即使遼東居民流入了高麗，後者受到明朝冊封，同樣在接受明朝天子教化的範圍之內，因此沒有必要進行刷還。第四，「四萬餘戶」是誇張的數字，與實際情況不符。這四點根據直到朝鮮王朝建立以後依然被提及。

明朝並不知道元末流入朝鮮半島人口的準確數量。高麗不但積極吸引居

22 校者注：《高麗史》卷 136，〈辛禑傳〉，禑王 13 年 2 月。

住在遼東的高麗人，還制定政策積極招攬希望移居到高麗地區的女真族並使其定居，這些政策一直延續到朝鮮王朝建立之後。因此，雖然高麗大體上反對明朝的要求，但為了從整體上維持友好關係，在一定程度上仍然接受之。如果明朝指定了具體的刷還對象，高麗則回應其要求將人送還，但也儘可能在迴避的同時反對其調查現狀的要求。女真族雖然作為邊緣人在高麗末期移居到了圖們江以南，但是在遼東局勢逐漸穩定且明朝擴大設置衛所的同時進行懷柔之際，他們中的相當一部分人再次移居到圖們江以北。

六、威化島回軍後高麗的政治變動及對明關係

李成桂以「威化島回軍」為契機掌握了政權，將東北面作為固有領土來守護的同時還獲得了外界的認可，避免了與明朝這個新興的「中國」發生軍事衝突。但是違反軍令回軍並且廢除國王的這一事實在政治上仍有不小負擔。「以下犯上」有悖於儒家政治思想中的綱常倫理，因此不難預想以孝作為國家統治理念的明朝在外交上對此提出異議的可能性。遠有一個世紀以來受到元朝內政干涉的集體記憶，近有因禑王王位繼承問題在 12 年來受到壓迫的現實，對此時的高麗而言，明朝的干涉也是可以預見的。

1388 年 6 月 8 日，回軍派迫使禑王退位，次日扶持昌王上位；7 月上呈明廷表文告嗣位，並聲稱事先處罰了崔瑩「將攻遼陽」之「罪」。這是一種外交辭令，旨在將回軍和嗣位作為守護上國明朝的忠誠表現而非違背軍令和王命的「以下克上」來使其合理化，以尋求明廷的支持。在此基礎上，回軍派在 10 月派遣賀正使時，向明廷請求「王官監國」。如果明朝接受這一請求，即意味着其同意或追認回軍後高麗所發生的一系列政治變動。回軍派似乎想鞏固這

一點，11 月甚至請求允許昌王「親朝」，試圖利用明廷的威嚴來讓嗣位一事變成既成事實。然而，監督國政和國王「親朝」等是蒙元干涉高麗內政的一種象徵，本是反元改革以來高麗極力拒絕的事項。

稟告禑王讓位及昌王即位的使節是在 7 月被派出的，所以最晚也能在 9 月抵達南京。「鐵嶺衛事件」發生的 1388 年，唯一被派遣到高麗的明使於 12 月抵達開城，因此應是在 10 月左右從南京出發的。由此推測，明使出使之前應當見過高麗使節。但是明朝方面卻只提出兩點要求[23]：一，「求馬及閹人」；二，「達達親王等八十餘戶，都要教他耽羅住去」。如果明朝的外交文書完全沒有被刪減的話，那麼關於回軍始末、嗣位、肅清崔瑩等問題，明朝確是隻字未提。從 1388 年 5 月回軍至 1392 年 7 月朝鮮王朝建立為止的四年零兩個月時間裏，高麗國內發生了政治劇變：禑王退位、主導遼東征伐的崔瑩被處決、王官監國之請求、「禑王非王說」之後禑王與昌王被殺、恭讓王即位、朝鮮王朝建立等。雖然明朝應當能充分感知到高麗國內的這些政治變動，但在此期間卻沒有任何的干預。

回軍發生之後，回軍派在高麗掌握政治權力並建立朝鮮王朝的過程中發生了一件成為巨大轉折點的事件，是為「禑王非王說」。以此為契機，禑王、昌王以及支持他們的政治勢力遭到大舉肅清。該說又被稱作「異姓論」，即宣稱繼承恭愍王的禑王其實為辛氏，其生父乃恭愍王時期因叛國罪遭處罰的辛旽；禑王之子昌王同樣姓辛。在王朝社會，姓氏不同的國王其存在本身就屬於簒奪，因此清除這些國王才是忠於王朝的表現。於是，回軍派除掉禑王的行為，也就有了效忠高麗王朝的名分。

但是「異姓論」卻「被認為」是明朝發給高麗的外交文書中所寫的。1389

23 校者注：《高麗史》卷 137，〈辛禑傳〉，禑王即位年 12 月。

年 6 月，高麗第二次遣使赴明以求昌王「親朝」。9 月，高麗使節尹承順、權近二人歸國時帶回了明廷的答書，即禮部咨文。但不知出於何種原因，該咨文在使節回國後兩個月內並未公開，而是直到 11 月才示人。咨文內容是駁回昌王「親朝」的請求，但其中的「異姓」二字，即「君位自王氏被弒絕嗣，後雖假王氏，以異姓為之」這一部分，成為了爭論的焦點所在。「異姓」是宗主國明朝的皇帝所指出的。該文書公開後，禑王、昌王被降為庶人，而後被殺。而且，與禑王、昌王的即位有關的以及參與該政權的政治勢力也被大舉肅清。

禮部咨文是由明朝禮部按洪武帝的指示來起草成文的，在發給高麗之前，禮部尚書李原名[24]應當進行了最終的檢查。因此，洪武帝與李原名當然應該知道關於「異姓」的內容。禑王、昌王被廢後，恭讓王即位，高麗立即派遣「入朝邀請使」以告嗣位。當時高麗還破例向明朝皇太子與禮部也單獨上呈文書請求協助。「入朝邀請使」應是在 1390 年正月抵明，並記錄了與洪武帝及禮部尚書李原名的對話。據載，洪武帝雖然主張高麗應「廢黜異姓」將王氏扶植為國王，但卻稱「真偽莫知」[25]。也就是說，禮部咨文雖號稱是記錄洪武帝所言的文書，但其中相應部分的內容卻是洪武帝本人及該文書的製作者李原名所不知情的。如此看來，高麗應該是偽造或者修改了該文書的整體或者相應部分。然而在高麗，卻聲稱此乃洪武帝所言，被李成桂用作廢黜國王、肅清政治勢力的絕對指令。

24 校者注：《高麗史》、《高麗史節要》及原著訛作李原明，今據《明實錄》改之，下同。
25 校者注：《明太祖實錄》卷 199，洪武 22 年 11 月。

參考資料 1 高麗與明朝關於「禑王非王說」的記錄

1. 收錄於《高麗史》的禮部咨文

尹承順、權近還自京師。禮部奉聖旨，移咨都評議使司曰：「洪武二十二年八月初八日，本部尚書李原明等官於奉天門，欽奉聖旨：高麗國中多事，為陪臣者忠逆混淆，所為皆非良謀。君位自王氏被弒絕嗣，後雖假王氏，以異姓為之，亦非三韓世守之良法。古有弒君之賊，由君惡貫盈。凡弒君者，雖在亂臣賊子，亦有發政施仁，以回天意，以安有衆。今高麗陪臣等陰謀疊詐，至今未寧。設使以逆得之，以逆守之，可乎？若以逆為常，則逆臣繼踵而事之，皆首逆者教之，又何怨哉？禮部移文前去，童子不必赴京。果有賢智陪臣在位，定君臣之分於上，造妥民之計於國，雖數十歲不朝，亦何患哉？連歲來朝，又何厭哉？又命勿送處女。」

《高麗史》卷 137，昌王元年（1389 年）9 月。

2. 收錄於《明太祖實錄》的洪武帝與禮部尚書的對話

癸未，高麗遣使來言：「國王昌王非王氏後，實辛肫子禑之子，國中人民多不信服，故別求王氏宗親定昌國院君王瑤迎立嗣位，以續王氏之後。伏望朝廷允所請。」上諭禮部尚書李原名曰：「高麗限山隔海，其人多詐，今云廢黜異姓，擇立王氏宗親，則前者來言童子入朝，吾不聽者，意必執國政者所為。今其情見矣，且其真偽莫知，若果為本國臣民所推，亦聽其自為，儻陰謀詐立，一旦變更，盡為虛妄，必將禍起不測，皆自取也。爾宜備咨其國人之知。」

《明太祖實錄》卷 199，洪武 23 年（1390 年）正月癸未（19 日）。

從威化島回軍的 1388 年 5 月到朝鮮王朝建立後的 1392 年 7 月為止的四年零兩個月間，高麗共向明朝派遣了 18 次使節。除賀正使及聖節使等禮節性的使行外，還在處決崔瑩、昌王與恭讓王請求入朝等高麗國內發生重大政治事件時每每遣使以告。明朝可能已經認識到，自己的禮部咨文或洪武帝的口諭在高麗的政治變動中被用作了賦予政治權威的手段。

在此期間，明朝則向高麗派遣了四次使節，除了傳喚被流放的六十奴（1389 年 11 月）這一次之外，其他三次都只是為了向高麗徵用馬匹和宦官。1388 年 12 月「求馬及閹人」，但並未明確其數量；四個月後的 1391 年 4 月，「易馬一萬」，「需閹人二百名」。[26] 1391 年 12 月的明使使行則是為了前來補充之前 4 月份的要求事項。明朝在此期間對於高麗國內發生的政治變動和遼東征伐均未要求後者作出任何解釋。這與先前的事例 —— 在恭愍王遇害一事上大做文章，壓迫高麗 12 年 —— 和後來在與朝鮮的關係中對禮制秩序的強調等情況都是完全不同的。可以說，明朝通過不干預高麗的政治變動，幫助了一直標榜對明「事大」並選擇走穩健路線的李成桂一派。

李成桂方面則積極配合了明的要求。1391 年 4 月，明朝提出「易馬一萬」的要求後，高麗政府的徵馬範圍從官吏到奴婢，到朝鮮王朝建立前為止向遼東輸送了八千匹馬，剩餘的二千匹則在朝鮮建立後的四個月內補齊。雖然高麗為了徵馬弄得舉國騷然，但是與明朝的友好關係卻得以維持。1392 年 7 月 12 日，在「今王昏暗，君道已失，人心已去」[27] 的理由下，恭讓王被廢黜王位；17 日，李成桂登上王座。李成桂即位次日，以高麗都評議使司之名遣使赴明以告易位。8 月 29 日，又派遣計稟使以說明前後經緯，並以「權知高麗國事」之官銜上奏表文。這是因為，雖然從實現「易姓革命」的立場來看，確定新的

---

26 校者注：《高麗史》卷 46，〈世家〉，恭讓王 3 年 4 月。
27 校者注：《高麗史》卷 46，〈世家〉，恭讓王 4 年 7 月。

國號非常重要，但是卻很難期待中原王朝能輕易對此予以承認。不過，與李成桂的擔心相反的是，明朝在沒有提出任何異議的情況下便承認了此次「易姓革命」。三個月後，都評議使司收到明朝禮部的箚付，其中洪武帝稱李成桂即位是「非帝命不可」，且「其三韓臣民，既尊李氏，民無兵禍，人各樂天之樂，乃帝命也」。[28] 這是從天命論的角度將朝鮮王朝的建立合法化。計稟使也是在三個月後回國，在其所帶回的禮部咨文中，洪武帝令「國更何號，星馳來報」[29]。這不僅是對李成桂「易姓革命」的認可，還為其推進國號更改一事鋪平了道路。李成桂挑選了「朝鮮」及「和寧」兩個國號，並於兩日後派遣了奏聞使；而明朝選擇了前者，自此「朝鮮」被定為國號。

明朝追認李成桂的「易姓革命」並幫助其更改國號，這無論是從之前高麗對明關係的經驗來看，還是從同一時期明朝與其他國家的關係來看，都屬例外。例如，1393 年安南宰相黎季犛推翻陳朝並篡奪王位時，明朝以違反上下綱常倫理為由，禁止了安南的使節派遣。又如，1391 年占城國發生王位篡奪事件時，明朝以此為由拒絕其前往朝貢。對於以儒家思想作為統治基礎的明朝來說，「易姓革命」是對上下等級秩序的否定。而明朝期待朝鮮的對明外交會在與李成桂的「四不可」相同的路線上展開，因此在李成桂的奪權或「易姓革命」過程中堅持採取不干涉路線給予幫助。同時，明朝還期待李成桂能在馬匹和其他所需物資的供給方面予以協助。

站在建立新王朝的李成桂之立場來看，從自詡東亞世界之「中國」的明朝處獲得國王冊封的誥命及印信是十分必要的。因為這是「朝鮮建國」以及「朝鮮國王李成桂」的地位得到國際社會認可的程式。1395 年 11 月，朝鮮派遣計稟使以求誥命印信。然而，明洪武帝 —— 此前他以儒家政治思想的天命論來

---

28 校者注：《朝鮮太祖實錄》卷 2，太祖元年 10 月 22 日。
29 校者注：《朝鮮太祖實錄》卷 2，太祖元年 11 月 27 日。

使朝鮮的建立合法化，又在國號更改問題上給予幫助 —— 卻稱李成桂「頑嚚狡詐」而予以拒絕，並稱朝鮮的文書「引用紂事，尤為無禮」，要求將「撰寫校正人員盡數發來」。[30] 請誥命印信一事成為朝鮮與明朝之間新的外交懸案，一直遺留到之後的時期。朝鮮從定宗年間起在制度上規定了賀正使、聖節使、千秋節使等每年三次的使節派遣，此外還以各種名義派遣臨時使節。朝鮮與明朝之間還留有關於刷還遼東居民的積案；明朝單方面的易馬要求也是一直持續到朝鮮世宗年間的外交問題。此後，圍繞李成桂譜系的「宗系辨誣」事件也上升為新的外交風波。但是在以明朝為中心的東亞世界秩序範圍內，朝鮮與明朝在政治、軍事、文化上仍積極進行交流並相互協助，穩定地維持着朝貢冊封關係。

30 校者注：《朝鮮太祖實錄》卷 9，太祖 5 年 3 月 29 日。

參考文獻

1. 著作

尹銀淑，《蒙古帝國的滿洲支配史（몽골제국의 만주지배사）》，松樹（소나무），2010。

朴元熇，《明初朝鮮關係史研究》，一潮閣，2002。

金庠基，《新編高麗時代史》，首爾大學出版部，1985。

金順子，《韓國中世韓中關係史》，慧眼，2007。

2. 論文

李益柱，〈14 世紀後期元明鼎革與朝鮮半島（14 세기 후반 원 · 명 교체와 한반도）〉，《戰爭與東北亞的國際秩序（전쟁과 동북아의 국제질서）》，一潮閣，2006。

金順子，〈高麗、元的領土政策及人口政策研究（고려 · 원〔元〕의 영토정책，인구정책 연구）〉，《歷史與現實（역사와 현실）》，總第 60 輯（2005）。

鄭東勳，〈明初國際秩序的重構與高麗的地位：以洪武年間明朝的使臣遴選為中心（명초 국제질서의 재편과 고려의 위상 - 홍무연간 명의 사신 인선을 중심으로 -）〉，《歷史與現實》，總第 89 輯（2013）。

鄭東勳，〈高麗時代外交文書研究〉，首爾大學博士學位論文，2016。

譯後記

在當今國際政治語境下，「對外關係（대외관계）」與「外交（외교）」已是不同指涉：前者多用於指代一個國家與另一個國家或地區之間政治、經濟貿易、文化、軍事技術等多方面的關係；而後者，根據英國外交官薩道義（Sir Ernest Mason Satow, 1843–1929）爵士的定義，是各獨立國家政府之間——有時也推廣到獨立國家與附庸國之間——的官方關係，特指用和平手段來調節和處理國與國之間的關係。不過學界時常將二種概念與「國際關係」模糊等同，後者主要指代國際社會各行為主體之間相互交往、相互作用的一般狀態。結果，廣義上的對外關係史或外交史亦等同於國際關係史（the history of diplomatic or international relations），研究國家間相互關係發展的進程、規律和特點。如此前提下，對外關係包括了以外交手段實施對外政策的關係，也包括以經濟、軍事等其他手段開展的關係，還包括不受政治關係影響而存在於不同民族文化和社會群體之間的關係；外交則反映出其中最高層次的政治關係。本書的「對外關係與外交史」應屬於「國際關係史」範疇。

歷史上，朝鮮半島各政權與中原王朝保持密切交往，其對外關係發展與中原王朝聯繫甚密，這或許是我們關注朝鮮半島對外關係的原因所在。但我們的研究往往囿於本國立場，缺少他者視角下的審思。竊認為原因之一在於目前國內的韓國史研究缺乏與韓國學界足夠的有效對話。對於韓國而言，其歷史上的「對外關係」和「外交」對象中包括「大國」、「強國」、「帝國」等不同存在。這些存在如何塑造並影響韓國學界對於「對外關係」和「外交」的理解？這是被我們所忽略的問題。知己知彼，百戰不殆。瞭解韓國學界的學術動態與問題意識，對建立我們自己的韓國史學術話語體系而言同樣重要。出於這一目的，我們將本書譯介到國內。本書各章作者皆為當前韓國本領域的知名學者，希望本書的譯介能在一定程度上打開兩國學術界對話的視窗。本書的譯校者均有韓國留學背景，大體知曉韓國學界的動向與立場。誠然，中韓兩國在某些敏感複雜的問題上可能存在爭議。但本着交流至上的原則，我們在翻譯時基本忠實於作者本意。期待這些爭議能激發出更多學術上的火花。

1081 年，高麗使臣崔思齊出使宋朝時曾留下詩句：「天地何疆界，山河自異同。君毋謂宋遠，回首一帆風。」彼時僅隔海相望的兩個國度，如今對對方卻存在着或多或少的「遙遠想像」。希望本書的譯介能成為增進中韓兩國學界相互瞭解的一次契機，讓彼此重回「一帆風」的距離。哪怕只是一小步，我們的翻譯工作就沒有白費。當然，翻譯的過程於譯者而言亦是一場學習。借紙一方，謹代表所有譯者感謝高麗大學李鎮漢教授對我們的支持信任。最後也感謝各位讀者，願書中有屋、開卷有益。

戴琳劍
2024 年 11 月於北京

校後記

本書由不同譯者各自分章翻譯完成，具體分工如下：

初譯：

第一至二章：周鷃

第三至四章：戴琳劍

第五至六章：林金彪

第七至八章：成姬蘭

第九至十章：魏晨光

再譯：

第一章：李廷青

第二章：王天泉、李廷青

第三至四章：王天泉

第五章：李廷青、王天泉

第六章：李廷青、戴琳劍

第七至十章：戴琳劍

校譯：

第一至十章：李廷青

本書作者和譯者人數眾多，他們在專業背景和行文風格上各具特色。為了確保全書內容的連貫性，校譯者在不改變文章原意的前提下，對書中的相關術語表達進行了統一。在校譯過程中，除了對原譯文進行校對、修正和潤色外，校譯者不僅訂正了原著中的部分史實錯誤，還補充了重要引文出處 —— 原著中除第三、四章部分章節外，通常未加引文注釋 —— 以便於讀者查驗核對。

由於時間緊迫和處理難度等原因，校譯過程中對以下兩點未作改動：

（1）農曆日期、原典卷次等均保留原著所採用的阿拉伯數字標注方式；

（2）「于」、「於」以及「朴」、「姜」、「珉」、「慜」、「里」等與人名、地名相關的漢字，均遵循《高麗史》等原典中的用法。

借紙一方，衷心感謝韓國高麗大學李鎮漢教授和香港三聯書店的信任與支持。另外，韓國順天鄉大學朴現圭教授和中國上海師範大學康昊副教授等在本書的校譯過程中提出了許多寶貴意見，在此一併深表謝忱。由於校譯者的學識與能力所限，譯文中難免還有疏漏，不足之處懇請讀者不吝指正。

李廷青

2024 年 12 月於中山大學